Democracy's Discontent:
America in Search of a Public Philosophy
Part 1　The Constitution of the Procedural Republic

民主政の不満
公共哲学を求めるアメリカ

手続き的共和国の憲法

マイケル・J・サンデル
Michael J. Sandel

金原恭子・小林正弥 [監訳]
KIMPARA Kyoko, KOBAYASHI Masaya

千葉大学人文社会科学研究科公共哲学センター [訳]

DEMOCRACY's DISCONTENT
by Michael J. Sandel

Copyright © 1996 by Michael J. Sandel

Japanese translation published by arrangement with Harvard University Press
through The English Agency (Japan) Ltd.

はじめに

　政治哲学は，現実の世界とは離れて存在するように見えることが多い．原理と現実の政治とは別個のものであり，理想の実現に向かって最善を尽くしても，十分に成功することは滅多にない．哲学は我々の道徳的切望を満足させるかもしれないが，政治は厄介な事実に取り組むものである．まさにそれはよく言われるように，アメリカ民主政の問題とは，我々が理想というものをあまりにも真剣に受けとめるが故に，理論と実践との間の懸隔（gap）の存在を尊重しつつも，改革への我々の情熱がそれを上まわってしまうことなのである．
　しかし，もし政治哲学がある意味で実現不可能なものであるとしても，それは別の意味では避けがたいものなのでもある．それは，哲学が初めから世界に内在しているという意味においてである．我々の実践や制度は，理論の具現なのである．"権利と義務"，"市民政と自由"，"民主政と法"といった，理論性を帯びた言語を用いることなしに政治的生活を描写することはほとんどできないし，ましてや自らそれに関わることなどできるものではない．政治的制度は，それとは独立に育まれる思想を実現するための単なる道具ではない．政治的制度は，それ自身が思想の具現なのである．我々が正義の意味や善き生の本質といった究極的な問いに抗うにしても，どうしても逃れられないのは，"我々がこれらの問いに対する答えを常に生活の中で示している"，つまり"我々は何らかの理論を生きている"ということなのである．
　この書物で私は，現代アメリカにおいて，我々が今生きている理論を探求する．私の目的は，この国の実践と制度とに伏在する公共哲学がどのようなものかを明らかにし，その哲学における緊張関係がその実践の中にどのように現れているかを示すことである．もし，理論がこの世界から離れたところにあるのではなく，初めから世界に内在しているのならば，我々が生きている理論の中に，現在の状況を理解するための手がかりが見出されるかもしれない．我々の公共的生活に内在する理論に注意を払うことによって，我々の政治的な状況を診断し易くなるかもしれない．またそれによって，"アメリカ民主政が，我々

はじめに

の諸理想と諸制度との間の懸隔においてだけでなく，その諸理想そのものの内部と，我々の公共的生活が反映している自己像の内部においても苦境に陥っている"ということが明らかになるかもしれない．

　この書物の第1部は，1989年のノースウエスタン大学ロー・スクールでのJulius Rosenthal Foundation Lectures として構想された．Robert W. Bennett 学部長と教授陣の温かい歓迎と鋭い質問に対して，そしてこの講義をこのより大きな企画に組み込むことを許可してくださったことに対して感謝する．また，この本の一部について，次のような教育・研究機関の教授陣や学生の反応を得る機会をいただいたことに感謝する．ブラウン大学，カリフォルニア大学バークリー校，インディアナ大学，ニューヨーク大学，オックスフォード大学，プリンストン大学，ユタ大学，ヴァージニア大学，ウィーンの人間科学研究所，そしてアメリカ政治学会，アメリカ・ロー・スクール協会，倫理学・法哲学協会，ハーバード大学ロー・スクール教員ワークショップでの分科会．第3章と第4章の一部は，1989年の Utah Law Review の 597–615 ページと，同年の California Law Review 77 巻の 521–538 ページとに，それぞれ初期草稿が掲載されている．

　この書物の研究と執筆とに対する寛大な援助については，私は次の諸機関に感謝する．フォード財団，アメリカ学術団体評議会 (American Council of Learned Societies)，国立人文基金 (National Endowment for the Humanities)，そしてハーバード大学ロー・スクール夏季研究プログラム．ハーバード大学の政治学部とロー・スクールの同僚たちのおかげで，この書物のテーマについての刺激的な会話を絶えず行うことができた．「法と政治理論：リベラル的伝統と共和主義的伝統」と題する私の講義に参加したハーバード大学の大学院生やロー・スクール学生は，私の議論に対して活発に批判的な吟味を行ってくれた．彼らには，特に負うところが大きい．次の人々は，この企画の様々な局面で，草稿の一部あるいは全体について広範な意見を書き送ってくださった．これらの友人たちに特別に感謝申し上げる．Alan Brinkley, Richard Fallon, Bonnie Honig, George Kateb, Stephen Macedo, Jane Mansbridge, Quentin Skinner, Judith Jarvis Thomson, John Bauer と Russ Muirhead は，情報収集をはるかに越える研究協力をして，私の思考形成を大いに助けてくれた．ハーバード大学出版局においては，Aida Donald と Ann Hawthorne と共に仕事ができて幸運であった．

はじめに

前者は，模範的で忍耐強い編集者であった．後者は，熟練と細心さをもって本の完成までを見届けてくれた．この書物に関してもっとも残念なのは，私の友人であり同僚であった Judith N. Shklar が，その完成を見ずに亡くなったことである．彼女は，私が言いたいことの多くについて賛成しなかったが，それでも，私がハーバード大学に勤めるようになった最初の頃から，励ましと助言，そして活発で元気付けられる知的友情の源泉であった．

この書物に取り組んでいる間に，私の息子の Adam と Aaron は乳児から少年に成長した．彼らの存在によって，その執筆期間は喜びに満ちたものになった．最後に，この作品は，アメリカ文化についての才能ある文筆家である私の妻，Kiku Adatto から学んだ多くのことを反映している．この本をより良くすることに関して，他の誰よりも貢献してくれた彼女に，愛情と共にこの書物を捧げる．

民主政の不満　公共哲学を求めるアメリカ　(上)
手続き的共和国の憲法

目次

目次

はじめに

凡例

第1部　手続き的共和国の憲法

第1章　現代リベラリズムの公共哲学 …………………………… 1
    リベラルの自由と共和主義の自由　2
    中立性への志向　6
    功利主義　対　カント的リベラリズム　7
    リベラルの自己　12
    カント主義的リベラリズムへの批判　14
    最小限主義的(ミニマリスト)リベラリズム　20
    最小限主義的(ミニマリスト)リベラリズムへの批判　22
        中絶論争　23
        リンカーン–ダグラス論争　24

第2章　権利と中立的国家 ……………………………………… 29
    自由と自己統治　29
    アメリカ立憲主義の出現　33
    初期共和国における権利章典　39
    第14修正以降：切り札としての権利　47
    ホウムズ裁判官の反対意見：中立性の示唆　52
    中立的国家における民主政と権利　58
    正の優先性の是認　65

第3章　宗教的自由と言論の自由……………………………67

　　宗教に対する中立性の探求　67
　　宗教に対する中立性の正当化　75
　　良心の自由　対　選択の自由　80
　　言論の自由――中立性の到来　88
　　猥褻と中立性　94
　　自己統治から自己表現へ　98
　　集団的名誉毀損と人格についての考え方　101
　　　　チャプリンスキーとボハネス　104
　　　　スコーキーにおけるナチス　107
　　　　フェミニストのポルノグラフィー反対論　108

第4章　プライバシー権と家族法……………………………115

　　親密さと自律　115
　　古いプライバシーから新しいプライバシーへ　118
　　妊娠中絶と最小限主義的(ミニマリスト)寛容擁護論　127
　　同性愛および寛容についての主意主義的擁護論　131
　　無責主義的家族法　137
　　婚姻，離婚，そして負荷なき自己　142
　　寛容，自己統治，そして共同体　147

要約　一ノ瀬佳也・吉永明弘・小林正弥……………………………153

解説　小林正弥・一ノ瀬佳也……………………………159

付録　チャールズ・テイラー及びマイケル・サンデルとの質疑応答　177

凡　例

　本書は，Michael J. Sandel, *Democracy's Discontent: America in Search of a Public Philosophy*, The Belknap Press of Harvard University Press, 1998 の第 1 部「手続き的共和国の憲法」，第 1 章から第 4 章までを訳出したものである．

1. 原文の " 　 " は，訳文では「　 」とした．
2. 原文でのイタリック体は，訳文では傍点を付した．
3. 文を読みやすくするために，いくつかの語句や文は " 　 " で強調した．また訳者による補注を〔　 〕で挿入した．
4. 訳語はなるべく統一したが，文脈に応じて異なる訳語も使用した．基本的に，procedural republic は「手続き的共和国」，public は「公共的」，community は「共同体」，unencumbered-self は「負荷なき自己」，encumbered-self は「負荷ありし自己」，liberal は「リベラル（な・の）」，liberalism は「リベラリズム」，conception は「考え方」と訳出した．right は「正」と「権利」とを訳し分けた．
5. 特に，civic は「公民的」，civil は「市民的」として明確に区別して訳出した．civil rights は「市民権」としたが，キング牧師の運動に関連する箇所では「公民権」と訳した．citizen は「市民」としたが，citizenship は，「市民権」ではなく，共和主義の文献であることに鑑みて，「公民性」という訳語を用いた．詳しくは，本書付録「チャールズ・テイラー及びマイケル・サンデルとの質疑応答」(180 頁) の注 (3) を参照．

第 2 部「公民性の政治経済」（予定）
　　第 5 章　初期共和国の経済と徳
　　第 6 章　自由労働　対　賃労働
　　第 7 章　共同体，自己統治，革新主義的改革
　　第 8 章　リベラリズムとケインズ革命
　　第 9 章　手続き的共和国の勝利と苦悩
　　終　章　公共哲学を求めて

第1章 現代リベラリズムの公共哲学

　苦難の時代には，私たちは自分たちの人生が拠って立つところの理想に想いを致さざるをえない．しかし，今日のアメリカにおいては，これは容易なことではない．外国で民主主義的な理想が存在感を増しているように思える時に，自国で私たち自身がそれを失ってしまったのかどうかを考えることは，理にかなっているであろう．私たちの公共的な生活は，不満に満ちている．アメリカ人は，自分たちがどのように統治されるかについて十分な発言力を持っているとは思っていないし，政府が正しいことをすると信頼してもいない[1]．第二次世界大戦での勝利，空前の豊かさ，女性やマイノリティにとっての社会的正義の進展，冷戦の終結といったような，最近の半世紀におけるアメリカ的生活の華やかな達成にもかかわらず，アメリカの政治は，不安と不満に満ちあふれている．

　一方で，諸政党は私たちの状況を理解できていない．国家で行われる討論の主要な話題，たとえば福祉国家の適正な守備範囲，権利と資格付与の程度，政府規制の適正な度合いは，それ以前の議論から形づくられている．これらは些細な話題ではないが，それらをいくら論じても民主政の不満の核心にある二つの懸念に到達しない．一つは，個人としても集団としても，私たちは自らの生活を統御する力を失いつつある，という恐れである．もう一つは，家族から近隣関係，国家に至るまで，共同体の道徳的骨組みが，私たちのまわりで解体し

---

[1] 連邦政府がほとんどの場合において正しいことを行っていると信頼しているアメリカ人は，わずか20％しかいない．*Gallup Poll Monthly*, February 1994, p. 12. 政治過程の機能の仕方に不満を抱いている人は全体の4分の3にも上る．*Gallup Poll Monthly*, September 1992, p. 12. また，ほぼ同じくらいの人々が，政府はすべての人々の便益のためというよりはむしろ一部の巨大な利益によって運営されていると思っている．Alan F. Kay et al., "Steps for Democracy" *Americans Talk Issues*, March 25, 1994, p. 9.

つつある，という感覚である．自己統治の喪失および共同体の侵食という二つの恐れが一緒になって，この時代の不安を規定している．その不安に対しては，現在広く論じられている政治的課題の中では，答えも出されていないし，取り組みもなされていない．

なぜアメリカの政治は，現在それを覆っている不満をうまく和らげることができないでいるのだろうか．その答えは，今日の政治的議論を超えて，それに生命を与えている公共哲学の中にある．公共哲学という言葉で私が意味しているのは，アメリカの実践の中に伏在している政治理論，すなわち私たちの公共的生活を性格づける，公民性（citizenship）と自由についての想定である．現代アメリカ政治が，自己統治と共同体について確信をもって語れないということは，私たちが拠って立つ公共哲学と関係がある．

公共哲学というものは，とらえどころがない．というのは，それが私たちの目の前に常に存在するものだからである．私たちは，公共哲学を，背景として改めて考えることもあまりなく，政治的な言説や追求を行っている．通常は，公共哲学が，それに拠って立つ人々の注目を集めることはない．しかし，不安な時代には，或る種の明晰さが要求される．不安な時代は，根本原理を浮上させ，批判的省察の機会を提供する．

リベラルの自由と共和主義の自由

私たちがそれに拠って立つ政治哲学は，或る種のリベラルな政治理論である．その中心にあるのは，市民が信奉する道徳的・宗教的諸見解に対して，政府は中立的であるべきだ，という考えである．最善の生き方について，人々は意見を異にしているので，政府は，善き生についての特定の見方を，法律の中で断言すべきではない．その代わりに，政府は，自分自身の価値や目的を選択することができる，自由で独立した自己としての人格を尊重する，権利の枠組みを与えるべきである[2]．このリベラリズムの下では，特定の目的よりも公正な手

2　以下を参照せよ．John Rawls, *A Theory of Justice* (Cambridge, Mass.: Harvard University Press, 1971)（矢島鈞次監訳『正義論』紀伊國屋書店，1979 年）; Ronald Dworkin, "Liberalism," in Stuart Hampshire, ed., *Public and Private Morality* (Cambridge: Cambridge University Press, 1978), pp. 114-143; idem, *Taking Rights Seriously* (Cambridge, Mass.: Harvard University Press, 1977)（木下毅・小林公・野坂泰司訳『権利論

続きが優先されるので，このリベラリズムが性格づける公共的な生活のありようは，手続き的共和国と形容されるかもしれない[3]．

現在流行している政治哲学を，リベラルな政治理論の一種として論じる際には，リベラリズムに関する二つの異なった意味を区別することが重要である．アメリカ政治における一般的な用語法では，リベラリズムは保守主義と対置される．前者は，福祉国家や社会的・経済的平等の進展を望む人々の見解である．しかし，政治理論の歴史においては，リベラリズムは，それとは異なった，より広い意味をもっている[4]．この歴史的な意味においては，リベラリズムが描く思想の伝統は，寛容と個人権の尊重を強調し，ジョン・ロック，イマニュエル・カント，ジョン・スチュアート・ミルから，ジョン・ロールズにいたる．現代アメリカ政治の公共哲学は，このリベラリズムの思想の伝統の一種であり，私たちの討論の大部分が，その用語法の範囲内で行われている．

自由とは，自分が目的を選択することができるということの中に存在するという考えは，政治や法の中に如実に表れている．そのような考えを持っている人は，アメリカ政治の中で，保守主義者というよりもリベラルと言われる人々に限定されるわけではない．それは政治的な立場を横断して見出されうる．共和党の支持者は，例えば，次のように論じることもある．福祉プログラムを実行するために豊かな人々に課税することは，人々が自分のお金の使い方を選択する自由を侵害する，強制的慈善の一形態に他ならない，と．他方，民主党の支持者は，次のように論じる．経済的な必要性によって打ちひしがれている人々は，他の領域において真に自由の選択ができないのだから，政府は，全ての市民に，特に不自由をしない程度の所得，住宅，健康についての保証を与えるべきである，と．両者の間には，政府が個人の選択を尊重するためにどのように行為すべきかについて，意見の相違があるけれども，自由はそれぞれが価

〔増補版〕』木鐸社，2003 年）; Robert Nozick, *Anarchy, State, and Utopia* (New York: Basic Books, 1977)（嶋津格訳『アナーキー・国家・ユートピア』木鐸社，1985 年→1992 年）; Bruce Ackerman, *Social Justice in the Liberal State* (New Haven: Yale University Press, 1980).

3 「手続き的共和国」という用語は，ジュディス N. シュクラー（Judith N. Shklar）から示唆を受けたものである．
4 現代アメリカ政治において使用されている「リベラル」の意味については，以下を参照せよ．Ronald D. Rotunda, *The Politics of Language* (Iowa City: Iowa University Press, 1986).

値や目的を選択できるということの中にある，と考える点については双方の意見が一致している．

　このような自由についての見方は，あまりにも馴染み深いものなので，アメリカの政治と憲法の伝統における永続的特徴のように見える．しかし，アメリカ人は，自由を常にこのように捉えてきたわけではない．現在支配的な公共哲学として，私たちの今日の討論を性格づけているリベラリズムは，最近出現したものであり，この40年から50年の間に発展したものである．その顕著な特色は，それに次第にとって代わられた，それに対立する公共哲学と対比することによって，最もよく捉えることができる．この対立する公共哲学とは，ある種の共和主義的政治理論である．

　共和主義的政治理論の中心的な考えは，自己統治に共に加わることによってこそ自由がある，というものである．この考えは，それ自体としては，リベラルな自由と矛盾するものではない．政治に参加することは，人々が自分たちの目的を追求するために選択する方法の一つでありうる．しかしながら，共和主義的政治理論によれば，自治に共に参加することは，それ以上のものを含んでいる．それは，同胞市民たちと共通善について熟議し，政治的共同体の運命を協働して形成することを意味する．しかし，共通善について十分に熟議することは，それぞれの目的を選択し，他者が同様のことをする権利を尊重するための能力以上のものを要求する．それは，公共的な事柄についての知識，さらに帰属意識，全体への関心，その将来が問題となっているところの共同体の道徳的絆といったものを要求する．したがって，自治に共に参加するためには，市民が，ある人格的特性，すなわち公民的徳（civic virtues）を有すること，または会得することが必要である．しかしこれは，共和主義的政治が，市民が信奉する価値や目的に対して中立的ではありえないことを意味する．自由についての共和主義的な考え方は，リベラルな考え方とは異なり，人格形成的政治を要求する．その政治とは，自己統治のために必要となる人格的な特性を市民の中に涵養するものである．

　自由に関するリベラルな考え方と共和主義的な考え方とは，共に私たちの政治的経験の中に存在してきたが，その時々によって，その度合いと相対的な重要性が変化してきている．概括的に言えば，アメリカ史の初期の時代には，共和主義が，そして後にはリベラリズムが支配的であった．この数十年の間に，私たちの政治の公民的あるいは人格形成的側面は，リベラリズムに大きくとっ

て代わられた．そのリベラリズムは，人格を自由で独立した自己とみなし，自分が選んだのではない道徳的あるいは公民的絆からの負荷を受けないものと人格を考える．

この変化は，私たちの現在の政治的苦境を理解する手がかりを与えてくれる．自由についてのリベラルな見方は，その魅力にもかかわらず，自己統治を支えるための公民的資源を欠いているからである．この欠陥のために，それは私たちの公共的な生活を苦しめている無力感の問題を十分に取り上げることができない．私たちが拠って立つところの公共哲学は，それが与えると約束している自由を確保することができない．なぜならそれは，自由が要求する共同体の意識と公民的関与を醸成することができないからである．

公民性と自由についてのリベラルな考え方が，共和主義的な考え方をどのように追いやっていったかについては，二つの交差する物語を考えることができる．一つは，アメリカ立憲主義の最初の覚醒から宗教的自由，自由の言論，及びプライバシー権についての最近の議論までを手続き的共和国の出現として描く．もう一つは，トマス・ジェファソンの時代から今日までを，アメリカの政治的言説における公民的要素の衰退として描く[5]．

この二つの物語が一緒になると，私たちの公共的な生活を活性化させ，時にはそれを弱体化させる自己像が明らかになる．それらは，アメリカ民主政の下で全てが正しかった黄金時代を私たちに示すことはない．共和主義の伝統は，奴隷制度や，公共的領域からの女性の排除，財産による投票権の制限，移民に対する排斥主義的な敵意といったものと共存していた．共和主義的伝統は，これらの慣行を擁護するための言語を提供することさえあったのである．

これらの暗いエピソードにもかかわらず，それでもなお，共同体と自己統治を強調する共和主義的伝統は，衰弱した私たちの公民的生活への矯正策を提出してくれるかもしれない．自由を自治とみなす共和主義的な考え方を想起することによって，私たちが今までどのように問うべきかを忘れていた問題を提起したくなるかもしれない．自己統治に親和的な経済的仕組みとは何か．どうしたら私たちの政治的言説において，公共的領域に人々が携えてくる道徳的・宗教的確信を避けるのではなく，それに取り組むことができるのだろうか．そしていかにして，公民的関与が要請する拡大した自己理解を，市民の中に涵養す

---

5 〔本書の〕第2～4章は第1の物語を描き，第5～9章は第2の物語を描いている．

ることが，多元的な社会における公共的生活にとって可能なのか．今日の公共哲学においては，公民的考察の余地があまりないにしても，手続き的共和国がその支配を確立する前に，初期の世代のアメリカ人たちが，そのような問題をどのように議論したのかを想起することは有用であろう．しかし，その物語の中で関連のある要素を押さえるためには，私たちの今日の政治を性格づけているリベラリズムを，より明確に特定しておく必要がある．

中立性への志向

　政府は善き生という問題に対して中立的であるべきだという考えは，現代の政治思想に特徴的なものである．古代の政治理論によれば，政治の目的は，市民の徳や道徳的卓越性を涵養することであった．アリストテレスの著作によれば，全ての結合体は何らかの善を目指すものであり，ポリス，すなわち政治的結合体は，最も高度で包括的な善を目指すものである．「真のポリスと呼ばれるもの，そして名ばかりではないポリスは，善の促進という目的に自らを捧げなければならない．そうでなければ，政治的結合体は，単なる構成員が密住した同盟になってしまう．それは，構成員が互いに離れて住む他の形態の同盟と空間的に異なるにすぎない．また，そうでなければ，法は，本来そうなるべきところのポリスの構成員たちを善良にして義に適うようにする生の規則にならずに，単なる誓約──（ソフィストのリュコプロンの言葉では）『人々のお互いに対する権利を保証するもの』──になってしまう」[6]．

　アリストテレスによれば，政治的共同体とは，「ある共通の場所に居住するための結合体，あるいは相互の不正を予防し，交換を容易にするための結合体」以上のものである．これらは政治的共同体に必要な条件ではあるが，その目的あるいは究極的な正当化ではない．「ポリスの目的は善き生であり，社会生活における諸制度はその目的のための手段である」．私たちが，その本性を実現し，最も至高の目的を達成することができるのは，政治的結合体の参加者としてのみである[7]．

---

[6]　Aristotle, *The Politics*, trans. Ernest Barker, book 3, chap. 9 (London: Oxford University Press, 1946), p. 119. （牛田徳子訳『政治学』京都大学学術出版会，2001年）

[7]　Ibid., pp. 119–120.

古代の考え方と異なり，リベラルな政治理論は政治的生活を，人間の至高の目的や市民の道徳的卓越性と関わりのないものとみなす．リベラルな政治理論は，善き生についての特定の考え方を推し進めるよりもむしろ，寛容，公正な手続き及び個人的権利の尊重を強調する．それらは，個々人の価値選択の自由を尊重する価値である．しかし，これは困難な問題を提起する．もしリベラルな諸理想が，人間の最高善の名の下に擁護できないのであれば，それらの道徳的基礎は何に存在するのか．

　リベラルな諸原理は，単純な種類の道徳的相対主義によって正当化されうる，と考えられることがある．政府は「道徳を立法化」するべきではない．なぜなら，全ての道徳は主観的に過ぎないのであり，議論や合理的討論の対象にならない個人的選好に関わるものでしかないのだから．「何が文学で，何が猥褻だと，誰が言えるのか．それは価値判断であり，誰の価値によって決めるべきであるのか」．相対主義は通常，主張よりも「誰が判断すべきか」という設問として現れる．しかし，その同じ設問を，リベラルたちが擁護する諸価値について投げかけることができる．寛容，自由，公正は，それ自身も価値であり，いかなる価値も擁護されえないという主張によっては，到底擁護し難いのである．したがって，全ての価値は主観的にすぎないと主張することによって，リベラルな諸価値を是認するのは間違いである．リベラリズムについての相対主義的擁護は，何の擁護にもなっていない．

功利主義　対　カント的リベラリズム

　それでは，リベラルがよく持ち出す中立性は，どのように擁護できるのだろうか．近時の政治哲学は，二つの主要な選択肢を提供している．一つは功利主義的なもの，もう一つはカント主義的なものである[8]．ジョン・スチュアート・ミル以来の功利主義的見解は，一般的福祉の最大化の名の下に，リベラルな諸原理を擁護する．国家は，たとえ市民の善のためであっても，或る生活様式を好ましいものとして押し付けてはならない．なぜなら，そうすることは，

---

[8] この節に関しては，以下の書物の序文で記したことに依拠している．Michael Sandel, ed., *Liberalism and Its Critics* (Oxford: Basil Blackwell, 1984), pp. 1-11.（菊地理夫訳『リベラリズムと正義の限界』勁草書房，2009 年に収録）

少なくとも最終的には、人類の幸福の総量を減じてしまうからである。たとえ人々が時折間違えることがあっても、人々が自ら選択する方が良いのである。

『自由論』の中でミルは、次のように書いている。「自由の名に値する唯一のものとは、他者からその自由を奪ったり、自由を獲得しようとする他者の努力を妨害しない限り、それぞれが好きなやり方でそれぞれの善を追求する自由である」。彼はさらに、自分の議論は抽象的な正（right）についてのいかなる観念にも依拠したものではなく、最大多数の最大幸福という原理のみに基づくものである、と述べている。「私は、全ての倫理的問題についての究極的な決め手は効用だと考える。しかし、ここでの効用は、進歩する存在としての人間の永続的な利益に基礎付けられた、最も広い意味での効用でなければならない」[9]。

道徳哲学の一般的な学説としての功利主義に対しては、多くの反論が提起されてきた。或る者は、効用の概念や、全ての人間の幸福が、原則として、同じ尺度を用いて合計された幸福の総和であるという仮定に疑問を呈してきた。また或る者は、次のように反論している。全ての価値を選好と欲求に還元することによって、功利主義者は価値の質的区別を認めたり、高尚な欲求を低劣な欲求から区別することができないと。しかし、近年の多くの討論の焦点は、功利主義が個人的権利の尊重を含め、リベラルな諸原理の説得力のある基礎を提供しているのかどうか、ということにあった[10]。

一見したところ、功利主義は、リベラリズムの諸目的によく適合しているように思われる。全体の幸福を最大化しようとすることは、人々の諸価値を判断するのではなく、単にそれを集計することだけを求める。そして、判断をせずに諸選好を進んで集計しようとすることは、寛大な、さらには民主的な精神を示すことになる。投票の際は、投票者がどのような人であっても、私たちは各一票としてそれを数える。

しかし、功利主義的計算は、一見したところほどは、常にリベラルとは限らないのである。コロセウムを埋め尽くしたローマ人たちが歓声をあげながら、ライオンがキリスト教徒をむさぼり食うのを見ている場合、ローマ人たちの快

9　John Stuart Mill, *On Liberty* (1859), chap. 1.（塩尻公明・木村健康訳『自由論』岩波文庫、1971年）.

10　功利主義に対する賛否両論を知る手がかりとして、以下を参照せよ。Amartya Sen and Bernard Williams, eds., *Utilitarianism and Beyond* (Cambridge: Cambridge University Press, 1982).

楽の集合は，そのキリスト教徒がいかに大変な苦痛にさらされていようとも，その苦痛を上回ることは確かであろう．あるいは，もし社会の大多数の人が，弱小宗教を忌み嫌い，その禁止を望んだならば，選好の比較衡量の結果，寛容ではなく抑圧が好まれることになるだろう．功利主義者たちは，個人的権利を今尊重することが，結果的には効用に資するという理由で，個人的権利を擁護することがある．しかしこの計算は，根拠が不十分で不確実なものである．他人の価値を押し付けないというリベラルの約束が，それではほとんど守られない．

功利主義に対する最も強力な反論は，イマニュエル・カントによってなされた．彼は，効用のような経験的な原理は，道徳の基礎としてはそぐわない，と主張した．自由と権利についての完全に道具的な擁護論は，権利を弱体なものにするだけでなく，人格の固有の尊厳を尊重することもできない．功利主義的計算は，人間を他者の幸福のための手段とみなし，それ自身尊敬に値する目的そのものであるとはみなさない[11]．

現在のリベラルは，カントの議論を敷衍して，功利主義が人々の間の違いを真剣に考えることに失敗していると主張している．何にも増して，一般的福祉の最大化を追求する点で，功利主義は，社会をあたかもそれが一人の人間であるかのように扱うものである．功利主義は，私たちの多種多様な欲求を単一の欲求のシステムに溶合してしまう．功利主義は，全体の満足の総和に影響しない限り，人々の間の満足の偏在には無頓着である．しかしこれは，社会を構成する複数の人々の固有性を尊重しそこなっている．功利主義は，或るものを全体の幸福のための手段として利用するので，各個人が，それ自身目的として尊重されることがなくなってしまう．

現代のカント主義者たちの見解によれば，或る権利は非常に基本的なので，一般的福祉といえどもそれを凌駕することができない．ジョン・ロールズが

---

[11] 以下を参照せよ．Immanuel Kant, *Groundwork of the Metaphysics of Morals* (1785), trans. H. J. Paton (New York: Harper and Row, 1956)（篠田英雄訳『道徳形而上学原論』岩波文庫，1976 年）; idem, *Critique of Practical Reason* (1788), trans. L. W. Beck (Indianapolis: Bobbs-Merrill, 1956)（波多野精一訳『実践理性批判』岩波文庫，1979 年）; idem, "On the Common Saying: 'This May Be True in Theory, But It Does Not Apply in Practice,'" in *Kant's Political Writings*, ed. Hans Reiss (Cambridge: Cambridge University Press, 1970), pp. 61-92.

『正義論』の中で書いているように，「各人は，全体としての社会の福祉でさえ凌駕することができない，正義に基礎付けられた不可侵性を有している……．正義に確保された諸権利は，政治的取引や社会的諸利益の計算にさらされるものではない」[12]．

　それゆえ，カント主義的リベラルたちは，功利主義的考慮に依存しない権利の説明を必要とする．さらに，善についての特定の考え方に基づかない説明，すなわち或る生活様式が他の生活様式に優越することを想定しない説明を必要とする．特定の目的を厚遇しない，あるいは或る種の生活様式を好ましいものとして市民に押し付けないというリベラルの決意は，諸目的の間で中立的な正当化によってしか守り抜けないだろう．しかし，これはいったいどのような正当化であろうか．善き生についての或る見方を抱くことなく，つまり諸目的の中のあるものを別のものよりも重視することなく，或る自由や権利を基本的なものと認めることが，どのようにして可能なのだろうか．

　カント主義的リベラルたちが提案している解決法は，「正」("right") と「善」("good") を区別することである．それはすなわち，基本的な権利や自由の枠組みと，その枠組みの中で人々が追求しようと選択するところの善の考え方とを区別することである．彼らによれば，国家が公正な枠組みを支持することと，或る特定の目的を是認することとは，同一ではない．例えば，次の二つは別のことである．一つは，人々が，自由に自分の意見を形成し，それぞれの目的を選択できるように，言論の自由という権利を擁護するということである．もう一つは，公共的事柄に関わらない人生よりも政治的討論を行う人生の方が本質的により価値があるとか，自由な言論は一般的福祉を増進させるとかいう理由で，言論の自由への権利を支持することである．まさに中立的な枠組みという理想に依拠するカント主義的見解では，前者の擁護論しか用いることができないのである．

　さて，諸目的に中立的な枠組みを堅持するということは，それ自身一種の価値とみなしうるのであり，この意味で，カント主義的リベラルは全く相対主義ではないのであるけれども，その価値というのは，或る生活様式ないし善についての考え方を好ましいものとして是認しないことに存している．とすると，カント主義的リベラルにとっては，次の二つの意味において，正は善に優先す

12　Rawls, *A Theory of Justice*, pp. 3–4.

る．第一に，個人的権利は，一般的善のために犠牲にされてはならない．そして第二に，これらの権利を特定する正義の諸原理は，善き生についての特定の見方に基づいたものであってはならない．権利が正当化されるのは，それが一般的福祉を最大化したり，さもなくば善を促進するからではない．むしろそれは，個人や集団が，自身の価値や目的を選ぶことができ，他者も自由に同様のことができるような公正な枠組みを構成するからである．

善に対して正を優先させるという主張においては，中立性という理想が，個人の権利の至高性と結びつくことになる．カント主義的リベラルにとっては，権利とは「諸個人が保持している切り札として機能する」．権利とは，たとえそれが民主的に定立された政策であっても，善についてのある特定の考え方を押しつけることによって，各自が考え方を選択する自由を尊重しないような政策から，諸個人を守るものなのである[13]．

もちろん隠れもなく，リベラルな倫理の支持者たちは，いずれの権利が基本的であって，いかなる政治的仕組みが中立的な枠組みという理想によって要請されるのかについて意見が分かれてしまっている．平等主義的リベラルは，福祉国家を支持し，福祉・教育・健康管理などの社会的・経済的権利とともに市民的自由を重視する制度設計を好む．彼らによれば，人々が自分の目的を追求する能力を尊重するためには，政府は，尊厳ある生に最低限必要なものを保証しなければならない．（現代政治においては通常，保守主義者と呼ばれるところの）リバタリアン的リベラルは，市場経済を擁護し，再分配政策は人々の権利を侵害するものだと主張する．彼らによれば，人格を尊重するためには，各人の労働の果実をそれぞれに保証することが必要であり，したがって私的財産権を強く保証する体制を伴った市民的自由の制度設計が好まれることになる．平等主義的であれ，リバタリアン的であれ，カント主義的リベラリズムは，「私たちがばらばらの個別的存在であり，それぞれの目的，興味，そして善き生についての考え方を抱いている人格である」と主張するところから始まる．カント主義的リベラリズムは，他者にも自分と同様の自由を認めながら，私たちがそれぞれ自由で道徳的な主体として行動する能力を実現できるような権利の枠組みを求めている．

---

[13] Dworkin, "Liberalism," p. 136.

リベラルの自己

　功利主義に対するカント主義の反論は，主に，人格についての対照的な考え方，すなわち道徳的行動主体とはいかなるものかについての考え方に基づいている．功利主義者が，私たちの多くの欲求を単一の欲求のシステムに還元するのに対して，カント主義的リベラルは，人格が切り離されていることを強く主張する．功利主義的自己が，単にその欲求の総和として定義されるのに対し，カント主義的自己は，その時々に抱いている欲求や目的から独立した，まさに選択する自己である．カントのこの考えは，自律的意志をもって行為する能力を人間に帰属させるという形で表現されている．現代のリベラルは，自己についての同様の観念に依拠しており，その自己とは各自の目標や目的より先に存在し，またそれとは独立に存在するものである．

　善に対する正の優先性の主張，そしてそれに伴う人格についての考え方という点で，カント主義的リベラリズムは，功利主義のみならず，次のような見解と対立することになる．すなわちそれは，私たちを，自分が選択しなかった目的を遂行する義務を負っていると見なすものであり，その目的とは，たとえば自然ないし神，あるいは家族・国民 (peoples)・文化・伝統の構成員としてのアイデンティティによって与えられるものである．このように負荷を負わされたアイデンティティは，自由で独立した自己として人格を捉えるリベラルの発想とは相容れない．リベラルが捉えるそのような自己とは，先行する道徳的絆に束縛されることなく，自分自身の目的を自由に選択することができる自己である．この考え方は，中立的な枠組みとしての国家という理想の中に表現されている．カント主義的リベラルにとっては，相対立する諸価値や諸目的の中で選択を行うことを拒絶する中立的な権利の枠組みを私たちが必要とするのは，まさに私たちが自由に選択を行う独立した自己だからである．リベラルな自己にとって，何よりも重要なもの，すなわち私たちの人格にとって必要不可欠なものとは，私たちが選択する目的なのではなく，それらを選択できる私たちの能力なのである．「私たちの本性が主に現れるのは，目的においてではなく」，むしろ（もし目的からそれを切り離すことができるのならば）私たちが同意している権利の枠組みにおいてである．「というのは，自己は，自分が是認する目的に先行するからである．優越的な目的でさえも，数多くの可能性の中から選択され

なければならないのである」[14].

　リベラルな倫理がもつ道徳的な強さは，リベラルな倫理が喚起する自己像のもつ魅力に多くを負っている．この魅力は，少なくとも二つのことから生まれてくる．一つは，自分が選択したのではない目的や帰属関係によって負荷を負わされていない，自由で独立した存在としての自己像は，力強く開放的な像を提示する．リベラルな自己は，慣習や伝統や世襲の地位から来る拘束を受けず，選択に先行する道徳的絆にも縛られないものであり，至高権をもつ存在として措定される．すなわちそれは，自身を制約する唯一の責務の作り手の役割を与えられる．私たちは，状況の単純な総和以上のものであり，「自分自身で創造し，形成し，選択した」人格であるということの中に存する尊厳をもつことができる[15]．私たちは，自分自身が主体なのであり，自分が選んだ目的の単なる道具ではない．「私たちの主張が有効なのは，それが自分自身に由来するからである」[16].

　リベラルの自己像の第二の魅力は，平等な尊重に関してそれが示唆する考え方の中にある．人間には，彼が果たす役割とか，彼女が守っている慣習とか，彼が是としている信仰以上のものがあるという考えは，人生における様々な偶発性とは独立に各人を尊重するという発想の基礎になる．リベラルな正義は，人種，宗教，民族性，そしてジェンダー（社会的性差）といった差異は一切考慮しないのである．というのは，リベラルな自己像においては，このような特徴は，そもそも私たちのアイデンティティを規定するものではないからである．それらは自己の構成要素ではなく，単なる属性に過ぎないものであり，このようなものは国家が拘泥すべきものではないのである．「私たちの社会的地位や階級，性別や人種といったものは，道徳的観点からなされる熟議に影響を与えるべきではない」[17]．いったんこれらの偶発的事柄が，私たちの人格の諸相としてよりも，むしろ状況の産物と見なされるならば，よくあるように，それらが偏見や差別の原因となるようなことはなくなるだろう．

14　Rawls, *A Theory of Justice*, p. 560.
15　George Kateb, "Democratic Individuality and the Claims of Politics," *Political Theory*, 12 (August 1984), 343.
16　John Rawls, "Kantian Constructivism in Moral Theory," *Journal of Philosophy*, 77 (Summer 1980), 543.
17　John Rawls, "Fairness to Goodness," *Philosophical Review*, 84 (October 1985), 537.

さらに，リベラルな正義の観点からすれば，私たちがどのような徳を発揮し，いかなる価値を私たちが唱導するかは重要ではない．「道徳的観点からすれば，私たちが他とは異なる或る一つの考え方を善について持っているということは，重要ではない．その特定の考え方を身につける際，私たちは，自分の性別や階級に関する自己認識について無自覚になるようにさせた類の偶発的事柄によって影響を受けている」[18]．リバタリアン的リベラルと平等主義的リベラルとは，多くの点で見解を異にするものの，人々への権利賦与は，各人の価値や徳や道徳的功績によって左右されるべきではないという点では意見が一致している．というのは，人々を有徳に，あるいは道徳的に価値あるものにする資質は，「道徳的観点から見れば偶然的な」要素によって形成されるからである[19]．したがって，リベラルな国家は人々を差別しない．リベラルな国家の政策あるいは法は，或る個人または生活様式が，本質的に他の個人または生活様式よりもより有徳であると想定してはならない．リベラルな国家は，人間を人間として尊重し，各人が選択した人生をそれぞれが生きる権利を平等に保障する．

カント主義的リベラリズムへの批判

カント主義的リベラルは，このようにして，目的に先行する自己像に依拠するところの正の優先性を肯定することによって，善についての一つの考え方を是認することを回避する．しかし，自己のこの捉え方は妥当だろうか．負荷なき自己（unencumbered self）という像は，大変魅力的だが，欠陥がある．そのような自己像では，私たちの道徳的経験を理解することができない．なぜならそれでは，私たちが一般に承認し，重視さえしている或る道徳的・政治的責務を説明することができないからである．これらの責務としては，連帯の責務，宗教的義務，そして自分自身の選択とは関係のない理由によって私たちを拘束するところのその他の道徳的絆といったものがある．もし私たちが，自分で選択したのではない道徳的絆によって拘束されない，自由で独立した自己として

---

18 Ibid.
19 Rawls, *A Theory of Justice*, p. 312. 一般的には pp. 310–315. また以下も参照せよ．Friedrich A. Hayek, *The Constitution of Liberty* (Chicago: University of Chicago Press, 1960), chap. 7（気賀健三・古賀勝次郎訳『ハイエク全集5 自由の価値――自由の条件Ⅰ』春秋社，1986年）; Nozick, *Anarchy, State, and Utopia*, pp. 155–160.

自分自身を理解するなら，これらの責務をうまく説明することができなくなる．或る企てや或る事柄への積極的な関与によって既に拘束を受けている，負荷ありし自己（encumbered self）として自分たちを捉えない限り，私たちは自分たちの道徳的・政治的経験のこのような本質的な諸相を理解することはできない．

リベラルな見解においては，責務の範囲が限定されてしまうことを考えてみよう．ロールズによれば，責務は次のいずれかの場合にしか生じない．一つは他者に対して私たちが負う人間としての「自然的義務」，もう一つは自らが同意することによって自発的に負う責務である．前者の「自然的義務」とは，他者を同じ人間として尊重するところから生じる義務である．すなわち，それは，正義を行う，残虐さを回避する等の義務である．その他の全ての責務は，特定の他者に対して私たちが負う責務であり，それは同意に基づくものであって，明示的であれ黙示的であれ，自分が与えた同意によってしか生じない[20]．

私たちは負荷なき自己として，全ての者の尊厳を尊重しなければならないが，これを超えて責務が生じるのは，私たちがそれに同意した時だけである．リベラルな正義が要求するのは，私たちが人々の（中立的な枠組みによって規定された）諸権利を尊重することであって，私たちが人々の善を推し進めることではない．他者の善について私たちが関心を払うべきかどうかは，そうすることを私たちが同意したのかどうか，そして誰と，どのような条件で同意したのかにかかっている．

この見解の驚くべき帰結の一つは，「厳密に言えば，一般的に市民は何の政治的責務も負わない」ということである．選挙に出る人々は，当選した場合には国家に奉仕するという政治的責務を自発的に負うのであるが，一般市民はそうではない．「政治的責務を負わせるのに不可欠な行為とは何か，あるいはその行為を誰がなしたのかは明らかではない」[21]．したがって，平均的な市民は，不正義を行わないという普遍的で自然的な義務以外には，同胞市民に対して何の特別な責務も負わないことになる．

リベラルは，全ての責務を私たちが普遍的に負う義務あるいは自発的に負った責務として解釈しようと試みるが，それでは，公民的責務や，私たちが一般的に承認している他の道徳的・政治的絆を説明することが困難になる．忠誠や

20　Rawls, *A Theory of Justice*, pp. 108-117.
21　Ibid., p. 114.

責務のもとに生きるということは，私たちが，或る家族，都市，国家，あるいは民族の一員としての，歴史の担い手としての，そして共和国の市民としての，私たちの人格の固有性を理解することと不可分である．リベラルな企ては，このような事実に道徳的な力の一部が存するところのこれらの忠誠や責務を捉えることができない．このような忠誠は，私が，一定の距離をおいて，たまたま持ち，たまたま保持している諸価値以上のものでありうる．そのような忠誠に伴う道徳的責任は，自分が自発的に引き受けた責務や，人間として他者に対して負う「自然的義務」を超えるかもしれない[22]．

連帯の責務のように，自分が或る特定の共同体に住んでいることから生じる特別な責任を，私はその共同体の仲間の構成員に対して負うであろう．ユダヤ人に対するドイツ人，アメリカの黒人に対する白人，あるいはかつての植民地に対する英仏両国のように，自分が属する共同体と道徳的に特別な歴史的経緯のある共同体の構成員たちに対して，私は，また別の責務を負うであろう[23]．共同体に属することから生じる責務は，対内的責務であれ対外的責務であれ，選択に先行する道徳的絆を私たちが持ちうることを前提としている．私たちがそのような道徳的絆を持ちうる限り，私たちが或る共同体の一員であることの意味を，契約論的に記述し直すことは困難である．

リベラルな見解を擁護するために，同意に基づかない忠誠や忠義は，どんなに心理的に強力なものであっても，それは感情の問題であって，道徳の問題ではなく，それゆえ，それが負荷なき自己にとって自由にならない責務を示唆することにはならないと論じられることがある．しかし，連帯の責務と，それが意味する濃密に形造られた負荷ありし自己というものを認めるのでなければ，私たちにとって馴染み深いある種の道徳的・政治的ディレンマを理解することは困難である．

南北戦争の前夜のロバート・E・リー（Robert E. Lee）の場合を考えてみよう．当時，合衆国陸軍の将軍であったリーは，南部諸州の連邦脱退に反対し，実際それを反逆とみなした．それでもしかし，戦争が急迫してくると，合衆国に対する自分の責務や，（伝えられるところによると）奴隷制に対する反対よりも，ヴ

---

[22] 以下を参照せよ．Micael J. Sandel, *Liberalism and the Limits of Justice* (Cambridge: Cambridge University Press, 1982), pp. 179–183.

[23] Alasdair MacIntyre, *After Virtue* (Notre Dame: University of Notre Dame Press, 1981), 204–206.（篠崎榮訳『美徳なき時代』みすず書房，1993年）．

ァージニア州への責務の方を優先せざるをえないと結論するに至った．彼は書いている．「合衆国への献身にもかかわらず，私は自分の親類，子ども，家庭に対して手をあげる決心がつかなかった……．もし合衆国が分裂し，政府が崩壊するならば，私は自分の故郷の州に戻り，故郷の人々とその辛苦を共にしよう．故郷の州の防衛のため以外には，私は今後剣を抜くことはないだろう」[24]．

必ずしも彼が行った選択に賛成でなくても，リーの苦境の厳しさを深く理解することはできるだろう．しかし，同胞の人々と共に立ち上がり，自分自身が反対している大義のために人々を統率さえするという使命は，単なる感情的意味合いを越えて，他の義務や責務との比較衡量を許す道徳的重要性を帯びた要請であったということを認めることなしには，彼のディレンマを道徳的なディレンマとして理解することはできないだろう．さもなければ，リーの苦境は，全く道徳的ディレンマなどではなく，道徳と単なる感情あるいは偏見との単純な対立だったことになる．

リーの苦境を単に心理学的に読み解くことは，私たちがリーのような人物に共感を覚えるだけではなく，必ずしも彼らの選択そのものを理由とするわけではないが，その熟考に反映された人格の特性を理由としてそのような人々を賞賛もする，という事実を看過することになる．ここで問題となる特性は，人生の状況を省察しながらもその中に位置づけられている存在として，その状況を眺め，それを引き受けるという性質である．そのような自己とは，特定の生を自分が生きるように仕向ける歴史によって規定されながらも，その特定性を自覚しつつ，そして他の道，より広い地平にも敏感な存在である．しかし，これこそがまさに，自らが選択した責務によってしか拘束されない，負荷なき自己として自分自身を捉える者たちに欠落している特性なのである．

リーの例が示しているように，人格についてのリベラルの発想は，連帯の責務のような，私たちが一般的に承認している道徳的・政治的責務の全域を説明するには，あまりにも薄っぺらなものである．この点において，その議論としての妥当性に一般的にも疑問を投げかけざるをえない．しかしさらに，リベラ

---

[24] このリーの文章は，以下からの引用である．Douglas Southall Freeman, *R. E. Lee* (New York: Charles Scribner's Sons, 1934), pp. 443, 421. また以下のリーの議論も参照せよ．Morton Grodzins, *The Loyal and the Disloyal* (Chicago: University of Chicago Press, 1965), pp. 142-143; Judith Shklar, *Ordinary Vices* (Cambridge: Cambridge University Press, 1984), p. 160.

ルの考え方はあまりにも脆弱すぎて，現代の福祉国家の中で市民に期待される，より負担の軽い共同的責務を基礎付けることすらできないのだ．リーの場合のような悲劇の英雄としてのディレンマを理解するためだけでなく，多くのリベラルが擁護する諸権利を存続させるためにも，共同体についてのより強力な考え方が必要となろう．

リバタリアニズム的リベラルが市民に要求することはほとんどないが，より寛大なリベラルの倫理は，公的な支給と再分配の様々な政策を支持する．平等主義的リベラルは，市民的・政治的権利だけでなく，社会的・経済的権利をも擁護し，同胞市民に高度の相互関与を要求する．彼らは，個々人の「多元性と個別性」を主張するが，同時にまた，私たちが「互いの運命を分かち合い」，生まれつきの才能の配分を「共有資産」と捉えることを要求する[25]．

分かち合いの倫理としてのリベラリズムは，幸運というものが恣意的であり，平等な自由を有意味に行使するためには一定の物質的前提条件が重要であることを強調する．「困窮している人間は自由な人間ではない」し，成功に寄与する資産と才能の配分は，いずれにせよ「道徳的観点からは恣意的な」ものなのだから，平等主義的リベラルは，富裕層に課税して，貧困層が尊厳ある生のための前提条件を確保するのを助けようとする．したがって，リベラルによる福祉国家の擁護論は，共通善についての理論や共同的責務についての何らかの確たる観念に基づいているのではなく，むしろ，私たちそれぞれの利益や目的と切り離した上で尊重することに同意した諸権利に基づいている．

リベラルによる公的支給の擁護論は，強力な共同体の絆を頼りにできない状況には，よく適合するように思われる．そしてこれが，その魅力の一つの源泉である．しかし，それにもかかわらず，その擁護論はリバタリアンからの批判，すなわち"再分配政策は，ある者を他の者の目的のための手段として利用するものであり，したがってリベラリズムが何よりも保証しようとする個々人の「多元性と個別性」を侵すものである"という批判に対して脆いのである[26]．共同体に関する契約論的な見解だけでは，リバタリアンからの批判にどう答えられるのか明らかではない．運命を分かち合うべき相手方が，道徳的に言えば，正真正銘の他者であって，自分のアイデンティティを意味づけている生活様式

25　Rawls, *A Theory of Justice*, pp. 101-102.
26　以下を参照せよ．Nozick, *Anarchy, State, and Utopia*, p. 228.

への参与者たる同胞ではない場合，分かち合いの倫理としてのリベラリズムは，功利主義と同様の批判にさらされることになろう．それによって自分が負わされる義務は，自分のアイデンティティを形成している共同体からの義務ではなく，むしろ恣意的に確定された集合体から負わされる義務であり，その集合体の目的を自分が分かち合っているとは限らないのである．

　もし平等主義者が，人格への平等な尊重の問題として社会的・経済的権利が要求されるのであると答えたとしても，"なぜこの特定の人々，すなわちたまたま同国人である人々が，他国の人々に対しては私が負わされない義務を私に要求することができるのか"という疑問は残ったままである．市民であることからくる相互的責任を，人間を人間として尊重するという考え方と結びつけると，福祉についての道徳的擁護論と外国援助の擁護論とは実質的に同じことになる．そして外国援助の場合には，お互い人間であること以外は共通するところがほとんどないような見知らぬ他者に対して，私たちが義務を負うことになるのである．人格についてのリベラルの考え方からすると，分かち合いの倫理としてリベラリズムが前提としている関心対象の範囲を，リベラルはいかに擁護できるのか，明らかではない．

　平等主義的リベラリズムが自ら要請しつつも，それ自体の枠組みの中では提供することができないのは，当該の分かち合いの共同体を定義する何らかの方法，すなわち当初から相互に助けられつつ道徳的に関わりあっている参与者たちを捉えるための何らかの方法である．それには，貧者への寄付を頼んできた人物への「彼らは私の貧者なのか」というエマーソンの異議に答える方法が必要である[27]．リベラルな社会的・経済的権利は，共同体の構成員が皆追求している共通の生を表現したり促進したりするものとして正当化できないのだから，共同体的関心の論拠や範囲を擁護するのは困難になる．というのは既に見たとおり，共同体や市民たることについての確たる観念によって，その分かち合いは確保され位置づけられるのであるが，その観念こそリベラルな自己とは無縁のものである．その道徳的負荷とそれが含意する先行する責務は，権利の優先性の土台を切り崩すことになろう．

---

[27] Ralph Waldo Emerson, "Self Reliance," in Emerson, *Essays and Lectures* (New York: Library of America, 1983), p. 262.（伊東奈美子訳『自己信頼〔新版〕』海と月社，2009年）．

最小限主義的(ミニマリスト)リベラリズム

　もし私たちが、カント主義的リベラルが想像するような、自由に選択する負荷なき自己ではないならば、政府は中立である必要はないことになり、そして結局のところ、政治は市民の徳を涵養すべきである、ということになるのだろうか．政治哲学者の中には、中立性の擁護論を人格についてのカント主義的発想から切り離すことは可能だと論じる者がいる．彼らによれば、リベラリズム擁護論は政治的なものであって、哲学的ないし形而上学的なものではなく、それゆえ、自己の本性についての論争とは無関係である．善に対する正の優先性とは、カント主義的道徳哲学の政治への応用ではなく、"現代民主社会において、善については概して合意が成り立たない"というよく知られた事実に実際的に対応するための考え方である．この中立性擁護論は、人格についてのカント主義的な考え方に基づくものではなく、「哲学的に言えば、その表面にとどまっている」ものであるから、それを最小限主義的リベラリズムと呼ぶことが可能である[28]．

　最小限主義的リベラルは、自らの選択とは無関係の道徳的ないし宗教的責務を私たちが時折負うことになるのは承認する．しかし彼らは、公共的領域に入る時にはこれらの責務を脇に置くべきであり、政治や法を熟議する時には自分の道徳的・宗教的確信を棚上げしておくべきであると強く主張する．個人的生活においては、自分自身を「ある種の政治的・宗教的・哲学的・道徳的確信から、またはある種の永続的な愛着や忠誠から切り離された存在として」捉えるということは、考えられないかもしれない．しかし私たちは、個人的アイデンティティと政治的アイデンティティとを区別すべきである．個人的生活においていかに負荷がかかっていようとも、そして道徳的ないし宗教的確信によって

---

[28] ここで私が最小限主義的リベラリズムと呼んでいる見解を代表しているのは、ジョン・ロールズの次の2つの著作である．John Rawls, *Political Liberalism* (New York: Columbia University Press, 1993); "Justice as Fairness: Political Not Metaphysical," *Philosophy & Public Affairs*, 14 (1985), 223-251. またこの見解は、多少異なった形ではあるが、以下のものにも見出される．Richard Rorty, "The Priority of Democracy to Philosophy," in *The Virginia Statute for Religious Freedom*, ed. Merrill D. Peterson and Robert C. Vaughan (Cambridge: Cambridge University Press, 1988). この引用は以下からである．Rawls, "Justice as Fairness," p. 230.

いかに拘束されていようとも，私たちは，公共的には自らの負荷を棚上げし，いかなる特定の忠誠ないしは善についての考え方からも独立した公共的自己として，自分自身を捉えるべきなのである[29]．

　人間としてのアイデンティティと市民としてのアイデンティティの分離を強く主張すると，すぐに次のような異議を突きつけられる．自分が個人的生活の中で大切にしている道徳的・宗教的確信を，なぜ政治的アイデンティティを有する者としては，表明してはいけないのか．正義と権利について熟議する際，私たちの生活のそれ以外の部分を律している道徳的判断を，なぜ私たちは脇に置かなければならないのか．最小限主義的リベラリズムはこれに対して，市民としてのアイデンティティを人間としてのアイデンティティから分離するのは，現代の民主的生活に関する重要な事実を尊重するからであると答える．伝統的社会においては，人々は，自分自身が有する道徳的・政治的理想に従って政治的生活を形成しようとした．しかし，現代の民主的社会の特徴は，道徳的・宗教的理想の多元性にある．さらに，この多元主義は理にかなっている．なぜならば，立派で知的な人々が，理性的に熟考し尽くした後でさえ，善き生の本性についての考え方が相異なってしまうという事実を，その多元主義は反映しているからである．理にかなった多元主義（reasonable pluralism）という事実を前提にすると，正義と権利の問題は，善についての様々な考え方の中で特定のものを是とすることなしに決定されなければならない．このようにしてのみ私たちは，相互的尊重に基づいた社会的協力という政治的価値を承認することができるのである[30]．

　最小限主義的リベラリズムは，自己の本性についての討論を含む政治的な論争から，リベラルな諸原則を切り離そうとする．このリベラリズムは，それ自身が「正義についての真なる考え方を提示しているわけではなく」，民主的社会における政治的合意の基礎としてその考え方が役立つのだと主張する．それは「哲学に対する民主主義の優先性」を主張する．それは，正義についての形而上学的または哲学的な考え方ではなく，正義についての政治的な考え方を提供するものである[31]．

29　John Rawls, *Political Liberalism*, p. 31；一般的には pp. 29–35.
30　Ibid., pp. xvi–xxviii.
31　Rawls, "Justice as Fairness," p. 230; Rorty, "The Priority of Democracy to Philosophy," p. 257.

最小限主義者はリベラリズムを擁護して，哲学から政治を分離すること，そして政治が関わる場合には道徳的・宗教的問題を棚上げすることを妥当だと主張する．しかしこれに対して次のような疑問が生じる．なぜ社会的協力と相互的尊重を確保するという実際的利益は，或る実質的な道徳的ないし宗教的見解の中から生じうる競合的な道徳的利益を圧倒するほどに常に強力であるのだろうか．実際的利益の優先性を確保する一つの方法は，棚上げされるいかなる道徳的或いは宗教的な考え方も真であるとは認めないことである．しかしこれこそまさに，最小限主義的リベラルが避けたいと願う，論争かまびすしい形而上学的主張の類いである．したがってもしリベラルが，ある考え方は真であるかもしれないということを容認しなければならないのなら，依然として次のような問題が残ってしまう．いわゆる"棚上げ"もできず，そして社会的協力という実際の利益を道徳的な点で凌いでしまう，圧倒的に重要な利益を生み出す道徳的ないし宗教的教義は皆無である，ということは何によって保証されるのだろうか．

最小限主義的(ミニマリスト)リベラリズムへの批判

　最小限主義的リベラリズムは，この問題に対して説得力ある答えを持ち合わせていない．なぜなら，寛容や社会的協力や相互的尊重のような政治的価値は重要であるが，実質的な道徳的・宗教的教義から生じうる競合的価値を脇に置くことが，常に理にかなっているわけではないからである．少なくとも深遠な道徳的問題に関するかぎり，政治的合意を達成するために，道徳的・宗教的論争を棚上げすることが理にかなうかどうかは，相対立する道徳的教義ないし宗教的教義のいずれが真であるかによって決まるところがある．最小限主義的リベラリズムは，寛容の対象となる慣行の道徳的価値についての判断と，寛容そのものの擁護論とを分離したがる．しかしこの分離は，常に維持できるわけではない．ある具体的な事案において寛容が正当化できるかどうかは，当該の慣行についての道徳的判断を下すことなく決定することができないからである．

　この困難さの例を，深遠な道徳的・宗教的問題に関わる二つの政治的論争の中に見出すことができる．一つは，中絶権に関する現代の論争である．もう一つは，人民主権と奴隷制をめぐる，エイブラハム・リンカーンとスティーブン・ダグラス（Stephen Douglas）の間の1858年の有名な論争である[32]．

中絶論争

　中絶の道徳的許容性をめぐっては激しい意見の対立があるため，道徳的・宗教的争点を棚上げするような，中立的な政治的解決を探求する必要性は，特別に大きい．しかし，問題となっている複数の道徳的・宗教的教義を政治的目的のために棚上げすることが理にかなうかどうかは，どの教義が真であるかということに大きくかかっている．もし，カトリック教会の教義が真であれば，すなわちここでの道徳的に有意な意味において，人間の生命が受胎の瞬間から本当に始まるならば，人間の生命の開始時期をめぐる道徳−神学的な問題を棚上げすることは，それに対立する道徳的・宗教的想定における場合よりも，はるかに理にかなわないことになる．〔ということは逆に〕ここでの道徳的に有意な意味において，胎児と乳児の相違に確信を持てば持つほど，正義に関する政治的考え方のうち，胎児の道徳的地位についての論争を脇に置くようなものを是とすることに自信を深めるようになる．

　中絶をめぐる現代の討論から分かるように，正義についての政治的な考え方でさえ，それが棚上げしようとしている論争についての一定の見方を前提としている．というのは，中絶についての討論は，人間の生命がいつ始まるかについての討論であるばかりではなく，政治的目的のためにその問題を避けて通ることが，どのくらい理にかなうかについての討論でもあるからだ．中絶反対論者は，道徳的な論じ方を政治的な論じ方にすることによって彼らの見解がいっそう損なわれるのを知っているので，そのような論じ方の転換に抵抗する．最小限主義的リベラリズムが提出する中立的領域は，中絶擁護論者にとってよりも，宗教的確信に基づいて中絶に反対する論者にとって，より違和感が強いものとなるからである．それに比して，中絶擁護論者にとってはそのような違和感はほとんどない．というのは，中絶が道徳的に許容しうるという信条と，"政治的な事柄として，女性はその道徳的問題を自分自身で自由に決められるべきである"という考え方の承認との間には，ほとんど違いがないからである．中絶が許容しうるものである場合よりも，中絶が悪い場合の方が，政治的同意がもたらす道徳的代価ははるかに高いものになる．相対立する道徳的・宗教的

32　この議論については次の著作から引いている．Michael J. Sandel, "Political Liberalism," *Harvard Law Review*, 107 (1994), 1765–94.

諸見解を棚上げすることがどのくらい理にかなっているかは，それらの諸見解のうちどれがよりもっともらしいかにかかるところがある．

　最小限主義的リベラルによれば，寛容及び女性への平等な公民性の賦与という政治的価値は，"中絶するかどうかを女性が自分自身で自由に決められるべきだ"と結論するための十分な論拠となる．人間の生命の始期に関する道徳的・宗教的論争において，政府は一定の立場に与すべきではないからである．しかし，胎児の道徳的地位についてのカトリック教会の立場が正しいならば，つまり中絶とは道徳的に殺人に等しいのならば，寛容と女性の平等という政治的価値がどんなに重要であっても，なぜそれを人命尊重という価値よりも優先すべきなのかということは明らかではない．もしカトリックの教義が真ならば，政治的価値の優先性を主張する最小限主義的リベラルの立論は，正戦論の一例とならざるをえない．すなわち，"毎年150万人もの非戦闘員の生命を犠牲にしてまで，何故それらの価値を優先すべきなのか"が示されなければならないからである．

　もちろん，"生命がいつ始まるのかという道徳−神学的問題を棚上げすることはできない"と示唆することは，中絶の権利に反対することを必ずしも意味しない．それは単に，中絶権擁護論が，その基底にある道徳的・宗教的論争について中立的なものではありえない，ということを示しているだけである．中絶権擁護論は，ここで問題となっている実質的な道徳的・宗教的諸教義を避けることなく，むしろそれと関わっていくべきである．リベラルは，しばしばこの関わり合いに抵抗する．なぜなら，その関わり合いを肯定すれば，善に対する正〔=権利〕の優先性に反するからである．しかし，中絶論争は，この優先性が維持不可能であることを示している．中絶するかどうかを女性が自分自身で決定する権利を尊重するためには，妊娠の比較的初期の段階で胎児を中絶することと，子どもを殺害することとの間に，道徳的に有意な違いがあることを示さなければならないからである．

リンカーン−ダグラス論争

　おそらく，論争かまびすしい道徳的問題を政治的同意という目的のために棚上げしたもっとも有名な例は，エイブラハム・リンカーンとの討論におけるスティーブン・ダグラスの主張である．"奴隷制度の道徳性について合意は決して成り立たないから，この問題に関しては国家の政策は中立的であるべきだ"

とダグラスは主張した．彼が擁護した人民主権〔popular sovereignty, この文脈では準州の住民主権を意味する〕の理説それ自身は，奴隷制度の善悪について判断を下さず，各々の準州の人民が自由にその判断を下すことを認めた．「自由州であれ，奴隷州であれ，そのいずれかに連邦政府が加担すること」は，憲法の基本的諸原理を侵し，内戦の危険を惹起することになろう．彼の論によれば，合衆国の統一を保てると期待できるのは，意見の不一致を認める場合，つまり奴隷制度をめぐる道徳的論争を棚上げし，「各州および各準州が，それぞれ自分たちでこの問題を決定する権利」を尊重する場合しかない[33]．

リンカーンは，ダグラスによる正義についての政治的な考え方に反論した．リンカーンは，政策というのは，奴隷制度についての実質的な道徳判断を避けることなくそれをむしろ体現すべきであると論じた．彼は，奴隷制度廃止論者ではなかったが，政府は今までの奴隷制度を道徳的悪として捉えるべきであり，その制度が準州に拡がるのを禁止するべきであると信じていた．「全ての者につきつけられている，この論争での真の争点は，一方で奴隷制度という仕組みを悪とみなす人々の感情があり，他方でそれを悪とみなさない人々の感情がある，という問題である」．リンカーンと共和党は，奴隷制度を悪とみなした．そして，奴隷制度は「悪として扱われるべきであり，そう扱うための一つの方法は，奴隷制度が今後一切拡張してはならないという規定を設けることである」と主張した[34]．

彼の個人的な道徳的見解が何であれ，ダグラスは，"少なくとも政治的な目的との関連では，奴隷制度の善悪の問題については不可知である"と主張した．彼は，奴隷制度が「可決されようと，否決されようと」構わなかったのである．これに対してリンカーンは，奴隷制度が道徳的悪でないという，彼自身の考え方とは反対の前提に立たない限り，奴隷制度の道徳性という問題を棚上げすることは，理にかなわないと答えた．「奴隷制度の中に何ら悪も見出さない」人は，政治的な中立性を主張できる．「しかし，奴隷制度に悪を見出す者が，政治的な中立性を唱導することは論理的に不可能である．なぜなら，"悪い制度が可決されようと否決されようと構わない"とは，論理的には誰も言えないか

---

[33] Paul M. Angle, ed., *Created Equal? The Complete Lincoln-Douglas Debates of 1858* (Chicago: University of Chicago Press, 1958), pp. 369, 374.
[34] Ibid., p. 390.

らである」[35].

　リンカーンとダグラスの間の論争は, 第一義的に, 奴隷制度の道徳性についてのものだったのではなく, 政治的な同意のために道徳的論議を棚上げすべきかどうかに関するものだった. この点で, 人民主権をめぐる彼らの論争は, 中絶権をめぐる現代の論争に類似している. "政府は中絶の道徳性について特定の立場に立つべきではなく, その問題を女性自身の判断に委ねるべきだ"との主張が現代のリベラルに見られるように, ダグラスは"奴隷制度の道徳性に関して国家は特定の立場に立つ政策をとるべきではなく, その判断を各々の準州の判断に委ねるべきだ"と論じた. ここには, もちろん違いもある. 中絶権の場合は, 実質的な道徳的問題を棚上げする人々は, 中絶するかどうかの選択を概して個人に委ねることになるが, 奴隷制度の場合には, ダグラスの言うように棚上げをすれば, 奴隷制度を採用するかどうかの選択は準州に委ねられることになる.

　しかし, ダグラスに対するリンカーンの反論は, 少なくとも深刻な道徳的問題が争われている場合には, 道徳的問題を棚上げすること自体に対するものであった. リンカーンの反論の要点は, "ダグラスが擁護する正義についての政治的な考え方がもっともなものであるかどうかは, それが棚上げしようとする実質的な道徳的問題に対して, 具体的にどのような答えを出すかにかかっている"というところにある. 内戦の可能性のような, 社会的協力への恐ろしい脅威に直面していた時でさえ, 政治的な中立を志向することは, 道徳的にも政治的にも意味をなさなかった. ダグラスとの最後の討論の中で, リンカーンは次のように結論づけた.「全ての人が最も関心を抱いている事柄そのものを顧慮しないという立場に立って政策の体系を作り上げようとするのは, 偽りの政治家がすることではないだろうか」[36].

　今日のリベラルは, 間違いなくダグラスの同類になることを拒むだろうし, おそらく奴隷制度が人々の権利を侵すという理由で, 国家政策として奴隷制度が否定されることを望むだろう. しかし, 正義についての政治的な考え方としてのリベラリズムが, 包括的な道徳的理想に訴えることを非難する立場をとりながらこのような主張ができるかどうかは, 疑わしい. 例えば, カント主義的

35　Ibid., p. 392.
36　Ibid., p. 389.

リベラルは，人間がそれ自身目的であり尊敬に値する存在であるにもかかわらず，人間をそう扱うことができない制度として，奴隷制度に反対することができる．しかしこの立論は，人格についてのカント主義的な考え方に依拠するものであるから，最小限主義的リベラリズムにとっては用いることができないものである．1830 年代と 1840 年代の多くのアメリカの奴隷制度廃止論者は，奴隷制度の罪悪性を強調しその主張を宗教的議論として展開したが，その議論も最小限主義的リベラリズムは用いることができない．

　中絶と奴隷制度をめぐる討論は，"正義についての政治的な考え方が，そこで棚上げしようとする道徳的・宗教的問題への答えを前提とせざるを得ないことがある"ということを示している．少なくとも，深刻な道徳的問題が争われているときは，実質的な道徳的判断から政治と法を切り離すことは不可能である．しかし，道徳的・宗教的確信に言及することなく，政治的討論を行いうる場合であっても，そのような討論の仕方が常に望ましいとは限らないかもしれない．政治的合意のために，公共的領域から道徳的・宗教的議論を一掃しようとすると，政治的言説を貧困にし，自己統治に必要な道徳的・公民的資源を蝕む結果に終わるかもしれない．
　この傾向は，私たちの現在の公共的生活の中に見ることができる．1950 年代と 1960 年代の公民権運動のような，注目に値するいくつかの例外はあるけれども，ここ数十年における私たちの政治的言説は，次のようなリベラルの決意を反映するものとなってきた．すなわち，"政府は道徳的・宗教的問題に関して中立的であるべきであり，政治や法に関わる事柄は，善き生についての特定の考え方と関わることなしに討論され決定されるべきである"という決意である．しかし，道徳や宗教をあまりにも完全に棚上げする政治とは，幻想にすぎないのであり，その幻想はいずれ崩れるということに私たちは気づきはじめている．手続き的共和国は，生き生きとした民主的生活がもつ道徳的エネルギーを保持することはできない．それは，狭量で不寛容な道徳主義に通じる道徳的空白を創り出す．そしてそれは，市民が自治に参加するために必要となる人格的資質を涵養することができない．
　以下の章では，手続き的共和国を基礎付けているリベラリズムが，今日の私たちを支配している公共哲学を提供している，ということを示そうと思う．それは哲学的欠陥があるにもかかわらず，私たちの社会における諸慣行や諸制度

の中に極めて徹底的に具現されている理論である．となると，手続き的共和国が現在まで存続してきた以上，それに対してなされた哲学的反論は説得力を失うと考えられるかもしれない．もし中立的な国家が，社会契約を超えた共同体の意識に訴えることなく権利の体系を確保できるならば，そして，共同体の構成員が，自らの同意を超えた公民的責務によって自分が拘束を受けると考えることなく，自らの力を自由な市民として発揮できるならば，共同体や自己統治，寛容や道徳的判断といったことについての抽象的な懸念は，控えめに言っても的外れなものだろう．となると，こうした懸念に基づく反論は誤っているか，あるいは，リベラルな政治が理論から十分に自律的であって哲学的弱点によって損なわれることなく進展していくか，のいずれかということになる．

しかし，それが実際に広く行われているからといって，理論としての貧困さがそれによって反証されるわけではない．逆に，その哲学の欠陥が，その実践の中に現れてくるのである．現代アメリカにおけるリベラルな民主政の窮状は，その民主政の理想に宿る緊張を集約的に示している．つまり，リベラルな政治の実際の姿は，その自律性を立証するどころか，その哲学が予示する事柄を確証する結果になっている．換言すれば，手続き的共和国においては，自由を保障するために要請されるような政治的共同体と公民的関与とを維持することができないため，自らが約束した自由を確保できないのである．

第 **2** 章　権利と中立的国家

自由と自己統治

　共和主義的政治理論は，手続き的共和国のリベラリズムと，少なくとも二つの点で対照的である．第一点は，正の善に対する関係に関わる．第二点は，自由の自己統治に対する関係に関わる．共和主義的理論は，善をめぐる様々な考え方について中立的な諸原理に従って権利を定義するのではなく，善き社会についての特定の考え方，すなわち自己統治的共和国という観点に照らして，権利を解釈する．したがって共和主義は，正が善に優先するというリベラルの主張とは対照的に，共通善を目指す政治を是とする．しかし，共和主義が是とする共通善は，個々人の選好の総計という功利主義的観念と一致するものではない．共和主義的理論は，功利主義とは異なり，現実に人々が有している諸選好を，どのようなものであろうとも，そのままそれを満足させようとすることはない．共和主義的理論はむしろ，自己統治という共通善に必須の資質を市民の中に涵養しようとする．自己統治の実現のために或る種の気質，愛着，そして積極的関与が不可欠である限りにおいて，共和主義的な政治は，道徳的性格を，単に私的関心事ではなく公共的関心事とみなすのである．この意味で，この理論は，単に市民それぞれの利益ではなく，そのアイデンティティに関心を向けるのである．

　リベラルな伝統と共和主義的な伝統とが対照をなす第二の点は，自由を自己統治といかに関係づけるかに関わる．リベラルな見解においては，自由は，民主主義と対立し自己統治を制約するものと定義される．すなわち，多数決に基づく決定に束縛されない場合があることを権利として保障されている限りにおいて，人間は自由である．一方，共和主義的な見解においては，自由は，自己

統治の結果として理解される．つまり，自ら運命を司る政治的共同体に構成員として属し，かつその共同体の様々な事柄を律する諸決定に加わる限りにおいて，人間は自由とされるのである．

　換言すれば共和主義者は，自由が，自己統治及びそれを支えている公民的徳と内在的に結びついていると考える．共和主義的な自由は或る形態の公共的生活を要請し，その公共的生活は公民的徳の涵養を必要とするのである．共和主義の立場の中には，他のものに比べ，自由の存立が自己統治にかかっていることを，より重く受けとめるものもある．アリストテレスにまで遡るこの強い共和主義思想の立場は，公民的徳と政治参加とを自由にとって本質的なものとみなす．すなわち，政治的動物としての私たちの本性からすると，私たちが共通善について熟議する能力を行使し，自由な都市ないし共和国における公共的生活に参与するのでなければ，私たちは自由ではない[1]．より穏健な共和主義思想の立場は，公民的徳と公共的職務の遂行とが，自由にとって手段的なものであると解する．すなわち，私たちが自分たちそれぞれの目的を追求する自由を有するためには，政治的共同体の自由を維持することが必要であり，そのためには，進んで共通善を私たちの私的利益より優位に置くことが必要である[2]．

　これとは対照的に，リベラルな考え方によれば，自由は自己統治と内在的に結びついているのではなく，ただ付随的にのみ関連している．自由とは，私たちがそれぞれの利益と目的を追求する機会を有していることを意味するならば，自由は民主政体に合致することもあれば，そうでないこともあろう．「この意味で自由は，ある種の独裁制と両立しえないことはないし，また自己統治の欠如と両立しえないことは決してない」と，リベラルな伝統の指導的擁護者であるアイザイア・バーリンは述べている．民主政は，啓蒙専制君主も原理的には

1　Aristotle, *The Politics*, trans. Ernest Barker (London: Oxford University Press, 1946), bks. 1 and 3.（牛田徳子訳『政治学』京都大学学術出版会，2001年）「強い」共和主義的見解についての今日における表明として，以下を参照せよ．Hannah Arendt, *The Human Condition* (Chicago: University of Chicago Press, 1958).（志水速雄訳『人間の条件』ちくま学芸文庫，1994年）．

2　以下のものを参照せよ．Niccolò Machiavelli, *The Discourses*, ed. Bernard Crick, trans. Leslie J. Walker (Harmondsworth: Penguin Books, 1970)（永井三明訳『ディスコルシ』筑摩書房，1999年）；またこれに関連するマキアヴェッリについての啓発的議論として以下を参照せよ．Quentin Skinner, "The Paradoxes of Political Liberty," in *The Tanner Lectures on Human Values* (Cambridge: Cambridge University Press, 1985), pp. 227–250.

尊重しうるような個人権を侵害するかもしれない．自由は「民主政や自己統治と論理的に結びつくものではない……．個人的自由と民主的統治との間には，必然的関連性は存在しないのである」[3]．

17世紀にトマス・ホッブズはその著作において，上記と同じ理由で，自由と自己統治とを結びつける古典的な見解を斥けている．ホッブズは，「国家(commonwealth)の自由」と「個々人の自由」とを混同しているとして，古代の論者たちを嘲笑する．アテネとローマは自由な国家だったかもしれないが，この事実は，そこで生きていた個人の自由については何も語っていない．ホッブズは，君主制下に比べ共和制下のほうが「個々人がより多くの自由を有している」と推論することはできない，と主張する．自由とは「国家の及ぼす作用を免れていること」にあるのだから，自由のために或る特定の統治形態が必要とされることはないのである．「国家が君主制であろうと民主制であろうと，自由は自由である」[4]．

このように自由について対照的な理解をするために，この二つの伝統は，それぞれ相異なる問いを立てて，政治制度を評価することになる．まずリベラルは「政府が市民をどのように処遇すべきか」と問うことから始めて[5]，人々がその多様な利益や目的を追求する際，彼らを公正に扱うような正義の諸原理を探究する．他方，共和主義者は「市民がどのようにして自己統治を行いうるか」と問うことから始めて，有意味に自己統治が行われることを促す政治形態と社会的条件とを探究する．

最後に，この二つの伝統は，相互に相手方の潜在的欠陥を際立たせる．リベラルの立場からすれば，共和主義者のように自己統治を強調すると，個人権が

---

3 Isaiah Berlin, "Two Concepts of Liberty," in Berlin, *Four Essays of Liberty* (London: Oxford University Press, 1969), pp. 129-130.（小川晃一ほか訳『自由論』みすず書房，1997年）．

4 Thomas Hobbes, *Leviathan* (1651), ed. C. B. Macpherson (Harmondsworth: Penguin Books, 1968), Part II, chap. 21, p. 266.（水田洋訳『リヴァイアサン（全4巻）』岩波文庫，1992年）．

5 以下を参照せよ．Ronald Dworkin, "Liberalism," in Stuart Hampshire, ed., *Public and Private Morality* (Cambridge: Cambridge University Press, 1978), p. 127：「政府が市民を平等な存在として扱うとはどういう意味か．思うにそれは，"政府がすべての市民を自由な，あるいは独立した，あるいは平等の尊厳を持った存在として扱うとはどういう意味か"という問いと同じである．いずれにせよそれは，少なくともカント以来，政治理論にとって中心的な問題であり続けている」．

多数派の専制に抗する力が弱くなってしまう．さらに，共和主義者が主張するように，自由を公民的徳にかからしめると，市民の性格が国家の関心事項となり，それが強制や抑圧に結びつく可能性がある．一方，共和主義の立場からすれば，市民を自治の主体と考えず，なによりもまず国家の扱う対象と捉えることは，それがいかに公正な扱いであろうとも，或る種の無力化ないし主体的能力の喪失を，最初から容認することになる．公民的責任によって或る程度アイデンティティが決定されるような市民が，自由の存在のために必要ならば，中立的国家における公共的生活は，自由な人格としての私たちの主体的能力を保障するどころか侵食しかねない．

　手続き的共和国は，リベラルな公共哲学が共和主義的なそれに対して勝利したことを表すものであり，したがって自由と自己統治との関連づけ方を逆転させたことになる．初期の共和国においては，自由は民主的諸機関や権力分散次第で決まるものと理解された．国家に対する個人の関係は直接的ではなく，分散型の政治的結社や参加によって媒介されていた．権利章典は州には適用されず，全ての政府活動から個人が免除されることを新たに認めるものとは理解されなかった．自由は「大部分，制度間の垂直的権限分割および水平的権力分立の境界線を保持することによって」保障されていた[6]．トックヴィルは，ニューイングランドの地方自治体についての叙述の中で，自由と民主政とのつながりについて述べている．「自由にとってのタウン・ミーティングは，学問にとっての小学校と同じである．つまりタウン・ミーティングは，自由を人々の手の届くところにおき，それをどう使いどう享受するかを人々に教える．国民は自由な政府を創設しうるかもしれないが，地方自治の諸制度がなければ，自由の精神は持ち得ないのである」[7]．

　これとは対照的に，手続き的共和国における自由は民主主義に対立するものとされ，多数派が欲するところから個人を守るものとして定義される．連邦制度は憲法上の関心事としては影が薄くなり，自由は，各人が自分自身の目的を

---

[6] Laurence Tribe, *American Constitutional Law* (Mineola, N. Y.: Foundation Press, 1978), pp. 2-3. また以下も参照せよ．Louis Henkin, "Constitutional Fathers, Constitutional Sons," *Minnesota Law Review*, 60 (1976), 1113-47.

[7] Alexis de Tocqueville, *Democracy in America* (1835), ed. Phillips Bradley (New York: Alfred A. Knopf, 1945), vol. 1, chap. 5, p. 61.（松本礼二訳『アメリカのデモクラシー（上・下）』岩波文庫，2005 年）．

選択し追求できるような権利に依拠するようになる[8]．政府が保障する権利に依存する以上，自由についてのリベラルな考え方は，分散された権力に依拠することはない．これこそが，現況でのリベラリズムの魅力の一つの源泉になっている．そしてそれはまた，自己統治への願望に答える際に手続き的共和国が直面する困難を照らし出すことにもなろう．

アメリカ立憲主義の出現

　正を善に優越させる種類のリベラリズムは，憲法にその最も明確な形を見出すことができる．連邦最高裁は，他のどの機関よりもはっきりと，次の2つの意味における正の優先性を司る．第一に，最高裁は，多数派支配を制約する権利を定義する．第二に，最高裁は，善き生についての或る特定の考え方を前提としないような方法で，これらの権利を同定しようとしている．最高裁は，連邦憲法を，ある特定の道徳的・宗教的・経済的理説を是認したものと解釈するというより，むしろここ数十年で，人々が他者の同じような自由との調和を図りながら自分自身の目的を追求できるような権利の中立的枠組みとして，連邦憲法をみるようになった．最後に，最高裁は次第に，自由で独立した自己としての人格という発想を表明し押し進めるものとして，中立性の要請を解釈するようになっている．

　個人権の優先性，中立性という理想，そして自由に選択する負荷なき自己としての人格という発想は，一体となって手続き的共和国の公共哲学を形成している．相互に連関するこれら三つの観念は，私たちの現在の憲法的慣行の特色となっている．しかしながら，私たちの伝統のすべてが，これらの観念によって特徴づけられるものではない．

---

[8]　ニューディール以降，連邦最高裁が連邦派的根拠に基づいて連邦法を違憲無効としたことは滅多にない．1つは，州選挙において投票権を18歳以上の者に認める法律である．*Oregon v. Mitchell*, 400 U. S. 410 (1970). もう1つは，州とその下の地方公共団体の被用者のための最低賃金法である．*National League of Cities v. Usery*, 426 U. S. 833 (1976). 前者は，1年後に憲法修正（第26修正）によって覆され，後者は1985年に最高裁自身によって破棄された．*United States v. Lopez*, 115 S. Ct. 1365 (1995) では，学校の近くで銃を所持することを禁止する連邦法が，僅差で違憲無効とされた．

第2章　権利と中立的国家

　この三つのうち最初のものは，最も昔にまでさかのぼる．或る権利は政府に優越し，それゆえ政府がなし得ることを制限するという考え方は，独立革命以前から，アメリカの政治的経験に現れていた．その最初の芽生えは，独立前の10年間におけるアメリカ立憲主義の出現に見出すことができる．「憲法は，政府に先行して与えられ，通常の法より上位におかれる基本法である」という考え方に植民者たちが辿り着いたのは，イギリス帝国との当時の討論においてであった[9]．憲法についてのこのような観念は，非常に馴染みのあるものであるとともに，アメリカ政治において極めて決定的なものでもあるため，この観念が現れた背景をなす，それとは反対の憲法理解を想起するのは困難である．

　独立革命論争が始まったとき，植民者たちは，当時のイギリス人と同様に，憲法を統治や法とは別のものとは理解していなかった．むしろ憲法は，法ないし統治の「一般的体系を形づくる，法，慣習及び制度の集合体」であった．ブラックストンにとっては，「憲法ないし統治の枠組み」と「法の体系」との区別は一切存在しなかった．議会主権の下では，すべての法律が憲法の一部を構成するため，違憲の法律というものはありえなかったのである[10]．

　しかし，いかなる法律も違憲ではないとすれば，植民者たちは，イギリスの議会が1760年代から1770年代にかけて彼らに課した法律の何が悪いのかを，どのように説明できるのだろうか．そして彼らは，「植民地での交易に課税し，それを規制するために制定された法律が，イギリス臣民としての自分たちの権利を否定し，またイギリス憲法をかくも賞賛と忠誠に値するものとしたこの自由を侵害した」という信念を，どのようにして説明することができるのだろうか．植民者たちは，自分たちの抗議を明確に表現するために，正義と正についての基本的諸原理を，これらの具現化である諸制度や伝統から抽出し，これらの諸原理に優先性を与えざるを得なかったのである．憲法に命を吹き込む諸原

---

[9] この節では，バーナード・ベイリン（Bernard Bailyn）による極めて優れた説明に，筆者は多くを負っている．Bernard Bailyn, *The Ideological Origins of the American Revolution* (Cambridge, Mass.: Harvard University Press, 1967), pp. 175-198; Gordon S. Wood, *The Creation of the American Republic, 1776-1787* (Chapel Hill: University of North Carolina Press, 1969), pp. 259-305.

[10] アメリカのトーリーの一人である，Charles Inglis, *The True Interest of America* (Philadelphia, 1776), p. 18. これは，Bailyn, *Ideological Origins*, p. 175 に引用されている．Blackstone, *Commentaries*, vol. 1, p. 126 は，Wood, *Creation of the American Republic*, p. 261 で引用されている．

理を同定してそれらを分離し，制定法及び慣習法の総体の上位にそれらを位置づけること――これが，イギリス立憲主義を離れ，アメリカ独自の立憲主義に向かう推進力となったのである．植民者たちは，独立革命へとつながる様々な出来事の圧力の下で，議会さえも侵すことができないような憲法，すなわち，「実際に機能している統治制度とは区別でき，それに先行し，さらにそれより基本的で，しかもそれを支配するような，確固たる諸原理及び諸準則の体系」としての憲法というものを主張するに至った[11]．

ジェームズ・オーティス (James Otis) は，1761年のある有名な事件で，この方向への第一歩を踏み出した．彼は次のように主張した．航海法執行のために出された捜索令状である援助令状は違憲である．航海法とこの令状はいずれも，それ自体「法の基本的諸原理に反する」ものであり，したがって無効である．というのは，「憲法に違反する法令は無効だからである．すなわち，自然な衡平の観念に反する法令は無効なのである」．そして「裁判所はそのような法令を廃止に追い込まなければならない」[12]．

その3年後に出版された『イギリス植民地の権利』という小冊子のなかでも，オーティスは，議会の権力が一定の制約に服すると論じていた．植民地への課税は，「イギリス臣民及び人間としての植民者の権利とは全く両立しえない」．同意なくして財産を収用することは自然法に反し，「社会のいかなる法も，それを正当とすることはできない」．議会が「2足す2を5とすること」ができないように，議会が神の自然法を破棄することもできないのである．自然法を侵すいかなる議会の法令も，「永久不変の真理，衡平及び正義に反し，したがって無効である」[13]．

しかしながら，ここでオーティスの大胆な考えは，保守的に転回する．というのは，オーティスは司法審査論を考案するかわりに，議会自身がいつ誤ったかを見極め，「誤っていたと判明した時点で直ちに当該法律を廃止すべきである」と結論づけるのである．それまでは，植民者たちは，議会の法に服さなければならない．「議会の権力は，議会自身によってしか制御されえず，したが

---

11 Bailyn, *Ideological Origins*, p. 176
12 Otis は以下に引用されている．Bernard Bailyn, ed., *Pamphlets of the American Revolution* (Cambridge, Mass.: Harvard University Press, 1965), p. 412.
13 James Otis, *The Rights of the British Colonies Asserted and Proved* (Boston, 1764), ibid., pp. 447, 454.

って私たちはそれに服従しなければならない．議会のみが，それ自身の制定した法律を破棄することができる……．したがって，議会が望むように私たちに負担を課すことを認めよう．私たちはそうしなければならないのだ．そして議会自身が望んで私たちをその負担から解放しようとするまで，それに服し，その負担に根気強く耐えることが私たちの義務である」[14]．

オーティスの結論は，「議会は至高の立法府であると同時に至高の司法府であり，その立法機能は，法を強く望んで創造することよりも，むしろ法を宣言することにある」という，伝統的な仮定を反映している．しかしオーティスが執筆した当時には，この仮定は時代錯誤なものとなっていた．議会はもはや裁判所ではなく，主権を有する立法機関であった．この議会の権力に直面して，植民者たちは，基本法と捉えられた憲法の中で，その限界を明らかにしておこうとした．タウンゼンド諸法に反対する，1768年のマサチューセッツ回状において，サミュエル・アダムス（Samuel Adams）は次のように述べている．「自由な国ではすべて，憲法が確定されている．至高の立法府というのは，その権力と権威が憲法に由来するのであって，自らの基礎を破壊することなしに，それ自身の限界を越えることはできない」[15]．1770年代までに，憲法と統治との区別が確立され始めた．1776年に，或るペンシルヴェニアの論者が述べているように，「憲法と統治形態とは混同され，同義のものとして語られることがよくある．ところがこれらは単に異なるだけでなく，創設の目的も異なるのである．何らかの統治形態はすべての国が有するが，真に憲法を有する国はほとんどないか，又はまったくない」[16]．

立憲主義についての理解が変化するのに伴って，権利についての新たな理解が登場してきた．独立革命の論争が始まったとき，イギリス人としての権利と人間としての権利との間に，厳密な区別はなされていなかった．イギリス「憲法」は，神によって賦与された，自然で不可譲な諸権利を体現するものと理解されていた．しかしアメリカ立憲主義の出現によって，権利が「普遍的で，生来的で，侵奪不可能という特質を持つことが，着実に強調されていくように」なった[17]．植民者たちは，制定法及び慣習法の総体から基本的諸原理を抜き出

---

14 Ibid., pp. 454–455, 448.
15 Samuel Adams は以下に引用されている．Wood, *The Creation of the American Republic*, p. 266.
16 *Four Letters on Interesting Subjects* (1776), ibid., p. 267.

す際，それら諸原理を保障している特許状や法律から人権も抜き出した．幸福にとって不可欠な権利は，「羊皮紙文書や封蠟によって私たちに与えられるのではない」とジョン・ディキンソン（John Dickinson）は書いた．「それらの権利は，自然法を定立する神の摂理に従って私たちのうちに創造されるのである．それらの権利は私たちとともに誕生し，私たちと共に存在するのであって，人間世界におけるいかなる権力も，私たちの生命を奪うことなしには，それら諸権利を私たちから奪い取ることはできない．要するに，それらの権利は，理性及び正義についての不変の公理に，基礎を有するものなのである」[18]．

植民者たちにとって，"政府を制約する確定された憲法"と"法に先行する自然権"という相互に関連する思想は，イギリス帝国の権力による侵害に対抗して自由を確保するための闘争の中で，形を成すこととなった．アメリカ人は，自分たち自身の憲法を制定する時期を迎えたとき，自分たちの新たな立憲主義理解を現実化するための方法を捜し求めた．州憲法制定に向けた初期の努力が示しているように，憲法の根本的性格は，未だ明確に表現されるに至っていなかった．

独立宣言採択の6週間前に，大陸会議は，13の植民地に対し，「人民の権威」に基づいた新たな政府を樹立するよう求めた．1776年から1780年にかけて，13邦のうち，11邦が新たな憲法を採択した（コネティカットとロードアイランドは，植民地特許状に引き続き依拠した）．諸邦の憲法それ自体も，その制定方法も，堅牢な権利を規定する憲法と通常の立法との区別を，完全に実現してはいなかった．それら憲法の多くは「権利宣言」を含んでいたものの，それが立法権に対する明示的制約のかたちではなく，むしろ典型的には一般的訓戒のかたちをとっていたので，その法的地位について問題を残すこととなった[19]．そのうえ，初期の憲法の多くは，通常の立法機関によって制定され，人民の承認なしに採

17　Bailyn, *Ideological Origins*, p. 186–187.
18　[John Dickinson,] *An Address to the Committee of Correspondence in Barbados*, (Philadelphia, 1766), ibid., p. 187.
19　以下を参照せよ．Donald S. Lutz, *Popular Consent and Popular Control* (Baton Rouge: Louisiana State University, 1980), pp. 61, 65–67; Willi Paul Adams, *The First American Constitutions* (Chapel Hill: University of North Carolina Press, 1980), pp. 146–147. ルッツ（Lutz）は，初期の憲法が「権利宣言」においては 'should' や 'ought' といった規範的表現を用い，統治機構を定める際には 'shall' といった命令法の助動詞を用いていたと分析している．

択された．邦議会の中には，憲法起草の任務を授権されるための新たな選挙さえせずに，憲法制定手続きを進めたものもあった[20]．

或る者は，どうして基本法が通常の立法手続で制定することができるのかを疑問視し，憲法が求める，より高次の権威を付与することができる制定手段を求めた．というのは，憲法は，それを創り出したまさにその機関をどうやって制約することができるのだろうか，というわけである．トマス・ジェファソンは，この権威の問題について頭を悩ませ，「通常の立法府が憲法それ自体を改正しうる」というのは，ヴァージニア憲法の「致命的な欠陥」であると考えた．この憲法を制定した者は，「他の立法機関の権力を超越するような法律を可決することはできなかった」．なぜなら，いかなる立法機関も，のちの立法機関を拘束することはできないからである．「現在の議会が或る法律を制定し，のちの議会によってそれが改正されてはならないと宣言したならば，その宣言は全く無効であって，他の法律がそうであるように，その法律は廃止することができるのである」[21]．

様々な邦が，通常の立法の手が届かないような，より高次の権威を憲法に賦与する仕組みを作り出そうと奮闘した．ニュージャージー憲法は，選挙された公務員に対し，毎年の選挙，陪審による裁判及び信教の自由を定める憲法規定を廃止しない旨の宣誓をするよう要請し，また「この憲章に定める権利及び特権に反する」法律を可決することを議会に禁じていた[22]．デラウェア，ペンシルヴェニア，そしてノース・キャロライナの各憲法は，権利宣言が「いかなる名目によっても，絶対不可侵である」と規定していた．ペンシルヴェニア憲法は，立法府が「この憲法のいかなる箇所についても，付け加え，改正し，廃止しないしはそれを侵害する権力を一切持たない」と宣言し，独立の「監察参事会（Council of Censors）」が監督する改正手続きを定めていた[23]．

---

[20] W. F. Dodd, "The First State Constitutional Conventions, 1776-1783," *American Political Science Review*, 2 (November 1908), 551, 558. 以下も参照せよ． Lutz, *Popular Consent*, p. 82; Wood, *The Creation of the American Republic*, p. 307.

[21] Thomas Jefferson, *Notes on the State of Virginia* (1787), in *Jefferson Writings*, ed. Merrill D. Peterson (New York: Library of America, 1984), pp. 246-250.

[22] New Jersey Constitution of 1776, Article XXIII, XXII, in Ben Perley Poore, ed., *The Federal and State Constitutions, Colonial Charters, and Other Organic Laws of the United States* (Washington, D. C.: U. S. Government Printing Office, 1877), p. 1313.

[23] North Carolina Constitution of 1776, Article XLIV, ibid., p. 1414; Pennsylvania Consti-

1780年代までには，アメリカ人は，基本法と通常の法律との区別に，より適った制度を創り出していた．1780年マサチューセッツ憲法は，憲法制定という目的のために特に選挙された憲法制定会議によって起草され，人民の承認によって採択された最初のものであった．4年後，ニュー・ハンプシャーが同じような手続きで憲法を採択した．1784年には，サウス・キャロライナのトマス・テューダー・タッカー（Thomas Tudor Tucker）が，彼の邦に対し，憲法についての新しい理解をふまえて，憲法を単なる法律としての地位を越えたものに高めるべきことを力説した．「憲法は，人民全体が公認した法でなければならない．それは，国家〔＝邦〕の最高かつ根本的な法であり，委任された一切の権力の限界を画するものでなければならない．それは，議会のすべての立法を超越するものと宣言されなければならない．そして，憲法に規定されたような通常の方法により召集された市民の多数が明示的に同意する場合以外には，いかなる権威によっても憲法の廃止や変更は許されない，と宣言されるべきである」[24]．

初期共和国における権利章典

　アメリカ立憲主義に特徴的な，政府に先立つ統治の枠組みという考えは，手続き的共和国のリベラリズムへと向かうものであったが，ただそこにはかなりの距離があった．共和国の最初の世紀において，憲法上の権利が限定的な役割しか果たしていなかったということは，アメリカ人が，自分の価値や目的を選択する権利の中に自由が存在するとは，必ずしも考えていなかったことを示している．個人権についての議論に夢中になり過ぎた20世紀の憲法論の立場からすれば，1787年の連邦憲法が権利章典を全く含んでいなかったことを想起すると，驚きを禁じえない．フィラデルフィアでのほぼ4ヵ月にもわたる熟議の中で，制憲者〔＝憲法制定者〕たちは，権利章典を含めるかどうかという問題について，ほとんど議論すらしなかった．わずかに，憲法制定会議の最終週に，

---

tution of 1776, secs. 46, 47, ibid., p. 1548; Delaware Constitution of 1776, Article 30, ibid., p. 278.

24　[Thomas Tudor Tucker,] *Conciliatory Hints, Attempting by a Fair State of Matters, to Remove Party Prejudice* (1784)．これは以下において引用されている．Wood, *The Creation of the American Republic*, p. 281.

第2章 権利と中立的国家

憲法案を連合会議へ送付する用意がととのった時,ヴァージニアのジョージ・メイソンが立ち上がって「憲法案は権利章典から始まって欲しかった」と発言したにとどまる.「それで人民は非常に安堵するであろうし」,また起草するのに長い時間はかからないだろう,と彼は考えた.「邦の権利宣言を参考にすれば,権利章典は数時間で作成できるだろう」.マサチューセッツのエルブリッジ・ゲリー(Elbridge Gerry)はこれに同意し,権利章典を起草する委員会の設置動議を提出した[25].

この動議について唯一記録が残っている議論は,ロジャー・シャーマン(Roger Sherman)の発言であり,彼は"求められている人民の権利の保障には賛成だが,「邦の権利宣言はこの憲法によって廃止されることはない」から,それ以上何も必要ない"と述べている.これに対してメイソンは,合衆国の法は邦の権利章典に優越するものであると応えている.しかしこの動議は10対0で否決され,代議員たちは,"邦(State)が輸出品の保管及び検査の費用を負担するために,それに対して輸出税を課すことができるか"という問題の審議に移った[26].ジェームズ・ウィルソン(James Wilson)が憲法案批准の審議のさなかに説明したように,権利章典の問題は「批准の段階までには大変な騒ぎと議論を巻き起こした」けれども,憲法制定会議の際は,散会の直前になって初めて代議員たちの「念頭に浮かんだのであり」,しかも「その時すら,権利章典という考えはそれほど重要視されなかったため,それは短い会話の中で消え失せていってしまった」[27].

反連邦派(Anti-Federalists,連邦憲法制定反対派)は,連邦憲法に反対する最も強力な論拠を,権利章典の欠如の中に見出した.しかし批准審議のあいだ,権利章典についての論争は,個人権という権利よりも,邦と連邦それぞれの政府の役割をめぐって展開された.「なぜ連邦憲法に権利章典が含まれなかったのか」と反連邦派は繰り返し問い続けた.連邦憲法の擁護者たちは,二つの答えを示した――一つは法律主義的(legalistic)で,もう一つはより広い意味で政

---

[25] Max Farrand, ed., *The Records of the Federal Convention of 1787* (New Haven: Yale University Press, 1966), vol. 2, pp. 587–588.

[26] Ibid., p. 588.

[27] James Wilson は,以下に引用されている. John Bach McMaster and Frederick D. Stone, eds., *Pennsylvania and the Federal Constitution* (Philadelphia: Historical Society of Pennsylvania, 1888), p. 253.

治的なものであった．法律主義的な説明によれば，"連邦政府に委譲されていない権利はすべて人民に留保されるから，権利章典は必要ない"とされた[28]．一方，政治的な説明としては"権利章典は人民の政府にふさわしくない"という大胆ではあるが説得的でない主張が持ち出された．ハミルトンが『フェデラリスト』第84篇に書いたように，「権利章典とは，国王と臣民との間の協定を起源とするものである．それは，特権を守るために国王大権を制約するものであり，君主に譲渡されていない諸権利を留保するものであった……．公然と人民の権力に依拠し，人民の直接の代表者と公務員が執行する憲法には，権利章典は相応しくない」．邦の権利章典の中に見られる「金言の羅列」よりも，「我ら人民（We the people）」の同意に基づく憲法の方が「人民の権利をより良く承認するものである」．そのような金言は，「統治に関する憲法の中でよりも，倫理学の論文の中での方が，耳に心地よく響くだろう」[29]．

ベンジャミン・ラッシュ（Benjamin Rush）は，ペンシルヴェニアの憲法会議で「この憲法体制が権利章典によって汚されることがなかったのは，先の憲法制定会議にとって名誉なことだと考えている」と語った．新たな連邦政府は，結局のところ「外国人——私たちの習慣や見解とは異質の者であり，私たちの利益と繁栄とは無関係の者——によって運用される」ことはないだろう．権利について懸念するなら，連邦憲法によって確立した自己統治の制度よりも，大英帝国との口論の場の方が相応しい．ラッシュによれば，自由とは，権利章典よりも，むしろ立法府における「純粋で十分な代表」が実現されているかどうかにかかっている[30]．

人民の政府にも多数派の専制を押しつける可能性があることから，それに対してさえも個人権を擁護する必要があるという論法を，最も洗練された反連邦

28　この議論は，以下において展開されている．James Wilson, ibid., pp. 143–144; Alexander Hamilton in *The Federalist* no. 84 (1788), ed. Jacob E. Cooke (Middletown, Conn.: Wesleyan University Press, 1961), pp. 578–579. (斉藤真・中野勝郎訳『ザ・フェデラリスト』岩波文庫，1999年）これに対する反連邦派の応答として，"A Federal Republican," in Herbert J. Storing, ed., *The Complete Anti-Federalist*, 7vols. (Chicago: University of Chicago Press, 1981), vol. 3, p. 85; "An Old Whig," ibid., p. 24; "Essays of Brutus," ibid., vol. 2, p. 374; "Letters from the Federal Farmer," ibid., pp. 247–250, 323–328.
29　Hamilton, *The Federalist* no. 84, pp. 578–579.
30　Benjamin Rush は，以下に引用されている．McMaster and Stone, *Pennsylvania and the Federal Constitution*, pp. 294–295.

派の中に呼び覚ましたのは、政治的理論における、このような広範な議論であった.「連邦派の農民 (the Federal Farmer)」は次のように述べている.「社会協約を作るときは、明示的に確認され確定されるべき、或る種の不可譲の基本的権利が存在する」. 自由で啓蒙された人々は、「統治者に自分の権利をすべて譲り渡そうとはしないし、立法者と支配者の権力に限界を画そうとするものだ」[31].「アグリッパ〔ローマの政治家・軍人 (Agrippa, Marcus Vipsanius, 63-12 B.C.)〕」は、人民による政府においても、「多数派による権利侵害と専制から少数派を護るために」権利章典は必要であると主張している. 権力は国王に委ねられようと大衆に委ねられようと、自由を脅かすものだということを歴史は示している.「したがって、君主制における国王に対してと同程度に、共和制における多数派に対しても、個人を擁護する必要がある」[32]. トマス・ジェファソンも、ジェイムズ・マディソン宛てのパリからの手紙の中で、人民の政府だからといって権利章典の必要性が失われるわけではない、と強調した.「権利章典は、そもそも政府一般に対しても、あるいは個別の政府に対しても、すべて政府と名のつくものに対抗して、人民が権利として賦与されているものであって、いかなる義に適った政府も、それを拒絶することはできないし、それを推論に委ねるべきでもないのである」[33].

今日の憲法論争の立場からすると、反連邦派の権利章典擁護論は、「権利基底的な政治道徳」[34] の初期の例のようにみえるかもしれない. しかし反連邦派は、決して手続き的共和国の先駆者ではなかった. 彼らの議論はしばしば個人権の名の下に行われていたが、連邦憲法に対する彼らの主たる異議は、連邦憲法が邦の独立を脅す、ということにあった. 彼らは、なかんずく中央政府の権力について懸念し、それが邦を破壊することを恐れた. 連邦憲法に反対する中で、彼らは中央の権力を制限しようとした. そして、必ずしも最も効果的ではないが最も一般的な権力制限の方法を、権利章典の中に見出した.

批准審議全体を通じて、反連邦派の個人権擁護論は、邦固有の特権への配慮から引き出されることが多く、またそれと密接に結びついていた. 反連邦派の

31　Storing, *The Complete Anti-Federalist*, vol.2, pp. 231, 261 も参照せよ.
32　"Letters of Agrippa," ibid., vol.4, p. 111.
33　Jefferson to Madison, December 20, 1787, in *Jefferson Writings*, p. 916.
34　以下を参照せよ. David A. J. Richards, *Toleration and the Constitution* (New York: Oxford University Press, 1986), p. 291n.

多くにとって権利章典の必要性は，邦の主権への脅威に照らしてのみ生じるものであった．「適切な形で邦の連合ができるならば，権利章典は必要ないであろう」[35]．反連邦派が展開した連邦の権利章典必要論は，邦がすでに保障していた権利を連邦政府から保護しようとする試みとしては，完全には説明しきれないのである．邦のうち6つは権利章典を持たず，持っている場合でも，到底包括的とはいえないものであった．反連邦派のジョージ・メイソン (George Mason) が起草したヴァージニアの有名な権利宣言においてさえ，言論，集会もしくは請願の自由への権利，人身保護令状，大陪審による訴訟手続，弁護人依頼もしくは政教分離への権利，または二重の危険，私権剥奪法もしくは事後法に対する何らかの保障は含まれていなかった．憲法を持つ12邦すべてが保障していた唯一の権利は，刑事事件における陪審裁判であった．2邦のみが言論の自由を保障し，5邦は公定宗教の樹立を認めていたのである[36]．連邦の権利章典は，単に，邦がすでに保障していた権利を継続して保障する手段にとどまるものではなく，主に，邦の独立を脅かす中央政府の権力を抑制する手段であった．ある反連邦派の者が論じたように，「権利章典を挿入するか，そうでなければ，"連邦議会の権限とされていないことはすべて各邦の自由に委ねられる" との宣言を行うべきである」[37]．

　反連邦派の中には，中央の権力を抑制するという彼らのより大きな目的にとって，権利章典では不十分だと認めるものもいた．「権利宣言だけでは万全とはいえない」とサミュエル・チェイス (Samuel Chase) は書いている．「権力の中にも縮減されなければならないものがあり，そうでなければ，公共的自由は危機に瀕し，早晩破壊されるであろう」[38]．それにもかかわらず，反連邦派は権利章典を主要な争点に仕立て上げ，邦の中には，権利章典を憲法修正によって付加しようという約束を前提にして，批准の議決をしたところもあった．

　諸権利を列挙しても，邦に対する中央の権力の縮減という反連邦派の目的は

35　"Address by Denatus," in Storing, *The Complete Anti-Federalist*, vol. 5, p. 263. "Letters of Centinel," ibid., vol. 2, p. 152 も参照せよ．

36　Leonard W. Levy, *Constitutional Opinions: Aspects of the Bill of Rights* (New York: Oxford University Press, 1986), pp. 111-112.

37　"A Federal Republican," in Storing, *The Complete Anti-Federalist*, vol. 3, p. 85（強調は引用者）．

38　Samuel Chase, ibid., vol.2, p. 14.

第 2 章　権利と中立的国家

達成されないであろうが，それによって連邦憲法反対派の主張の主な（popular）拠りどころが一つなくなることにはなろう．ジェームズ・マディソン以上にこの点を鋭く理解していた者はいなかった．連邦憲法の指導的擁護者であった彼は，権利章典が必要であるとは考えていなかった．彼は多数派の専制について懸念していたが，自由に対する最大の脅威は，邦自体の中にあるとみていた．「選挙による独裁制は，私たちがそれを目指して闘ってきたところの政府ではなかった」[39]．しかし，権利章典はそれを回避する手段ではなかった．彼は諸邦の経験を見て，権利章典はそれが最も必要なときに最も無力である，ということを確信した．「〔権利章典という〕羊皮紙文書に書かれた〔個人権のための〕防御壁を繰り返し侵害したのは，どの邦でも横暴な多数派であった」．ヴァージニアで彼は，「人民の大勢が権利章典に反対であるたびに，権利章典が侵害された」[40] のを，目のあたりにしていたのである．

マディソンは，権利を重く——反連邦派以上に重く——受けとめていたが，「羊皮紙文書に書かれた防御壁」ではなく，統治の構造こそが諸権利を最も強力に保護するだろうと考えていた．『フェデラリスト』の中で，彼は三つのそのような構造を強調している．第一は代議政治（representative government）であり，それは「市民の代表を通じて，民意を洗練し拡大することになろう」．第二は拡大された共和国であり，それは「共和国全体の多数派が多数派以外の人々の諸権利を侵害しようという，共通の動機を持つ可能性を小さくするであろう」し，または少なくとも，その権利侵害が実行に移されることを困難にするであろう．そして最後は権力の分立・均衡であり，それは，政府のいかなる部門も「他の部門からの実効的な監視と抑制を受けることなしには」[41] その法的限界を超えることはできない，ということを保証するであろう．

これら三つの安全装置に対して，マディソンは第四のものを加えようとし，それに失敗した．憲法制定会議において彼は，邦の法律に対する「拒否権〔veto power，古くは"negative"〕」を連邦議会に与えることを提案した．このような拒否権は，中央政府が個人権を直接保護するために行動することを可能にす

39　James Madison, *The Federalist* no. 48, p. 335.
40　Madison to Jefferson, October 17, 1788, in Marvin Meyers, ed., *The Mind of the Founder: Sources of the Political Thought of James Madison*, rev. ed. (Hanover, N. H.: University Press of New England, 1981), p. 157.
41　Madison, *Federalist* nos. 10 and 48, pp. 62–64, 335.

るだろう．すなわち「邦政策の対内的な変化と，利害関係者たる多数派による少数派と個人の権利への侵害」を統制することが，このような拒否権によって可能になるであろう．この提案は否決されたが，そこに潜む強い衝動は，のちに司法府の手によって甦ることになる[42]．

当初それについて疑念を持っていたにもかかわらず，権利章典を付加して連邦憲法を修正しようとする努力を，第1回連邦議会で率先して行ったのはマディソンであった．この立場の転換には，鋭い政治的戦略と，抜け目のない政治的技術とが反映されていた．マディソンは，権利章典が人民を安心させ，未だに残っていた連邦憲法反対論を弱める効果があることに気づいたのである．彼はまた，個人権を保障することが，彼の好む強い中央政府とは矛盾しないということを見抜いていた．実際，彼が提案した修正条項案の一つは，反連邦派が求めているものをはるかに越えて，州〔＝連邦憲法成立後の 'state'〕の行動を制約するものとなっていたであろう．すなわちマディソンは，最終的に採用された連邦議会に対する制約に加えて，ある種の個人権を州政府の侵害から保護しようとする修正条項案を提案したのである．「いかなる州も，良心への平等な権利，言論もしくは出版の自由または刑事事件において陪審審理を受ける権利を侵害してはならない」[43]．

マディソンの提案は，批准審議が曖昧にしていた，個人権の優越性（primacy）と州の特権とのあいだの選択をはっきりさせた．ひとたび宣明されると，この選択は，1世紀半にわたって，憲法論争に影響を与えることになるであろう．マディソンにとって，問題は明白であった．「いかなる政府も，これら個別的な諸権利を侵害するような権力は持ち得ないということは，妥当なことである．私の知るところによれば，州憲法の中には，政府の権力をこのような宣言によって統制しているものもあるが，そうではないものもある．この点について，さらに〔州憲法に加えて連邦憲法でもそのような宣言を行うという〕二重の保障

---

[42] 以下を参照せよ．Charles F. Hobson, "The Negative on State Laws: James Madison, the Constitution, and the Crisis of Republican Government," *William and Mary Quarterly*, 36 (April 1979), pp. 215–235. この引用は以下からのものである．Madison to Washington, April 16, 1787, at p. 219.

[43] Annals, 1st Cong., 1st sess., August 17, 1789, reprinted in Charles S. Hyneman and George W. Carey, eds., *A Second Federalist* (Columbia: University of South Carolina Press, 1967), p. 275.

を確保するということに反対する,いかなる理由も見出せない」.ここでもまた,市民的自由の至上性という反連邦派の確信の真価が問われることになろう.「これらの偉大で重要な諸権利とこの憲法とを対抗的にとらえる人々〔＝連邦憲法反対派〕が,自分たちの〔権利保障への〕愛着を最も純粋に証明したければ,私が今提案した保障を確保することについて同調すればよいのである.なぜならば,"州政府がこれら非常に貴重な特権を侵害しがちであるのは中央政府と同様であり,したがって中央政府に対するように州政府に対しても権利を用心深く擁護すべきである"ということは,あまねく承認されなければならないからである」[44].

下院はマディソンの提案を採択したが,上院はそれを否決し,連邦政府のみを拘束する権利章典〔案〕が,批准のため各州議会に送られた.そしてこれは,当初それをやかましく要求していた多くの反連邦派の反対にもかかわらず,1791年に採択された[45].

ある種の個人権を,州による侵害から保護しようとしたマディソンの試みは,その79年後の第14修正採択まで,憲法的に実現されることはなかった.それまでの間,権利章典は,連邦最高裁が *Barron v. Baltimore* (1833)〔以下,判例名は原語通り表記.括弧内は判決年〕で確認したように,州には適用されなかった.ボルチモア市が,道路を舗装する際に,個人所有の埠頭を破壊した時,その埠頭の所有者は,"正当な補償なく彼の財産を公共の用に供するために収用したことによって,市は第5修正を侵害した"と主張した.連邦最高裁は,全員一致でその主張を斥けた.マーシャル連邦最高裁長官が述べたように,「第5修正は,中央政府の権力を抑制するものと解釈されるべきであって,州に適用されるものと解してはならない」.州政府への制限は,各州憲法が決定すべきことがらであった.権利章典は,州政府及び地方政府から個人を保護するためではなく,連邦権力による侵害に対する恐れを取り除くために制定された,ということを彼は思いおこした[46].

また権利章典は制定後1世紀の間,個人の自由を連邦による侵害から保護する点においても重要な役割を果たさなかった.初期共和国において自由は,政

44　Ibid., April 8, 1789, p. 272.
45　ヴァージニアの反連邦派は,2年間採択を遅らせることに成功した.以下を参照せよ.
　　Levy, *Constitutional Opinions*, pp. 122–124.
46　*Barron v. Baltimore*, 7 Peters 243 (1833).

府行為との対抗関係における個人の保障よりも，むしろ政府の各部門及び各次元の間での権力分散という意味合いが強かった．権利章典が，連邦の活動と密接に関わることはなかったし，「建国後最初の1世紀の間は，それはほとんど問題にならなかったようである」[47]．自由についての私たちの現在の理解においては，第1修正の保障する自由が傑出しているが，1965年まで連邦最高裁は，連邦議会が制定した法律をこの第1修正に反するとして違憲無効としたこともなかったのである[48]．

南北戦争以前には，連邦最高裁が権利章典を連邦議会の立法に適用したのは一度だけであった．それは1857年に，〔奴隷である〕ドレッド・スコットの主人の財産権は，連邦法であるミズーリ互譲法を凌駕する，と最高裁が判示した時である．奴隷のスコットは市民ではなかったため，主人が奴隷所有が禁止されていた準州に彼を連れていったという根拠に基づいて，自分の自由のために訴訟を提起することはできなかった．そのうえ，〔ミズーリ互譲法の制定によって〕連邦議会が或る準州で奴隷制を禁じたことにより，第5修正で保障されたスコットの主人の財産権は侵害された．「単に合衆国市民が，その財産を或る準州に持ち込んだという理由で，法の適正な過程（due process of law）によらずに，その者の自由または財産を剝奪する連邦議会の立法に，法の適正な過程という威厳ある名前を与えることは極めて困難である」[49]．

第14修正以降：切り札としての権利

南北戦争は，連邦憲法が解決していなかったものを解決し，州に対する中央政府の優位性を確立した．再建期の間に，第13修正から第15修正によって，奴隷制が廃止され，「合衆国内で誕生し又は合衆国に帰化したすべての者」は合衆国市民であると定義することによって *Dred Scot* 判決が破棄され，そして新たに解放された奴隷たちに投票権が保障された．第14修正はまた州に対して或る種の制約を課したが，それは個人権保護における連邦最高裁の役割を変

---

[47] Henkin, "Constitutional Fathers, Constitutional Sons," p. 1118. 以下も参照せよ．Tribe, *American Constitutional Law*, pp. 3-4; Edward S. Corwin, *The Twilight of the Supreme Court* (New Haven: Yale University Press, 1934), p. 78.

[48] *Lamont v. Postmaster General*, 381 U. S. 301 (1965).

[49] *Dred Scott v. Sandford*, 19 Howard 393 (1857).

容させるものであった．同修正は，いかなる州も「合衆国の市民の特権または免除を制約」してはならず，「何人からも，法の適正な過程によらずに，その生命，自由又は財産を奪」ってはならず，そして何人からも「法の平等な保護」を奪ってはならない，と規定した．

「適正な過程」や「平等な保護」といった文言をどのように解釈するかということが，1世紀に渡って激しい憲法論争を巻き起こした．しかし，これらの論争が生じたのは，州の侵害から個人権を保護するという，かつてなかったような権能を，第14修正が連邦最高裁に賦与したからに過ぎない．この点で第14修正は，或る種の権利をいかなる政府も侵害しないように保障しようとする，第1回連邦議会におけるマディソンの企てを実現した．そして，マディソンが気づいていたように，中央の〔連邦の〕権力と個人権とは，州の主権を犠牲にしつつ，共に拡張していくこととなるのである．

連邦最高裁は当初，この新たな任務を引き受けることを拒んでいた．第14修正が初めて問題となった判決である *Slaughter-House Cases* (1873) は，かつて奴隷であった者たちではなく，ニュー・オリンズの肉屋たちが提訴したものであった．彼らは，ルイジアナ州法が一つの会社を設立し，それに屠殺業の独占権を付与していることが，第14修正の下での彼らの権利を侵害すると主張した．5対4の判決で，連邦最高裁はこの訴えを斥けた．個人権の名においてこの法律を無効にすることは，連邦制を革命的に変容させるものであり，「これまで州政府にあまねく認められてきた権力の行使について……州政府を束縛し，その地位を貶めることとなる」．法廷意見を執筆したミラー (Samuel F. Miller) 裁判官は，「わが国の統治制度の構造及び精神から，これほど深刻で，広汎かつ全面的で，大変な逸脱」を連邦議会が意図したはずはない，と確信していた．ミラーは，このような逸脱がもたらす結果を嘆きつつも，その憲法的な意義を適切に説明している．すなわちこのような解釈をとると，「連邦最高裁は，永続的検閲官として，州民の市民的権利についてのすべての州法に関し，これらの〔市民的〕権利に合致しているとは認められないとの理由で無効とする権限を有することになってしまうであろう」[50]．

フィールド (Stephen J. Field) 裁判官は反対意見の中で，本件が「最も由々しき重大性」を有する憲法問題を提起していることには同意した．問題となって

---

[50] *Slaughter-House Cases*, 83 U. S. (16 Wallace) 36, 78 (1873).

いるのは，「連邦憲法に付加された最近の修正条項が，〔合衆国市民としての〕普遍的権利に対する州の立法による侵害から合衆国市民を保護するものなのかどうか，ということにほかならない」．フィールドは，これに肯定的に答えた．「第14修正は，……アメリカ市民の普遍的権利を中央政府の保護の下におくために採択されたものである」．それは，「不可譲の権利を謳った1776年の独立宣言に，実効性を与えることを意図したものであった．そしてその権利とは，創造主からの贈物であり，法はそれを授与するのではなく，ただそれを承認するのみである」[51]．これらの権利の中には，自己の選択に基づいて適法な職業に従事する権利があり，肉屋もそこに含まれる．"ルイジアナの屠殺場独占は，今や州による侵害から保護されているこの権利を侵害した"と反対意見は述べた．

世紀の転換期までには，アメリカ憲法は，フィールドが望み，ミラーが懸念していた方向に展開し始めた．画期的事件である *Allgeyer v. Louisiana* (1897) で，連邦最高裁は第14修正を広く解釈し，州をまたがる保険契約を規制する法律を，法の適正な過程によらずに自由を否定するものとして違憲無効とした．この修正条項が保障する自由には，「自己のすべての能力を十分に発揮し，すべての合法的な方法でその能力を自由に用い，自己の望む所で生活し，そして働き，いかなる合法的な職業でもそれによって自己の生計を立て，いかなる生活または趣味をも追い求め，そしてその目的のために必要なあらゆる契約を締結するといった，市民の権利」が含まれる[52]．これらの自由はすべて，今や立法による侵害を被らない基本的権利とみなされることとなったのである．

続く40年間，連邦最高裁は財産権や契約の権利を強調しながら，州法及び連邦法がこのように広く解釈された第14修正と合致しているかどうかを精査した．この間，最高裁は200近い法律を違憲とし，その中には，価格，賃金・労働時間，そして労働組合活動を統制することを通じて，産業経済を規制しようと試みた州法及び連邦法が含まれていた[53]．これらの法律の多くは，契約の自由を侵害するという理由により，最高裁の「実体的デュー・プロセス（substantive due process）」審査の犠牲となったのである．

51　Ibid. at 89, 105.
52　*Allgeyer v. Louisiana*, 165 U. S. 578, 589 (1897).
53　Tribe, *American Constitutional Law*, p. 435.

これらの判決のうち最も有名な *Lochner v. New York*（1905）では，最高裁は，週60時間以上にわたる製パン業労働者の雇用を禁止する法律を違憲無効とした．「自己の業務に関連した契約を締結する一般的権利は，第14修正によって保護された個人の自由の一部である」と最高裁は判示した．ニューヨーク州の法律は，「使用者及び被用者双方が，最善と考える条件に基づいて労働契約を締結する個人権に，違法に干渉するものである」．「成熟し知性のある人間が自己の生計を立てるために労働してもよい時間を制限する」法律は，「個人権への単なるおせっかいな干渉でしかなく」，立法府の権限の範囲を越えるものである[54]．

　別の判決では，最高裁は，女性の最低賃金を定める法律[55]や，「黄犬」契約——労働組合への加入を理由に労働者を解雇できると定める契約——を禁止する法律[56]を違憲無効とした．最高裁は，"労働者は労働組合に加入する権利を有するものの，もし労働者が組合に加入したときには，使用者はその者を解雇する権利を有する"と判示した．労働者と使用者の交渉力は対等でないかもしれないが，「契約の自由及び私有財産権を憲法上保護するためには，同時にこれらの権利の行使の必然的結果である人生の運・不運という不平等を正当なものと認めないわけにはいかない」．第14修正は，自由及び財産を「共存する人権」として認めているから，たとえ「その行使の正常かつ不可避の結果」である交渉力の不平等を是正するためであったとしても，州はこれらの権利に干渉することはできないのである[57]．

　実体的デュー・プロセス審査の犠牲となった法律すべてが，経済的規制にかかわっていたわけではなかった[58]．しかしながらほとんどの場合，ロックナー・コート〔the Lochner Courtとは，*Lochner* 判決に代表される，この時代の最高裁を指す〕で保護されたのは，財産権や，市場で許される限度内の条件で契約を結ぶ自由であった．経済や憲法についてのこのような見解は，1930年代のニュ

54　*Lochner v. New York*, 198 U. S. 45（1905）.
55　*Adkins v. Children's Hospital*, 261 U. S. 525（1923）.
56　*Adair v. United States*, 208 U. S. 390, 399（1923）; *Coppage v. Kansas*, 236 U. S. 1（1915）.
57　*Coppage*, 236 U. S. at 17–18.
58　以下を参照せよ．*Meyer v. Nebraska*, 262 U. S. 390, 399（1923）; *Pierce v. Society of Sisters*, 268 U. S. 510（1925）.

ーディール立法が最高裁で違憲無効とされる結果をもたらし，政治的抵抗の高まりを引き起こすこととなった．最高裁がニューヨーク州の最低賃金法を違憲とした[59]数ヵ月後，1936年の大統領選挙で勝利したばかりのフランクリン・ルーズベルトは，彼の最高裁抱込み計画を発表した．この威嚇の実際的効果については論争があるところであるが，最高裁は1937年に判例変更し，女性の最低賃金法を合憲とした．ロックナー時代の終わりを告げた *West Coast Hotel Co. v. Parrish* は5対4で，当該法律が女性及び使用者から契約の自由を奪っているという，それまで当たり前に通用していた主張を斥けた．「この自由は何であろうか」とヒューズ（Charles Evans Hughes）最高裁長官は述べた．「連邦憲法は，契約の自由（freedom of contract）については語っていない．それは自由（liberty）について語っているのであって，法の適正な過程によらずに自由（liberty）を剥奪することを禁止しているのである」．労働搾取的な工場の害悪に対処すること，そして女性の「交渉力が相対的に弱く，また彼女達が，彼女達の苦境につけこむ者の犠牲者となりやすい」[60]と考えることは，明らかに議会の権限に属することであった．

　思いやりのある諸改革に敵対的であったため，現代リベラリズムに対するロックナー・コートの貢献は，一見明白には分からないかもしれない．実体的デュー・プロセス法理で理論武装したロックナー・コートは，産業資本主義の行き過ぎを擁護し，革新主義的諸改革を妨害した．その過程でロックナー・コートは，それが好んできた経済理論と，それを実践するために用いてきた憲法法理のいずれについても，その信用を失墜させることとなった．のちのリベラルは異なる諸権利を擁護することとなるが，多数派の支配を実現し損なうおそれがないわけではなかった点は，ロックナー時代の裁判官達と同じであった．

　1937年以後，自由放任主義の経済学は憲法上の特権的地位を失い，それ以来いかなる経済的立法も，実体的デュー・プロセス法理の犠牲になることはなかった[61]．しかし保守反動の遺産を残してしまったにもかかわらず，ロックナー・コートが権利を重く受けとめ損なったと言うことはできない．反対に，その権利基底的判例法理は，今日のリベラルが当然のことと考えている憲法構造

---

[59] *Morehead v. New York ex rel. Tipaldo*, 298 U. S. 587 (1936).
[60] *West Coast Hotel Co. v. Parrish*, 300 U. S. 379 (1937).
[61] Gerald Gunther, *Constitutional Law*, 11th ed. (Mineola, N. Y.: Foundation Press, 1985), p. 472.

をあるべき場所に落ち着かせたのである．権利の名において，最高裁を「州法すべてについての永続的検閲官」[62]に仕立て上げたこの憲法の変容は，それを初めて可能にした或る正統的経済学説が廃れた後も生き続けたのである．

アメリカ史上はじめて，権利は切り札としての役割を果たしたのである．自由は，もはや分散された権力のみに依拠するものではなく，裁判所が直接保護するものとなった．基本的権利が問題だと考えられるときには，連邦制や州の主権といった原理でさえ司法の介入を妨げることはなくなった．こうして少なくとも"或る種の個人権は，公共善の名において立案された立法府の政策に優越する"という意味での"善に対する正の優越"という考え方に，ロックナー・コートは初めて持続的な憲法的表現を与えた．

ホウムズ裁判官の反対意見：中立性の示唆

ロックナー・コートは，切り札としての権利という意味において正の優越性を確立したが，憲法上さらに推し進めて，諸目的の間で中立的な権利の枠組みとしてそれを定着させることは，のちの裁判所に委ねられることになった．手続き的共和国の特徴の一つである正の優越性のこの第二の局面は，第二次世界大戦後まで，憲法上はっきりとしたかたちで現れることはなかった．しかしその初期の表現は，20世紀の最初の3分の1の期間に，ホウムズ (Oliver Wendell Holmes)，ブランダイス (Louis D. Brandeis)，そして後にはストーン (Harlan F. Stone) の各裁判官の反対意見に見出すことができる．

これらの反対者たちは，ロックナー・コートの多数派の諸判例に主に二つの異議を表明した．第一に彼らは，連邦憲法が何らかの特定の社会・経済哲学を是認しているという考え方に抵抗し，その代わりに，民主的な諸制度に対して司法部が尊敬を払うことを主張した．第二に彼らは，多数派による専制への抑制措置として，言論の自由といった市民的自由を裁判所が保護することを擁護した．これら二つの立場が結びつくことで，現代の司法的リベラリズムが形づくられることになった．司法部による尊敬という考え方の流れは，連邦憲法が論争的な道徳的・政治的信念を是認することなく，それを棚上げにしていると

---

[62] この言い回しは，以下の判決におけるミラー裁判官のものである．*Slaughter-House Cases*, 83 U. S. (16 Wallace) 36, 78 (1873).

いう考え方を支持することになる．そして後者のリバタリアン的考え方の流れは，個人の自由及び市民的権利に対する現代リベラルの格別の配慮へと至ることになる．

しかし当初は——あるいは，ついで言えば後になっても——これら二つの流れがどうやって両立するのか明らかではなかった．司法部による尊敬という考え方は，実質的に多数派による支配を無条件に承認するように思われるし，一方，市民的リバタリアンの考え方をとれば，或る種の個人権のために，多数派を抑制することになるだろう．しかし，どうしたら，司法部の民主政への介入に対する一般的な反対を乗り越えて権利を擁護することができるだろうか．

ホウムズが実体的デュー・プロセス法理を単純に受け入れ，"最高裁は誤った権利を実現したのであり，自由についての彼の考え方のほうが，多数意見のそれよりも優れており，より連邦憲法に忠実である"と反対意見で述べていたら，その答えは容易であっただろう．しかし，ホウムズの多数意見に対する異論は，それよりさらに徹底的なものであった．法の賢明さは自分が裁判官として判断すべきものではない，と彼は再三主張した．「共同体の重要な部分が欲する社会的実験を行うことを妨げるために，第14修正をその文言の絶対的要請を越えて用いることほど，私が反対するものはない……．たとえその試みが，私及び私がその判断を非常に尊敬するところの人々にとって無益であり，あるいは有害でさえあるようにみえても，である」[63]．ハロルド・ラスキ (Harold Laski) への手紙のなかで，ホウムズは，彼の司法哲学をより簡潔に述べている．「もし私の同胞市民が地獄へ行こうと欲するなら，私は彼らを助けよう．それが私の仕事である」[64]．

民主的決定に対する司法部の尊敬を一貫して主張してきたにもかかわらず，ホウムズこそがブランダイスと並んで，言論の自由の司法的保護を高らかに謳いあげた先駆者なのである．戦時防諜法が問題となった *Schenk v. United States* (1919) において，彼は，「明白かつ現在の危険 (clear and present danger)」テストを明確に述べ，同法の検閲規定を合憲とした[65]．しかし1年もたたないうち

---

[63] *Truax v. Corrigan*, 257 U. S. 312, 344 (1921). 以下におけるホウムズ裁判官の反対意見も参照せよ． *Lochner*, 198 U. S. at 75; *Adair*, 208 U. S. at 191-192; *Coppage*, 236 U. S. at 27; *Tyson and Brother v. Banton*, 273 U. S. 418, 447 (1927).

[64] *Homes-Laski Letters*, ed. Mark De Wolfe Howe (Cambridge, Mass.: Harvard University Press, 1953), vol. 1, p. 249.

に，*Abrams v. United States*（1919）の反対意見で，ホウムズは，急進的抵抗者がゼネストを訴えるビラを撒く権利を擁護した．「無名の者が愚かなビラを密かに印刷すること」は，現実の脅威をなんら引き起こさず，したがってそれは連邦憲法によって保護されるのである[66]．

上記の *Abrams* 判決以後，ホウムズとブランダイスは，自由な言論を州による侵害から保護しようとした．彼らは第 14 修正の意味を広く解することには消極的であったにもかかわらず，実質的には "この修正条項の下で保護される何らかの権利があるとすれば，そこに言論及び出版の自由は必ず含まれるはずである" と主張した．「第 14 修正によって保障される自由に，財産を獲得し享有する自由のみが含まれるとは信じられない」と，ブランダイスは *Gilbert v. Minnesota*（1920）の反対意見で述べた[67]．のちに彼は，さらに先へと進んだ．「私には説得的だと思われていた反対の考え方にもかかわらず，第 14 修正のデュー・プロセス条項が，手続的事項だけでなく実体法上の事項にも適用されるということは，判例上確立している．したがって，自由という文言に含まれるすべての基本的権利は，連邦憲法によって州の侵害から保護されるのである」[68]．

Gitlow v. California（1924）〔訳注：*Gitlow v. New York*, 268 U. S. 652（1925）の誤りである〕の反対意見で，ホウムズは次のように述べた．「今までの解釈によって，条文に用いられている『自由』という文言に認められてきた範囲から考えると，言論の自由の一般的原則は第 14 修正に含まれると解釈されなければならないように，私には思われる」．ホウムズは，市民的自由と多数者支配とを共に尊重しようとすることからくる緊張を緩和するかのように，多数派支配を唱道するために他の箇所で援用したのと同じ道徳的相対主義をもちだして，自由な言論を擁護しようとした．「プロレタリアートの独裁において表明された信念が，結局は共同体の大勢に受け入れられる運命にあるとすれば，自由な言論の唯一

65　*Schenck v. United States*, 249 U. S. 47（1919）.
66　*Abrams v. United States*, 250 U. S. 616, 628（1919）.
67　*Gilbert v. Minnesota*, 254 U. S. 325, 343（1920）.
68　*Whitney v. California*, 274 U. S. 357, 373（1927）におけるブランダイス裁判官の同意意見．これらの判例に関する啓発的議論として，以下を参照せよ．Robert M. Cover, "The Left the Right and the First Amendment: 1918-1928," *Maryland Law Review*, 40（1981）, 349-388.

の意味とは，そのような信念に機会を与え，思いどおりにさせることである」[69].

　しかしこの相対主義的主張は，市民的自由と多数派支配とを調和させることに成功してはいない．反対に，この主張は，言論の自由あるいはその他のために，まず多数派を抑制するのは一体どういう根拠に基づくのかという疑問を生じさせる．もし「共同体の大勢」が物事を決定するならば，後でというよりも今すぐ決定させればいいではないか．人々が地獄に行く手助けを，ホウムズがするというのなら，その途上で人々が破壊活動分子を沈黙させるのを許せばいいではないか．

　彼の相対主義的傾向にもかかわらず，ホウムズのロックナー・コートに対する反論は，単なる多数決主義以上のものに基づいていた．ホウムズの反対意見は，裁判官の役割についての議論として読まれることが多いが，そこには憲法の本質についてのより広範な主張も含まれている．彼の反対意見には，多数派への司法部の尊敬という主張だけでなく，憲法についての或る捉え方，すなわち，憲法は善についての或る特定の考え方を具体化しているものではないという捉え方が，暗に含まれていた．彼の主張は要するに，裁判官は自らの道徳を憲法に押し付けることを控えるべきであるということだけでなく，憲法それ自体が，或る特定の道徳を是認することを拒んでいるということでもあった．

　ホウムズは連邦最高裁での最初の意見の時から，司法部の自己抑制を擁護する議論を，諸目的に中立的な権利の枠組みとしての憲法という考えと結びつけて展開している．彼によれば，「裁判所は裁判所独自の判断を下さなくてはならないが，法律の審査を行った裁判官にとって，その法律が行き過ぎであったり，文面上の目的とは相容れなかったり，あるいは自分が同意しない道徳観念に基づいていると思われるような場合には，常にその法律は無効であるということは，決して正しくない」．そして「見解の相違が相当程度許容されなければならない……．そうでなければ，憲法は権利についての比較的基本的な準則を体現するかわりに，倫理ないし経済に関する或る特定の意見を熱烈に支持するものとなってしまうだろう．そのような意見は，決していつでも，どこでも，誰にでも支持されているわけではないのである」[70].

69　*Gitlow v. New York*, 268 U. S. 652, 672–673（1925）．〔原文では Gitlow v. California, 268 U. S. 652, 672–673（1924）〕

70　*Otis v. Parker*, 187 U. S. 606, 608–609（1903）．

第2章　権利と中立的国家

　憲法の解釈にあたり，裁判官は，自分自身特定の立場に偏ってはならず，また憲法それ自体が，或る特定の倫理哲学あるいは経済哲学に与すると解釈してはならない．憲法の読み方として，裁判官は自分自身の道徳的・政治的見解を棚上げにしなければならないばかりではなく，憲法それ自体がそのような問題を棚上げにしていると解釈しなければならない．

　これらの相異なる2つの主張は，ロックナー判決におけるホウムズの反対意見においてもみられる．彼は，"裁判官は自分自身の価値観を押しつけることによって法律の合憲性の判断を下すべきではない"と論じることから始める．「本件の判決は，わが国の大半が受け入れていない経済理論に基づいて下されている．もし私がその理論に同意するかどうかが問題であるならば，私は決断を下すはるか以前に，まずその理論を深く研究することを望むだろう．しかし私は，それが自分の任務だとは思わない．なぜならば，私がその理論に同意しようがするまいが，それは多数派が自分たちの見解を法律に具体化する権利とは一切関係がないということを，私は強く信じているからである」．しかし彼は続けて，憲法が或る特定の経済理論を是認してはいないこと，すなわち憲法は競合する諸法理に中立的であるということまで主張している．「第14修正は，ハーバート・スペンサー氏の『社会静学』を具現したわけではない……．憲法は，父権主義や市民と国家との有機的関係に立脚した経済理論であれ，或いは自由放任主義に立脚した経済理論であれ，そのような特定の経済理論の体現を意図したものではない．それは，根本的に異なる見解を有する人々のために制定されている」[71].

　憲法が諸目的に中立であるという考えは，手続き的共和国のリベラリズムの中核をなすものである．この考えを支持するホウムズの反対意見は，それ以降アメリカ憲法を特徴付けることとなった手続き的リベラリズムをいち早く表現するものであった．しかし，憲法が諸目的に中立であるという考えについては解釈が二通りあり，ホウムズはこれらを区別しなかった．第一の解釈によれば，憲法の中立性とは，いかなる特定の経済的ないし倫理的な理説も憲法によって優遇されることはないということを意味するだけであり，したがって州はどのような理説でも，自由に選択してそれに基づいた立法ができる．第二の解釈によれば，憲法の中立性とは，州民が信奉する様々な目的に対して州が中立であ

71　*Lochner*, 198 U. S. at 75-76.

ることを連邦憲法が要請する，ということを意味する．第二の解釈は，正の善に対する優先を主張するものであり，政府は善き生についての考え方に中立的でなければならないという要請に従って，権利を定義するものである．

ホウムズ自身は，第二の解釈を明確に採用していたわけではなかったものの，競合する善についての考え方に対する中立性を憲法が要請しているという考えは，一般的には多数決主義をとりつつ，市民的自由のためには外観上例外を設けるという彼の立場を調和させる方途，すなわち Lochner 判決と Abrams 判決における彼の反対意見を結び付ける方途を示唆している．Lochner 判決では，最高裁は，連邦憲法が或る特定の経済学説を採用したものであると誤って解釈し，州法を尊重すべきところでそれに干渉した．Abrams 判決では，"政府はいかなる特定の学説・信条も強制してはならない" という要請に応えるために最高裁は干渉すべきだったにもかかわらず，合憲判決を下した．政府が "明白か
つ現在の危険" がないのに言論を抑圧したということは，政府が言論内容の価値について判断を下し，したがって憲法が棚上げしようとしている価値を誤って押し付けたということになる．被告人たちが刑を科せられるのは，戦争への取組みを妨げた故ではなく，「彼らが公言した信条，すなわち当法廷での刑事審理において何人もそれを考慮することさえ許されない信条の故である」[72]．このように読むと，Abrams 判決におけるホウムズの反対意見は，第1修正に関する「内容中立性」法理として後に知られることになるものの最初の例ということができる[73]．

いずれにせよ，彼の反対意見の（憲法の中立性に関する）第二の要素は，（司法部の自己抑制に関する）第一の要素よりも，ホウムズの法理学とアメリカのリベラリズムのその後の歩みとを深く結びつけるものであることは明らかである．しかしその当時すぐ起こったことといえば，連邦最高裁が1937年以降直面した挑戦を突きつけたということである．ニューディールの諸改革はもはや，イデオロギー上敵対的な最高裁による「反多数決主義的」拒否の犠牲となることはないだろう．しかしそうだとすると，司法審査に残された役割とは何なのであろうか．善についての何か特定の考え方を前提としないような憲法上の諸権利

---

[72] *Abrams*, 250 U.S. at 629.
[73] 例えば以下を参照せよ．*Police Department of Chicago v. Mosley*, 408 U.S. 92, 95 (1972)：「第1修正は何よりも，"表現の意図，思想，主題，あるいは内容を理由として，その表現を制約する権限を政府は有していない" ということを意味している」．

に関する理論のみが，ロックナー・コートがしたように，多数派に価値を押し付けることを回避しうるのであった．しかし，憲法が善についての或る特定の考え方に立脚していると考えるのでもなく，権利が保護する利益の内在的価値に応じて諸権利を順位づけるのでもなくて，どのようにして憲法上の諸権利の基礎を見出すことができるのだろうか．ホウムズの反対意見に含意されていた中立性という理想は，最高裁がその後すぐ追求していくことになる方向の手がかりを与えたのである．

中立的国家における民主政と権利

United States v. Caroline Products Co. (1938) において，連邦最高裁は，自らに突きつけられた挑戦に対する二つの可能な答えを提示した．脱脂ミルクの州際通商を禁じた連邦法を合憲と判断した際，ストーン裁判官は，"「通常の商取引に影響を及ぼす規制立法」は，それが「何らかの合理的基礎」を有する限り合憲と推定される"と宣言した．しかし有名な脚注で，彼は，〔上記の経済立法とは〕別の領域においては厳格な司法審査が行われることの二つの可能な根拠，すなわち善についての或る特定の考え方を押し付けることなく，第14修正によって保障される憲法上の権利を定義する二つの方法を示唆した[74]．

第一は，一種の実証主義者的解決に救いを求めて，第14修正を権利章典ですでに明記された諸権利を保護するものと解する方法である．「立法が文面上，修正条項の最初の10ヶ条による禁止のような，明示的な憲法上の禁止に抵触すると考えられるときは，合憲性が推定される余地は狭まるかもしれない．この10ヶ条による禁止は，第14修正に包含されるとみなされるときには，すべて同程度に明示的な禁止と考えられる」[75]．第14修正で保護された「自由」は，単に権利章典を組み込んだ上でそれを州に適用するものと解釈しうるならば，最高裁は，権利の価値ないし重要性をめぐって様々な論争がある中でそれら権利を順位づけるという難事を回避することができるだろう．

この見解は「全体的組込み (total incorporation)」論として知られるようになったが，その最も強力な主唱者としてはブラック (Hugo L. Black) 裁判官が挙

---

[74] *United States v. Carolene Products Co.*, 304 U. S. 144, 152 n. 4 (1938).
[75] Ibid.

げられる. *Adamson v. California* (1947) で反対意見を執筆したブラック裁判官は, "第14修正の制定者は, 権利章典を州に適用することを意図していた" とし, さらに "この条項についてそれ以外の解釈をとると, 「権利章典の文言に代えて品位及び基本的正義についての自らの概念を用いる」ことを最高裁に認めることになってしまう" と主張した. そのような不適切なアプローチは,「政策及び道徳の広大な空間を歩き回り, 州及び連邦政府の立法権限の範囲内に勝手気ままに侵入する」ことを最高裁に認めるために, かつて用いられたものであり, また今後も用いられかねない. ブラックは解釈の必要性を認めてはいたが,「権利章典に列挙された個々の基準を参照して」解釈することと, 連邦憲法それ自体が「規定していない」基準をもとに制定法を無効にすることとは, まったく別の事柄であると考えていた[76].

ブラックの見解は, 憲法法理として優勢となることはなかったし, 善についての或る一つの考え方に依拠しないで権利を明確化するという問題に十分な解答を与えたわけでもなかった. 判例法理としては, 最高裁は「全体的 (total)」ではなく「選択的 (selective)」組込み論を採用した. これは *Palco v. Conneticut* (1937) において, カードウゾ (Benjamin N. Cardozo) 裁判官が説いたアプローチである. 第14修正は, 権利章典を全体として組み込むものではなく,「秩序づけられた自由の体系のまさに核心にかかわる」諸権利, ないしは「基本的と位置づけられる程にアメリカの伝統と良心に深く根づいた正義の［諸］原理」が要請する諸権利のみを組み込むものであった[77]. 最高裁は権利章典を「選択的」に組み込んでいったが, 結局は権利章典に含まれる権利のほとんどすべて, さらにはそれ以上のものの保障を州に対して要求した[78]. しかし最高裁が, "連邦政府に向けられた権利章典を単に簡略に書き直したものとして第14修正のデュー・プロセス条項を解することは決してなかった" という事実は, 連邦憲法自身による「明示的な禁止」とは独立した選択の原理に最高裁が依拠していたことを明らかに示している.

いずれにせよ, ブラックの準実証主義者的な提案は, 最高裁が直面した問題への十分な解決にはなりえなかった. 権利章典に含まれた各種の保障は, 相対

---

76 *Adamson v. California*, 332 U. S. 46 (1947).
77 *Palko v. Connecticut*, 302 U. S. 319 (1937).
78 以下を参照せよ. *Duncan v. Louisiana*, 391 U. S. 145 (1968).

的には「明確」であるものの，第14修正それ自体についての解釈と同じくらい論争の余地があるものなのである．最高裁が追求した「選択的」組込み論と同様に，ブラックの「全体的」組込み論は，実証主義では提供できないような，さらなる解釈原理を必要とするものなのである．善についての或る特定の考え方を前提としないでこのような解釈原理を見出すという挑戦は，ブラックのアプローチでは解決されず，むしろそれによって先送りされるのだ．

Carolene Products 判決におけるストーンの第二の示唆は，より巧みで，より広範な影響をもたらすものであった．それは要するに，民主的過程それ自体に内在する理想を実現するのに必要な諸権利を最高裁は保障すべきである，と提唱するものであった．この提唱は二つの部分からなっていた．一つは，政治過程へのアクセスの確保である．「望ましくない立法なら廃止に持ち込むだろうと通常は期待される政治過程を制約する立法」は，「より厳格な司法審査」に服しうる．もう一つは，政治過程が偏見に染まるのを防ぐことである．「周囲の人々とは明らかに異なり孤立している少数者に対する偏見は，少数者を保護すると通常は期待されている政治過程の機能をひどく損なう可能性がある」から，「特定の宗教，国籍または人種であることを理由として少数派とされる者」に向けられた法律は，「より徹底した司法審査」に服しうる[79]．

ストーンの示唆は，最高裁に突きつけられた挑戦に対して，以下のように答えるものであった．第一に，それは，「反多数決主義」という批判をしっかり受けとめて司法審査の役割を明らかにした．裁判官は，論争かまびすしい諸価値を民主的諸制度に押し付ける代わりに，そもそも民主政に道徳的な力を与えているところの諸価値そのものの名において行動することができるようになるのである．司法審査権の行使は，民主政の挫折ではなく，むしろその完成に寄与することになるのだ．第二に，ストーンの示唆は，連邦憲法が諸目的に対して中立的であるという考えに合致するように諸権利を基礎づけるものであった．上記のような厳格な司法審査に服するのはどの権利かということについては，

---

[79] *Carolene Products*, 304 U. S. 144, 152 n. 4 (1938). その脚注のこの部分は，その影響力に見合った多くの文献を生み出した．特に以下を参照せよ．John Hart Ely, *Democracy and Distrust* (Cambridge, Mass.: Harvard University Press, 1980); Robert M. Cover, "The Origins of Judicial Activism in the Protection of Minorities," *Yale Law Journal*, 91 (1982), pp. 1287–1316; Bruce A. Ackerman, "Beyond *Carolene Products*," *Harvard Law Review*, 98 (1985), pp. 713–746.

議論が続くであろう．しかしその議論は，それらの権利で保護される諸利益の内在的価値をめぐるものではなく，むしろ人々が自分自身のために自らの価値を選択することのできる，開かれた偏見なき政治過程を維持するのに必要な制約とは何なのかをめぐるものとなろう．

　最後に，ストーンの脚注には，後の憲法判例でよりはっきりと現れ，現代リベラリズムの見方を完成することとなる人格についての考え方を予示するものが含まれていた．彼が行った市民的な権利・自由と経済的自由との区別の背後には，この観念が潜んでいた．この後，最高裁は"前者の類型の自由には，後者の類型の自由に与えられないような〔より強力な〕司法的保護が保障される"というストーンの示唆に従うことになる．しかしストーンは，この区別の理由を説明せず，人によっては，これを憲法上の「二重の基準」と呼んできた[80]．ストーンの脚注に潜んでいた人格についての考え方は，いったん完全に理解されると，この区別自体を明確にし，正当化することを手助けするだろう．ストーンは，彼の脚注の根底にある政治理論を詳述したわけではなかったものの——それは結局，一つの脚注にすぎなかった——，彼の区別の正当化，およびそれと人格についてのリベラルな考え方との結びつきについては，次のような流れで再構成することができよう．

　市民的自由が経済的自由に優先し，人格的な権利が財産的権利に優先するということは，"それぞれ前者が後者より本質的に重要である"とか，"言論の自由は契約の自由よりも人類の繁栄や善き社会にとって，より必須のものである"といった理由で擁護されることがある[81]．しかし，この擁護論は，諸目的に対して中立的な権利の枠組みとしての憲法という考え方とは相容れない．この憲法の中立性という考え方の下で，市民的な自由・権利の優先性をどうやって維持することができるのか．中立性の理想が要請する権利とは，どのようなものか．この問いに対する答えは，"自分自身のために目的を選択することができる自由で独立した道徳的主体とは何を意味するか"にかかっている．

80　例えば以下を参照せよ．Gunther, *Constitutional Law*, pp. 472–475; Henry J. Abraham, *Freedom and the Court*, 4th ed. (New York: Oxford University Press, 1982), chap. 2.
81　例えば以下を参照せよ．Tribe, *American Constitutional Law*, p. 574:「『なぜ教育であってゴルフではないのか』という学者の疑問に対して，『教育の方が，より重要であるから』という，人間にとって唯一意味をなしそうな返答を憲法が答えとして提示する時が来るかもしれない」．

第2章 権利と中立的国家

　憲法が諸目的に対して中立的な権利の枠組みであるという考え自体は，経済的自由よりも市民的自由を司法上保護することを主張するものではない．中立性とは何かについては，多くの議論があり，複数の競合する解釈が存在しうる．ある者は，"政府が諸目的に対して中立的である最善の方法とは，契約の自由を何よりも尊重し，市場経済の働きから生じた権力及び資源の配分をそのままにしておくことである"と主張する．この立場の根底には，自由で道徳的な主体性とは何に存するのかについての或る特定の考え方，すなわち自由放任主義的前提に特徴的な考え方がある．雇用者から労働組合加入と職との間の選択を迫られる鉄道会社の被用者は，したがって「彼自身の利益からみて最善のものを自由に選択することができる自由な主体であり，……自発的選択を自由に行うことができるのだ」ということになる[82]．

　この見解によれば，政府の介入は，たとえ民主的に実施されるにしても，個人の自由を侵害するものとなる．人々の選択を制約する点で，それは中立性にももとることになる．それは，様々な合意の当事者が，その交換したものに自らつけた評価をくつがえすことによって，人々に他者の価値評価を押し付けることになる．労働と賃金を交換する契約を締結する権利は，「資本家同様に労働者にとって，また富者同様に貧者にとって，等しく不可欠なものである」．この権利へのいかなる干渉も，「自由に対する実質的な侵害」となる[83]．

　自由放任主義的資本主義を批判した革新主義者たちは，契約論的倫理が持ち出す自由な主体性という理想を，拒否するのではなく完成させることによって，こうした議論に応じたのであった．彼らの主張によれば，産業資本主義の諸条件の下では，交渉能力の不平等は，契約にまず道徳的な力を与えるところの自由というものの土台を実質的に掘り崩す．経済的苦境の中で締結せざるをえなかった契約は，真に自発的なものとは言えず，一種の強制にほかならない．それらはまた中立的でもない．そのような合意は，交換した財をめぐる人々の相異なる評価を明らかにするというより，むしろ様々な自然的・社会的偶然性と結びついた，人々の市場での競争力の格差をも反映しているのだ．市場での力の格差がもたらす結果は，その格差が反映する能力のもともとの分配が正しいものである限りにおいて，正しいものにすぎない．

82　*Coppage*, 236 U. S. at 9.
83　Ibid. at 14.

20世紀初めの革新主義的立法は，「契約の自由がそこから始まるところの両当事者間の地位の平等」を確立することによって，この問題を解決しようとした[84]．*Adair*判決や*Coppage*判決で争われた労働法は，契約の自由を制約するものであったが，これらは，当時実現されていた契約の自由に内在しながらも不完全であった自由という理念を，より完全に現実のものとするために，契約の自由を制約したのである．福祉国家それ自体，同じ論法で擁護されることがよくあった．フランクリン・ルーズベルトは，1944年に「経済的権利章典」を提唱したとき，「個々人の真の自由は，経済的な安定と自立なくしては存在しえない．『困窮した者は，自由な者ではない』」[85]と主張した．

　現代福祉国家は，無制約な資本主義を擁護する者に対し，次のような主張で対抗していると理解しうる．すなわち，市民が平等な個人として代表される民主的過程から制約を受ける市場経済は，制約なき契約の体系よりも，自由な道徳的主体としての，人格についての考え方の実現に，より近づくこととなる．このように理解すると，経済への政府介入は，個々人の自由を侵害するものではなく，むしろそれを擁護するものとなる．またこれは，中立性とも対立しない．なぜなら，政府介入が個人の選択を制約するのは，例えば本質的に「正当な賃金」という考え方におけるような，価値についての何か特定の理論のためではなく，市場での不平等な競争力を反映する可能性がより小さい選択の仕組みを実現するためだからである．このような仕組みによって，特定の目的が押しつけられるどころか，人々が自分のために自らの目的を選択する能力は，より十分に尊重されるようになる．

　このように捉えると，司法審査にどのような役割が残されているのかは明らかではない．少なくとも原理的には，民主的過程は，リベラルな人々の中立性への志向に合致した仕方で市場経済を制約するのに十分適合的である．市場と同様に民主的過程は，人々の選好について判断を下すことなく，またその本質

84　ホウムズ裁判官の反対意見．Ibid at 27. *West Coast Hotel* 判決における最高裁の見解も，この立法目的に触れている．自由放任経済に対する革新主義的応答については以下で議論されている．Sidney Fine, *Laissez Faire and the General Welfare State* (Ann Arbor: University of Michigan Press, 1956), esp. pp. 376, 383.

85　Franklin D. Roosevelt, "An Economic Bill of Rights," January 11, 1944, in *The Public Papers and Addresses of Franklin D. Roosevelt*, ed. Samuel I. Rosenman, 13 vols. (New York: Random House, 1938–1950), vol. 13, p. 32.

的な真価ないし価値を評価することなく，それら選好を集計する．そして市場とは異なり，民主的過程は当初の平等の状態を反映する．少なくとも理想的には，民主的合意は，市場における競争力の格差をもたらす偶然的諸条件によって損なわれることはない．リベラルな政治理論の見地からすると，民主政が正当化されるのは，それが涵養する徳やそれが鼓舞する生き方のゆえではなく，自分自身の目的を選択することができる「個人として尊重し，関わりあう各人の権利を保障するから」である[86].

　しかしながら実際には，民主的過程は少なくとも二つの点でこのような権利を侵害しうる．第一に，民主的過程は完全に包括的ではありえないがために，全員の利益や選好を公平に評価し損なう可能性がある．第二に，たとえ全員が政治に関わる機会を平等に保障され，かつ各人の選好が公平に評価されるとしても，平等な尊重という理想とそれ自体対立する選好に投票する者がいるかもしれない．換言すれば，不寛容ないしは偏見に満ちた選好に投票する者もいるかもしれないのである．だがこの場合，民主的過程は，中立性とは対立する政策，すなわち"ある種の人間ないし生き方は，他の人間ないし生き方より本質的に価値が劣る"ということを前提にした政策を生み出しかねない．

　このように二つの点で，民主政の基礎をなす"自由な道徳的主体として人々を平等に尊重する"という理想が，民主政それ自身によって裏切られる可能性があることから，ストーンが提案したような種類の権利の役割が想起されることになる．民主政の道徳的な力が，自由で独立した自己としての各人格への尊重の表し方にかかっているとすれば，民主政も一定の制約に服さざるをえない．ストーンは，諸目的に対して中立的な憲法の名の下に，最高裁がこれらの制約を提示するべきだと提案した．雇用者と被用者の間の交渉力の不平等を是正するために，立法府が市場を制約するのとまさに同じように，政治過程への平等なアクセスを確保し，公共政策に人々の偏見が影響を及ぼすのを防ぐために，連邦憲法が立法府を制約するのである．民主政の規制対象であった現実の慣行に伏在しつつも実現されてはいなかった自由というものを完成させることによって，最高裁は，ちょうど民主政が「反契約主義的」難点を克服したように，「反多数決主義的」難点を克服することになるのだ．

　ストーンの区別は，こうして，それが暗黙のうちに是認していた人格につい

---

[86] Dworkin, "Liberalism," pp. 133-134.

ての考え方によって正当化されたのであり，この考え方は，後の憲法論において より明確に現れることになった．続く数十年間，裁判所は，正の善に対する 優先性の名のもとに，市民的自由を保護することとなった．そして裁判所は，"自らのために目的を選択することができる，自由で独立した主体"という人格についての考え方に従って，この優先性を解釈することになる．

正の優先性の是認

新たな憲法的前提へのこの移行は，国旗への忠誠宣誓に関する二つの事件に鮮烈に現れた．*Minersville School District v. Gobitis*（1940）は，国旗敬礼を拒否したために公立学校を退学させられたエホバの証人の子供二人に関わるものであった．その親は，国旗敬礼が自分たちの宗教的信条を侵害すると主張した．フランクファーター（Felix Frankfurter）裁判官による法廷意見は，同じ共同体に属する市民たちのアイデンティティを涵養するために正当と認められる手段であるとして，当該法律を合憲とした．「自由な社会の究極的基礎は，人々を結束させるような感情がもたらす強い絆である．このような感情は，国民の伝統をまとめあげる作用をしうるすべての知的・精神的能力によって育まれる．そしてこの能力が，世代から世代へ国民の伝統を継承させ，それによって，文明を構成するものである"大事に守られてきた共通の生"というものの継続性を創出するのである」．連邦憲法は，「究極的に，市民的ないし宗教的自由が存在するために必要不可欠であるところのこの〔人々を結びつける〕感情を喚起することを」州及び学校区に禁止していると解されるべきではなく，また「愛国心の下に人々を結び付けるほとんど無意識的感情を教え込むこと」を州及び学校区に禁止していると解されるべきでもない[87]．法廷意見に反対したのはストーン裁判官のみであった．

3年後の *West Virginia State Board of Education v. Barnette* で，最高裁は方向を転換し，強制的な国旗敬礼を違憲無効とした．ジャクソン（Robert H. Jakson）裁判官による法廷意見は，連邦憲法がすでに体現していたリベラルな政治理論を雄弁に述べるものであった．「権利章典の真の目的は，いくつかの問題を変化の激しい政治的論争から隔離して，国民の多数派や官僚の手の届かぬ

---

[87] *Minersville School District v. Gobitis*, 310 U. S. 586 (1940).

ところに置き，裁判所が適用すべき法的原理としてそれらを樹立することにあった．生命・自由及び財産，自由な言論，自由な出版，礼拝及び集会の自由といったものへの権利，そしてその他の基本的諸権利は，投票に服せしめられてはならないのである．すなわち，それらはいかなる選挙結果にも左右されてはならないのだ」[88].

権利章典は，基本的諸自由を多数派の手の届かないところにおいただけではなかった（これが正の優先性の第一の意味である）．これらの権利の基礎には，"連邦憲法は諸目的に対して中立的であり，政府は善き生についての特定の考え方を押しつけてはならない（これが正の優先性の第二の意味である）"という考えがあった．「無償の公教育は，それが世俗的教育及び政治的中立性という理想に忠実であるならば，いかなる階層，信条，政党もしくは派閥にとっても，同志にもならないし敵にもならないであろう……．私たちの憲法が誇るあまたの輝かしい諸原理の中で，もし何らかの不変の導きの星があるとすれば，それは，"官位の高低を問わずいかなる官吏も，政治，愛国心，宗教またはその他見解に関わることにおいて，正統とは何かを規定することはできない"ということである……」[89].

強制的国旗敬礼によらないとしたら，州は，どのようにして市民の共同体帰属意識を涵養することができるのだろうか．この答えは，ブラック及びダグラス両裁判官の補足意見で示された．彼らは，*Gobitis* 判決以降，考えを変えていた．愛国主義的行動は選択の問題であって教化するものではなく，自由で独立した人格による自発的行為である．共同体帰属意識は，正義の感覚から生じるのであって，その逆ではない．「祖国への愛は，憲法上の明示的な禁止の枠内で，選挙によって選ばれた人民の代表が制定した，賢明な法の公正な執行によって鼓舞されて，自発的な心と自由な精神から湧き出てこなければいけない」[90].

West Virginia v.Barnette とともに，手続き的共和国が到来していたのである．

---

[88] *West Virginia State Board of Education v. Barnette*, 319 U. S. 624, 638（1943）.
[89] Ibid. at 642.
[90] Ibid. at 644.

第3章　宗教的自由と言論の自由

　第二次世界大戦後，連邦最高裁は政府の侵害に対する個人の諸権利の保護を，その主要な役割としていった．連邦最高裁はますます，政府は善き生の問題に関して中立的であるべきだという要請にしたがってこれらの諸権利を定義するようになり，そして，選択に先行する道徳的紐帯を負っていない，自由で独立した自己としての人格を尊重することに不可欠なものとして，中立性を擁護するようになった．こうして現代の連邦最高裁は，手続き的共和国の公共哲学に明瞭な表現を与えているのである．そのような連邦最高裁の姿勢の下で，アメリカ憲法は正の善に対する優先性を具現するようになった．私たちの憲法的実践におけるこのリベラリズムの影響は，宗教と言論の領域にはっきり見出すことができる．そしてこの二つの領域は，リベラリズムが直面する困難をも明らかにする．

宗教に対する中立性の探求

　政府の中立性の原理が，最初に一貫して適用されたのは，宗教に関する事件においてであった．連邦最高裁は繰り返し，「人と宗教との関係において，州は中立の立場を堅持する」[1] と判示してきた．「私たちの民主政における政府は，州であれ連邦であれ，宗教的な理論，教義，および実践に関して中立的でなければならない……．第1修正は政府の採るべき立場として，諸宗教間での中立性，および宗教と非宗教の間での中立性を要求している」[2]．「厳格で高遠な中立性」[3]，「健全な中立性」[4]，あるいは「慈悲深い中立性」[5]，このいずれの表現

1　*Abington Township School District v. Schempp*, 374 U. S. 203, 226（1963）.
2　*Epperson v. Arkansas*, 393 U. S. 97, 104-104（1968）.
3　*Everson v. Board of Education of Ewing Township*, 330 U. S. 1, 24（1947），ジャクソン裁

であろうともとにかく,「政府は,宗教に対して完全に中立の立場を堅持しなければならない」[6] との原理は,アメリカ憲法において十分に確立している.

リベラルの政治思想においては,宗教が,善についての論争的な考え方を棚上げする範型的な事例となった[7]. 連邦最高裁は,「教会と国家との分離の壁」[8]というジェファソンの比喩を援用して,宗教を棚上げするという断固とした姿勢を表明してきた.「法の準則は,比喩的表現から引き出されるべきではない」[9] という不満も出されてきたが,多くの者はその壁を,憲法上棚上げされたものの一つである宗教が,その制約を突破して,国家と関わるのを防ごうとする決意の象徴として見ている.「今日はせせらぎにしか過ぎないような中立性への違反であっても,あっという間に激しい奔流になるかもしれない」から[10],「教会と国家との間の壁は……高く難攻不落なものとされ続けなければならないのである」[11].

"政府は宗教に関して中立的であるべきだ"という要請は,馴染み深いものではあるが,長年の憲法原理ではなく,ここ半世紀に発展してきたものにすぎない. 1947年になって初めて,連邦最高裁は"政府は宗教に対して中立的でなければならない"と判示したのである[12]. もちろん,宗教的自由というアメリカの伝統はそれより前に遡る. 連邦憲法は,連邦の公職就任の要件としての宗教的審査を禁止し(第6編),第1修正の冒頭では,「連邦議会は,国教を定め,または自由な宗教活動を禁止する法律を制定してはならない」と宣言して

判官による反対意見.

4 *Abington*, 374 U. S. at 221.

5 *Walz v. Tax Commission of the City of New York*, 397 U. S. 664, 669 (1970).

6 *Wallace v. Jaffree*, 472 U. S. 38, 60 (1985).

7 例えば,以下を参照せよ. John Locke, *A Letter concerning Toleration* (1689), ed. James H. Tully (Indianapolis: Hackett, 1983)(平野耿訳『寛容についての書簡』朝日出版社,1971年); John Rawls, "Justice as Fairness: Political not Metaphysical," *Philosophy & Public Affairs*, 14 (Summer 1985), p. 249.

8 *Everson*, 330 U. S. at 16. この引用は,以下に所収の1802年1月1日付けのコネチカット州ダンベリのバプティスト派の信者達に宛てたジェファソンの手紙からのものである. *Jefferson Writings*, ed. Merrill D. Peterson (New York: Library of America, 1984), p.510.

9 *McCollum v. Board of Education*, 333 U. S. 203, 247 (1948), リード裁判官による反対意見.

10 *Abington*, 374 U. S. at 203.

11 *McCollum*, 333 U. S. at 203.

12 *Everson*, 330 U. S. 1 (1947).

いる.しかし権利章典は州に適用されなかったのであり,その採択当時,13州中6州は公定教会を維持していた[13].第1修正は,そのような制度を禁じるどころか,連邦の干渉から州の公定教会を守ることも目的としていたのである[14].

諸州の中で,教会と国家との分離を求める最も波乱に富んだ闘争は,ヴァージニア州で起きたのであり,その中心人物はジェファソンとマディソンであった.1776年,ヴァージニア州議会は英国国教会派を公定教会とすることをやめたが,「一般課税」すなわち宗教支援のための課税の可能性は残しておいた.ジェファソンは教会と国家との完全な分離を主張し,「宗教的自由を確立するための法案」(1779年)を提出して,「何人も,いかなる宗教的な礼拝,場所,あるいは聖職者に対しても,支援をしたり,足しげく通うことを強制されてはならない」[15]という規定を提案した.

結論の出ない討論が数年続いた後,パトリック・ヘンリーは「キリスト教の教師」を支援するための一般課税法案を提出した.ヘンリーの提案では,各納税者は自分の支払う税金を,キリスト教のどの宗派が受け取るかを指定することができた.ヘンリーは,キリスト教の知識の普及が「人々の道徳を矯正し,彼らの悪徳を抑制し,社会の平和を維持するのに役立つであろう」という,非宗派的な理由によってこの法案を擁護した.マディソンは反対の論陣を張り,『宗教的課税に反対する請願及び抗議 (Memorial and Remonstrance against Religious Assessment)』(1785年)という小冊子を著した.それによって世論は,法案反対の方向に向かった.マディソンは一般課税を廃案に持ち込んだ後,教会と国家との分離を保障するジェファソンの法案の通過に成功した[16].

---

13 ヨーロッパの公定宗教制と異なり,アメリカの場合は,少なくとも独立革命後は,排他的な一宗派の公定というよりむしろ複数宗派の公定であり,2つ以上の宗派に対する公的援助を許していた.租税による公的援助を受ける資格のある宗教として,プロテスタント諸派を指定した州もあれば,キリスト教全般を指定した州もあった.以下を参照せよ.Leonard W. Levy, *The Establishment Clause* (New York: Macmillan, 1986), chap. 2.
14 以下を参照せよ.Mark DeWolfe Howe, *The Garden and the Wilderness* (Chicago: University of Chicago Press, 1965), chap. 1; Wilbur G. Katz, *Religion and American Constitutions* (Evanston, Ill.: Northwestern University Press, 1964), p. 9.
15 *Jefferson Writings*, p. 347.
16 以下を参照せよ.Leo Pfeffer, *Church, State, and Freedom*, rev. ed. (Boston: Beacon Press, 1967), pp. 108-111; 及び Levy, *The Establishment Clause*, pp. 51-61.

第3章　宗教的自由と言論の自由

　19世紀になってかなりたっても，公定教会を廃止しない州もあった．コネティカット州は1818年まで，マサチューセッツ州は1833年まで，宗教に対する公費援助を続けた．ニュージャージー州は1844年まで，完全な市民権をプロテスタント信者にしか認めず，メリーランド州は，連邦最高裁が1961年に違憲無効と判断するまで，キリスト教の神に対する信仰を，公職就任の条件として要求していた[17]．公定教会制度のない州においてさえ，19世紀の裁判所の中には，キリスト教をコモン・ローの一部であると判示したものもある．1811年のニューヨーク州の判決において，ケント（James Kent）裁判所長は，「私たちはキリスト教の民であり，この国の道徳は，キリスト教に深く根ざしている」として，瀆神罪についての有罪判決を是認した[18]．

　1845年に連邦最高裁は，州が宗教的自由を侵害するのを権利章典は妨げないということを確認した．「連邦憲法には，宗教的自由の享受に関して各州の市民を保護する規定は存在しない．それは州の憲法および法律に委ねられているのである」[19]．連邦憲法に関する限り，少なくとも第14修正の採択までは，公定教会を設けることや，「宗教裁判を復活させること」さえ州には許されていたのである[20]．

　第14修正の採択後でさえ，宗教に対する政府の中立性を貫こうとする試みには，困難がつきまとった．1876年にグラント大統領は，宗派系私学に対する公的助成にはっきりと反対を表明し，同じ共和党員のジェイムズ・G・ブレイン（James G. Blaine）が，その目的のための憲法修正案を連邦議会に提出した．「いかなる州も，宗教を公定し，または自由な宗教活動を禁止する法律を制定してはならない．そして州において公立学校の維持のために充てられる税収は，決していかなる宗教的分派・教派の管理下にもおかれてはならない」．その修正案が下院を通過したものの上院において否決されたのは，一つにはカトリック教徒の反対があったからであり，また一つには既存の憲法上の保護で十分であるとの信念があったからである[21]．

17　以下を参照せよ．Richard E. Morgan, *The Supreme Court and Religion* (New York: Free Press, 1972), pp. 30–31. メリーランド州の事件は，*Torcaso v. Watkins*, 367 U. S. 488 (1961) である．
18　Pfeffer, *Church, State, and Freedom*, p. 665 で引用されているケントの言葉．
19　*Permoli v. New Orleans*, 44 U. S. 589, 609 (1845).
20　Levy, *The Establishment Clause*, p.122.
21　Anson Phelps stokes and Leo Pfeffer, *Church and State in the United States*, rev. ed.

2年後に連邦最高裁は，モルモン教徒が宗教的義務とみなす慣行である一夫多妻制を禁止する連邦法を合憲とした．Reynolds v. United States (1878) において，その連邦法の下で有罪判決を受けた或るモルモン教徒は，"第1修正で保障されている自分の宗教活動の自由がその法によって否定された"と訴えた．連邦最高裁は，マディソンの『請願及び抗議』とジェファソンの「分離の壁」を引用した後，それでもなお有罪判決を支持して，"第1修正は宗教的信条を保護するが，宗教的行為は保護しない"と論じた．連邦最高裁は，西洋諸国の間で「一夫多妻制は常に憎悪を生じさせるものであった」と述べ，一夫多妻制は一夫一婦制ほど民主的統治に資するものではないと付言した[22]．

　1940年代になって初めて連邦最高裁は，第1修正の宗教条項を州に適用し，教会と国家との分離を憲法原理と宣言した．Cantwell v. Connecticut (1940) において最高裁は，〔連邦議会を規制対象とする〕権利章典〔の冒頭に置かれた第1修正〕の国教樹立禁止条項（establishment clause）と自由行使条項（free exercise clause）の両方が，〔州議会を規制対象とする〕第14修正〔の適正手続き条項（due process clause）〕に編入されるので，「州議会は連邦議会と同様，そのような法律を制定することを認められなくなる」と判示した[23]．Everson v. Board of Education of Ewing Township (1947) において最高裁は，国教樹立禁止条項を広く解し，初めてジェファソンの「教会と国家との分離の壁」を実際に実現したのである[24]．

　ブラック裁判官は法廷意見を書いて，政府の中立性原理を力強く表現した．「州政府も連邦政府も国教を樹立することはできない．どちらも，一つの宗教を援助したり，あらゆる宗教を援助したり，あるいは，ある宗教を他の宗教より優遇する法を制定することはできない．税金は額の多寡によらず，いかなる宗教的な活動や組織を支援するためにも賦課することはできない」．第1修正は「州に，宗教的信仰者の諸集団と非信仰者の諸集団との諸関係において，中立者たることを要請する」[25]．

　Everson 判決以来，宗教については盛んに憲法的議論がなされてきたが，政

　　(New York: Harper and Row, 1964), pp. 433-434; Pfeffer, *Church, State, and Freedom*, pp. 146-147; Morgan, *The Supreme Court and Religion*, pp.50-51.
22　*Reynolds v. United States*, 98 U. S. 145, 164 (1878).
23　*Cantwell v. Connecticut*, 310 U. S. 296, 303 (1940).
24　*Everson*, 330 U. S. at 16.
25　Ibid. at 15-16.

府は宗教に対して中立的でなければならないという原理については、めったに疑問が投げかけられることはなかった[26]. たいていの場合、裁判官たちの意見の不一致は、中立性の原理そのものではなく、その原理の適切な適用をめぐって顕在化した. 実際、Everson 判決におけるブラック裁判官の画期的な意見は、教区学校の生徒のバス通学に対する州の助成を合憲とする中で表明された. 法廷意見に反対した裁判官たちは、「完全かつ妥協なき分離」を強調する最高裁の姿勢を賞賛したが、それがその判決における結論と「全く調和していない」と考えた[27].

1963 年に最高裁は、公立学校での聖書朗読は宗教的な活動であり、それは「政府は厳格な中立性を維持し、宗教を援助も抑圧もしてはならない」という要請とは調和しない、と判決した. スチュアート (Potter Stewart) 裁判官は反対意見を述べたが、それは中立性の名においてであった.「もし学校が宗教に関して真に中立的であろうとするならば」宗教的活動の許可が必要であると彼は主張した.「宗教的活動を許可しないことは、従って州の中立性を実現するものとしてではなく、むしろ世俗主義という一つの宗教を公定するもの、あるいは少なくとも、宗教的活動は私的にのみ行われるべきであると考える人々の信念に対する政府の支持とみなされるのである」[28].

1968 年、最高裁は進化論教育を禁じるアーカンソー州法を違憲無効とした. フォータス (Abe Fortas) 裁判官は、「政府は、宗教的な理論、教義、及び実践に関して、中立的でなければならない」と判示した.「政府はいかなる宗教に対しても、敵対的であってはならない」. ブラック裁判官は同意意見において、その結論には賛成したが、果たして中立性原理からそのような結論が導かれるかどうかを疑った. もしダーウィン主義 (Darwinism) が、ある人々の宗教的確信と対立するならば、それを公立学校で教えることは到底中立的とは言い難い.「もしその理論が反宗教的とみなされるならば、どうして連邦憲法が、そ

---

26 最近の例外としては、以下におけるレンキスト裁判官の反対意見がある. *Wallace*, 472 U. S. at 91.
27 *Everson*, 330 U. S. at 19.
28 *Abington*, 374 U. S. at 225, 313. これとは対照的に、*Engel v. Vitale*, 370 U. S. 421 (1962) においてスチュアート裁判官は、中立性によってではなく、「アメリカ国民の宗教的伝統の歴史」と「わが国で非常に大切にされてきた揺るぎなき精神的伝統」に訴えることによって、学校での祈禱の合憲性を擁護した.

のような『反宗教的』教義を生徒に教え込むのを教師に許すようアーカンソー州に強制できるのか」[29].

　ブラック裁判官は，最高裁が単に，"進化論を反宗教的とみなす原理主義者は間違っている"という見解を取ることもできると指摘した．しかしそれは，最高裁が棚上げすることにしている論争において，最高裁が一方の側に立つことを意味するであろう．「進化論を反宗教的教義とみなす人々の見解を，最高裁が全く論外として斥ける覚悟をしていなければ」この問題は最高裁が考えているより困難である，とブラックは主張した．棚上げするためのより良い方法は，アーカンソー州がしたかもしれないように，論争的な主題を学校から完全に取り除くことであろう，と彼は示唆した．天地創造についての聖書の説明が代わりに教えられない以上，「進化論を教えないことは，これらの相互に対立しうる宗教的及び反宗教的教義に対して，アーカンソー州が中立的な立場をとっていることにならないだろうか」[30].

　中立性を希求する闘いは続き，1985年には，アラバマ州の学校において任意のお祈りをすることもできる沈黙の時間を規定した州法が，最高裁によって違憲無効と判断された．最高裁が判示したところによれば，その州法の目的は，学校にお祈りを復活させることであるから，その法は，「宗教に対して政府は完全に中立的な立場を貫かなければならないという確立した原理」に違反する．バーガー（Warren Burger）連邦最高裁長官は反対意見を述べ，その禁止は「宗教に対する中立性ではなく，敵対性を明らかに示すものだ」と主張した[31].

　宗教的色彩のある慣行との政府のかかわり合いを合憲とした判例においてさえ，最高裁は"宗教的側面は付随的でしかない"あるいは"そのかかわり合いは，宗教を是認，促進，あるいは優遇するものではない"と主張するのに骨を折ってきた．1961年の *McGowan v. Maryland* において，最高裁は日曜休業法を合憲としたが，それは，その法がもはや宗教的性格を留めていないとの理由

29　*Epperson*, 393 U. S. at 113.
30　Ibid. "中立性の適切な解釈とは何か" をめぐる議論は，*Edwards v. Aguillard*, 484 U. S. 578（1987）においても起こった．これは，公立学校において創造説（creationism）と進化論との「均衡のとれた取り扱い」を命じるルイジアナ州法をめぐる事件であった．
31　*Wallace*, 472 U. S. at 60, 85. レンキスト裁判官はその個別反対意見において，"国教樹立禁止条項は，宗教と非宗教との間で中立的であることを政府に要求する" という *Everson* 判決以来受容されてきた前提に異議を唱えた．Ibid. at 99.

によるものであった．"日曜日に仕事や商業活動を禁止する法は，その宗教的起源にもかかわらず，今や休養，快活さ，休息，楽しみ……といった雰囲気を日曜日にもたらすという世俗的目的に仕える"とウォーレン連邦最高裁長官 (Chief Justice Warren) は判示した．日曜日の雰囲気は，宗教的なものというよりむしろ休養の雰囲気なのである[32]．

1984年バーガー・コート〔Burger Courtとはバーガー長官率いる連邦最高裁を指す〕は，同様の理由で，クレシュ（crèche）〔キリスト降誕の情景を幼いイエス，マリア，ヨセフ，天使，羊飼い，王たち，動物たちの像を配置して描写するもの〕を含む，市後援のクリスマスの展示を合憲とした．連邦最高裁は，クリスマスという祝日を祝い，その起源を描くことがその展示の目的であると判示した．「これらは正統な世俗的目的である」．それが宗教にもたらすいかなる利益も，「間接的，遠因的，付随的」であった．クレシュの展示は，公営の美術館での宗教画の展示と同様に，宗教の促進や承認にはならなかった[33]．

両事件において反対意見は，"合憲と結論された慣行の宗教的特質が，法廷意見によって真摯に受け止められていない"と批判した．「何と言おうと，日曜休業法の起源は，〔モーゼの十戒の中の〕第四戒である」とダグラス（William O. Douglas）裁判官は書いた．「日曜休業法は，私たちのキリスト教的共同体の性向にかない，そしてそれを満足させるのである」[34]．ブラックマン（Harry A. Blackmun）裁判官は，クレシュの事件において反対意見を書き，多数意見は「クレシュおよびそれが明らかにするメッセージを正当に扱わなかった」と不満を述べた．最高裁のやり方では，「商業目的にとっては有用であるが，本来の意味合いがまったく欠如して，クレシュがその中核的部分を占めている展示の宗教的趣旨を促進することができないような，単なるクリスマス休暇の中立的な前触れがクレシュの役割になってしまっている．これは，神聖な象徴の誤用以外の何ものでもない」[35]．

---

32 *McGowan v. Maryland*, 366 U. S. 420, 448 (1961).
33 *Lynch v. Donnelly*, 465 U. S. 668, 681, 683 (1984). *Marsh v. Chambers*, 463 U. S. 783 (1983) において連邦最高裁は，州の公費で雇われたチャプレン〔議会付き牧師〕が，毎日議会の開会を祈禱によって行うというネブラスカ州議会の慣行を，その長い歴史を引いて合憲とした．ブレナン裁判官は反対意見の中で，その判決を，国教樹立禁止条項の判例法理に僅かながらも例外を作ってしまったものと解釈した．
34 *McGowan*, 366 U. S. at 572–573.
35 *Lynch*, 465 U. S. at 727.

宗教に対する中立性の正当化

　最高裁はいくつかの対立する方法で中立性原理を適用してきたが，それを評価するためには中立性を要求する理由を考えることが必要である．何が中立性とみなされるかは，ある程度，何が中立性を正当化するかにかかっているのであり，最高裁は，"政府は宗教に対して中立的であるべきだ"との主張を二つの異なる方法で正当化してきた．第一の正当化は，一方で宗教の利益を，他方で国家の利益を保護することに関係している．「"宗教と政府の両者とも，各々が各自の領域内で，他方から干渉をうけることがない状態におかれるならば，それぞれの崇高な目的を最もうまく達成することができる"という前提に，第1修正は依拠している」[36]．「私たちはこの国の存在自体を，"国家と宗教との完全な分離が，国家にとって最善であり宗教にとっても最善である"という事実に基づかせてきた」[37]．「長い目で見れば，中立性原理の堅持は，教会と国家両者の各々の領域における独立に，より寄与することになろう」[38]．

　分離によりもたらされる宗教的利益とは，世俗的権威に依存することから生じる腐敗の回避である．ジェファソンは教会と国家との「分離の壁」を世俗的な論拠によって主張したが，その1世紀半前にロジャー・ウィリアムズ (Roger Williams) は，神学的な論拠でその比喩を用いた．「彼らが教会の楽園と俗世の荒野とを分離する生垣ないし壁に穴を開けたとき，神は壁それ自体を壊し，燭台を取り去り，ご自身の楽園を今日のような荒野にした」と彼は書いた[39]．

　最高裁が分離を論じる際には，神学的議論を援用することはあまりなく，他の議論と組み合わせて論じることが多かった．例えば学校でのお祈りを違憲無効とした際，ブラック裁判官は国教樹立禁止条項について，それが「政府と宗教の結合は政府を破壊し，宗教を堕落させる傾向があるという信念に依拠している」と主張した．国教の歴史は，「布教のために政府の支援を仰いできた宗教はいずれも，人々からの尊敬を失ったということを示している．制憲者たち

---

[36] *McCollum*, 330 U. S. at 212.
[37] *Everson*, 330 U. S. at 59. ラトリッジ裁判官による反対意見．
[38] *Abington*, 374 U. S. at 245. ブレナン裁判官による同意意見．
[39] Roger Williams は，Howe, *The Garden and the Wilderness*, pp. 6–7 で引用されている．

は国教樹立禁止条項によって，世俗の権力による宗教の「いかがわしい利用」を回避しようと努めた[40]．そしてブレナン（William J. Brennan）裁判官は，"分離が非信仰者のために重要なだけではなくて，「政府とあまりに深く関わりあい，政府に依存するようになる信条が世俗化することを恐れる敬虔な信仰者」のためにも重要である"ことを強調したのである[41]．

　分離によりもたらされる政治的利益は，教会と国家とのかかわり合いに歴史上伴ってきた世俗的な抗争を回避することにある．宗教に公金を提供することは，「宗派間の争いをもたらす……公金の要求をめぐる宗派間の対立に不可避な争いにおいて，国家が中立性を維持し党派性を回避しうるのは，分離の要求を厳格に遵守することによってのみである」[42]．フランクファーター裁判官は，公立学校が宗教教育のための「解放時間」（released time）プログラムにかかわり合うことに反対して，「公立学校は宗派間の争いに巻き込まれるのを慎重に避けなければならない」と書いた[43]．類似の事件においてブラック裁判官は，分離によって回避しようとする宗派間の争いの危険性を鮮明に思い出させた．「植民地の歴史が既に示してきたように，ここでも他の場所と同じように，自分たちの主義主張を実現するための政治権力を握っている熱心な教徒たちは，自分たちが『異端者』や『無神論者』や『不可知論者』という烙印を押した者たちを，拷問し，手足を切断し，殺害することがある」[44]．

　中立性は宗教と国家の両者にとって最善であるとの議論と並んで存在するのが，個人の自由の名の下に展開される議論である．この正当化によれば，国家が中立的でなければならないのは，宗教を汚し宗派間の争いを惹起するのを避けるためだけでなく，強制の危険を回避するためでもある．この議論は，18世紀における良心の自由に対する配慮に遡るのであり，現代では自らのために自己の宗教的確信を選択する人格の自由に対する尊重を強調する形態をとる．このように，それは中立性の主張を，人格についてのリベラルな考え方と関連づけるのである．

　宗教的自由についてのこの議論は，宗教条項の〔第14修正への〕組込み（incor-

40　*Engel*, 370 U. S. at 432.
41　*Abington*, 374 U. S. at 259 の同意意見.
42　*Everson*, 330 U. S. at 53, 59. ラトリッジ裁判官による反対意見.
43　*McCollum*, 333 U. S. at 216–217.
44　*Zorach v. Clauson*, 343 U. S. 306, 319（1952）．ブラック裁判官による反対意見.

poration) を表明した Cantwell 判決において初めて，その現代的すなわち主意主義的 (voluntarist) 形態をとって現われる．「良心の自由，そして自らが選択した宗教組織や礼拝形式を墨守する自由は，法により制限されてはならない」．第1修正は「自らが選んだ形態で宗教的活動を行う自由を保護する」[45]．連邦最高裁は，公立学校における聖書朗読を禁じる際，「国家からのいかなる強制もなく」，宗教に関して「自分自身のやり方を自由に選択することができる権利が万人に認められる」ということの中に，中立性の正当化を見出した．スチュアート裁判官は結論に反対したが，個人の選択を尊重するために，すなわち「国家の側で私的選択の価値を評価することを拒否する」ために，中立性が要求されるのだという見解は支持した[46]．

現代の論者たちは，中立性についての主意主義的な議論を，教会と国家との分離の主要な論拠としてきた．「〔国教樹立禁止条項と自由行使条項とからなる〕宗教条項の基礎にある基本的原理は，宗教に関する個人の選択を，選択の内容のいかんにかかわらず保護することである」[47]．「国教樹立禁止の基本的な価値とは，中立性それ自体ではなく，宗教的選択の自由であるから，中立性という道具は，それが宗教的選択を促進する限りにおいてのみ有用である」[48]．「国教樹立禁止条項を道徳的に基礎づけるものは」様々な宗教的信条自体に対する平等な尊重ではなく，「そのような観念を形成し変更する過程に対する平等な尊重」である[49]．

1980年代及び1990年代までに，宗教判例において問題となっていると考えられた選択の自由は，自分の宗教的信条を表現する礼拝形式を選択する権利だけでなく，宗教的信条それ自体を選択する権利にもなっていた．市の後援により，クリスマスツリーと共に〔ユダヤ教のハヌカー祭の〕飾り燭台 (menorah) を

---

45 *Cantwell*, 310 U. S. at 303.
46 *Abington*, 374 U. S. at 222, 317. クラーク裁判官による法廷意見，スチュアート裁判官による反対意見．
47 Gail Merel, "The Protection of Individual Choice: A Consistent Understanding of Religion under the First Amendment," *University of Chicago Law Review*, 45 (1978), p. 806.
48 Alan Schwarz, "No Imposition of Religion: The Establishment Clause Value," *Yale Law Journal*, 77 (1968), p. 728.
49 David A. J. Richards, *Toleration and the Constitution* (New York: Oxford University Press, 1986), p. 140.

展示した事件において，オコナー（Sandra Day O'Connor）裁判官は，その展示の合憲性を支持したが，それは，その展示が宗教を是認したのではなく，「多元主義，及び自分自身の信条を選択する自由，というメッセージを伝える」からという理由によるものであった[50]。公立学校の卒業式で聖職者が先唱するお祈りを禁じた事件において，ブラックマン裁判官は，「ほんのわずかな圧力でさえ，何を信じるべきかを自発的に選択する各人の権利を縮減してしまう」と同意意見で書いた[51]．

おそらく主意主義的な宗教的自由観が最もはっきりと表れているのは，公立学校での任意のお祈りのための沈黙の時間を定めたアラバマ州法について，違憲無効の判断を下した1985年判決における，スティーブンズ（John Paul Stevens）裁判官の法廷意見である．「自分自身の信条を選択する個人の自由は，多数派により公定された宗教を受けいれない権利に対応するものである」とスティーブンズは書いた．「第1修正が保障する個人の良心の自由には，宗教的信仰としていかなるものをも選択する権利，あるいはそのような選択を一切行わない権利が含まれるということを，最高裁は明確に結論づけてきた．この結論は，個人の良心の自由を尊重することに存する利益からばかりでなく，"尊重に値する宗教的信念は，信者による自由かつ自発的な選択の所産である"という確信からも支持されるものである」[52]．

スティーブンズの法廷意見は，中立性の主意主義的な正当化と，人格についてのリベラルな考え方との結びつきを示している．それによれば，政府が宗教に対して中立的であるべきなのは，自らのために宗教的確信を選択できる自由で独立した自己として，個人を尊重するためである．この中立性が命じる尊重は，厳密に言えば，宗教に対する尊重ではなく，その宗教の信者である自己に対する尊重，すなわち自分の宗教を自由に選択しうる能力の中に見出される尊厳に対する尊重なのである．宗教的信条が「尊重に値する」のは，それがどのような信条かによってではなく，むしろ「自由かつ自発的な選択の所産」であることによって，すなわち選択に先行する確信によって負荷を負わされていない自己の信条であることによってなのである．

50　*Allegheny County v. ACLU*, 492 U. S. 573, 634（1989）．
51　*Lee v. Weisman*, 112 S. Ct. 2649, 2665（1992）．
52　*Wallace*, 472 U. S. at 52-53（強調は引用者）．

連邦最高裁は，少なくとも宗教に関する限り，中立性の主意主義的観念を援用することによって，善に先行する正，そして諸目的に先行する自己を内実とするようなリベラリズムに，憲法的表現を与えている．私たちは今や，その理論がもたらす可能性と問題の両方が，その理論に導かれた実践において，いかなる現れ方をしているかを見るべき時である．

中立性についての主意主義的主張は，人格に対する尊重を強調するので，宗教的自由にとって確かな基礎を保障するように思われる．教会と国家との分離についてのロジャー・ウィリアムズの主張と異なり，それは特定の宗教的教義に依拠するものではない．そして分離を求める政治的主張と異なり，それは宗教的自由を，市民の争いを回避する最善の方法についての不確かな予測に委ねることもない．現在の諸条件の下では，そのような予測は，教会と国家との分離を支持するかどうかわからない．パウエル (Lewis Powell) 裁判官が述べたように，「宗教・宗派間の違いに沿った深い政治的分断」の危険は，今では「遠いもの」となっている[53]．私たちは，政教分離の主張をそれほど差し迫ったものにしたところの宗教戦争に，今まさに直面して生きているわけではない．宗派間の争いを回避することの重要性を認めるとしても，教会と国家とを厳格に分離すれば，それが防ぐよりも多くの争いを惹起することがあるかもしれない．例えば，1960年代初期の学校でのお祈りに関する諸判決は，その後30年間にわたって持続した政治的論争の嵐のきっかけとなった[54]．社会的対立の回避を何よりも重視したのなら，連邦最高裁は，それらの事件を別の方法で解決したかもしれないということは十分考えられる．

それとは対照的に，中立性についての主意主義的な主張は，宗教的自由をそのような偶然性にかからしめない．人格に対する尊重という観念を肯定して，それは良心の自由という理想を呼び戻す．それは自分の信条を選択する個人の権利を強調することによって，宗教を超えた，「プライバシー及び人格の権利」

---

[53] *Wolman v. Walter*, 433 U. S. 229, 263 (1977). パウエル裁判官による一部同意，一部反対意見．また以下におけるバーガー長官の反対意見も参照せよ．*Meek v. Pittenger*, 421 U. S. 349 (1975).

[54] 以下を参照せよ．President Ronald Reagan, "State of the Union Address," January 27, 1987, in *Public Papers of the Presidents of the United States: Ronald Reagan*, 1987 (Washington, D. C.: U. S. Government Printing Office, 1989), vol. 1, p. 59. 一般的なものとしては，以下を参照．Richard E. Morgan, *The Politics of Religious Conflict* (Washington, D. C.: University Press of America, 1980).

を含む自律権一般というより広い視点を指向している[55]．その主意主義的な主張はこのように，善に対する正の優位とそれに伴う自己像というリベラルの主張の具体例として，宗教的自由を位置づけるのである．"各自の宗教的確信に先行して規定された自己"として人格を尊重することは，"各自の目的や愛着に先行して規定された自己"に対する尊重という一般的な原理の具体例となるのである．

　しかし私たちが見てきたように，"負荷なき自己"像は，その魅力にもかかわらず，それが約束する自由の保障にとっては不十分である．宗教の場合，人格についてのリベラルな考え方をもってしては，自ら選択したわけではない宗教的責務を果たさざるをえないと考えている者に対し，連邦最高裁は宗教的自由を十分に保障することができないのである．あらゆる宗教的信条が，「信者による，自由かつ自発的な選択の所産」と完全に言い換えられるわけではないのである．

良心の自由　対　選択の自由

　この難題を理解するためには，宗教的自由についての主意主義的な説明と，伝統的に観念された良心の自由とを対比すればよい．マディソンとジェファソンにとって良心の自由とは，民事的な制裁や法的無能力化 (civil penalties or incapacities) を被ることなく，宗教的自由——礼拝するかしないか，教会を支援するかしないか，信仰を表明するか不信仰を表明するか——を行使する自由を意味した．それは自分の信念を選択する権利とはまったく関係がなかった．マディソンの『請願及び抗議』は，教会と国家との分離を主張する 15 の議論から構成されているが，その中に「自律」や「選択」について言及したものは一つもない[56]．ジェファソンの「宗教的自由を確立するための法案」において言及された唯一の"選択"は，人間ではなく，神によるものである[57]．

55　Laurence Tribe, *American Constitutional Law* (Mineola, N. Y.: Foundation Press, 1978), p. 885.

56　James Madison, *Memorial and Remonstrance against Religious Assessments* (1785), in Marvin Meyers, ed., *The Mind of the Founder*, rev. ed. (Hanover, N.H.: University Press of New England, 1981), pp. 6–13.

57　1779 年にジェファソンは，「神は全能の力をもってそうすることができるにもかかわら

マディソンとジェファソンは宗教的自由を，良心の命令に従って宗教的義務を遂行する権利として理解したのであり，宗教的信条を選択する権利として理解したのではない．実際，彼らの宗教的自由についての議論は，"信仰は選択の問題ではない"ということを大前提としている．ジェファソンの法案の最初の文章は，この前提を明確に述べている．「人の考えや信仰というものは，彼ら自身の意思に基づくものではなく，彼らの知性が受け止めた天からの証 (the evidence) に従っているにすぎないものなのだ」[58]．私は真であると自分が納得するものしか信じることはできないから，信仰は強制によって強いることができるようなものではない．強制すれば人は信者を装うだろうが，本当にその信仰を持つようになるわけではない．この前提については，ジェファソンはジョン・ロックの見解をそのまま再現したものといえる．すなわち，ロックは『寛容についての書簡』(1689) において，次のように書いているのである．「人間の能力を超えたことを法で命じるべきだというのは不条理である．そして，何を真と信ずるかは私たちの意思とは無関係である」[59]．

　信仰は意思によって左右されないという，まさにその理由で，良心の自由は不可譲なのである．たとえ望んでも，人は良心の自由を放棄できないであろう．これが，マディソンの『請願及び抗議』における議論であった．「各人の宗教は，各人の確信と良心にゆだねられなければならない．そして，これら確信と良心が命じるように宗教を信仰することは，各人の権利である．この権利はその本性上，不可譲の権利である．それが不可譲であるのは，人間の考えが，自らの知性をもって熟考した天からの証のみに依拠しているため，他者の命令に従うことができないからである．それが不可譲であるのはまた，今ここで人間に対しては権利とされているものは，創造主に対しては義務だからである」[60]．

　奇妙なことだが，スティーヴンズ裁判官は主意主義的な見解を支持する文脈の中で，マディソンのこの一節を引用した．しかし良心の自由と選択の自由と

　　ず」強制によって宗教を「広めようとはせず」，「理性のみに感化を与えることによってそれを広めることを選んだのだ」と主張した．*Jefferson Writings*, p. 346.

58　Ibid.

59　Locke, *Letter concerning Toleration*, p. 46. ジェファソンの議論はまた，18世紀の哲学者トマス・ハチソンの影響を反映していたかもしれない．信仰についてのハチソンの説明は，以下において論じられている．Morton White, *The Philosophy of American Revolution* (New York: Oxford University Press, 1978), pp. 195–202.

60　Madison, *Memorial and Remonstrance*, p. 7.

は，同じではない．良心は命令し，選択は決定する．良心の自由が焦点になる場合，そこで問題となる権利は，義務を遂行することであり，選択をすることではない．これがマディソンとジェファソンにとっての議論の核心であった．宗教的自由は，市民的義務と対立しうる場合においてすら，宗教的義務を放棄することができないという，負荷ありし自己の問題を扱うものであった．

　宗教的自由についての主意主義的な正当化に異議を唱えることは，必ずしも"人々は決して自分の宗教的信仰を選択するわけではない"というロックの見解に与することを意味することにはならない．それは単に，主意主義的な見解が主張すること，すなわち"尊重に値する宗教的信仰は自由かつ自発的な選択の所産である"ということに反論することである．宗教的信仰を尊重に値するものとするのは，その会得の方法——選択，啓示，説得あるいは習慣化——ではなく，善き生においてそれが占める位置，あるいは政治的観点からすれば，それが有する"善き市民が身につけるべき習慣及び性質を促進する"傾向である[61]．宗教的自由を支持する議論が，宗教に対する尊重に基づいているのなら，"一般的に言って，宗教的な信念と行動は，特別な憲法上の保護を保障されるに相応しい道徳的あるいは公民的な重要性を有している"ということが前提されなければならない．

　しかし手続き的リベラリズムにおいては，宗教的自由の保障を要請する論拠は，宗教の道徳的な重要性にではなく，個人の自律の保護の必要性にある．政府が宗教に対して中立的であるべきなのは，政府が一般的に善き生についての競合する様々な考え方に対して中立的であるべきなのと同じ理由による．すなわち自らの価値及び目的を選択する，人々の能力の尊重ということである．しかし，個人を解放するようなその約束にもかかわらず，あるいはむしろその故に，より広範なこの使命によっては，"宗教が自律の表現ではなく，選択と無関係な確信の問題である"という人々の主張は十分に評価されえない．宗教を一つのライフ・スタイル，つまり独立した自己がもちうる諸価値の一つとして保護することは，"自分にとって宗教的義務の遵守が人生の構成的目的である．すなわち宗教的義務の遵守が自らの善にとって本質的で，自らのアイデンティ

---

[61] もちろん宗教の公民的帰結は，政治的な環境や特定の宗教によって大きく変わる．19世紀アメリカにおける，宗教の公民的帰結に関する好意的な説明については，以下を参照せよ．Alexis de Tocqueville, *Democracy in America* (1835), trans. Henry Reeve, ed. Phillips Bradley (New York: Alfred A. Knopf, 1945), vol. 1, pp. 299–314.

ティにとって不可欠である"と考える人々の生において宗教が果たしている役割を的確に摑めていないきらいがある．このように，人間自身が「自ら有効な主張を生み出す源」[62]であると考えると，自分自身以外のものに由来する義務によって拘束されている人々は十分に尊重されないことになる．

　Thornton v. Caldor, Inc（1985）は，主意主義的な仮定が，いかに負荷ありし自己の宗教的自由を憲法的保護の外に追いやってしまうかを示している．連邦最高裁は8対1の判決で，安息日に働かない権利を安息日厳守主義者に保障しているコネティカット州法を違憲無効とした[63]．その法はすべての労働者に，毎週1日休暇をとる権利を賦与していたが，安息日厳守主義者にだけは休日を自由に指定する権利を与えていた．この中立性の欠如に，連邦最高裁は憲法的弱点を見出したのである．

　バーガー最高裁長官による法廷意見は，安息日厳守主義者が概して「広く休日として重んじられている」週末の1日を選択するものであることを指摘した．しかし「週末の1日を休日にしたい他の被用者たちは，その希望理由がいかに強く正当なものであっても，それが非宗教的理由であるからということで，その法の下では何の権利も認められていない」．彼らは「安息日厳守主義者の下位に甘んじなければならない」．オコナー裁判官の同意意見でも，この懸念が述べられている．「すべての被用者は，その宗教的志向にかかわらず，その法が安息日厳守主義者に賦与している恩恵，つまり1週間の中で働かない日を自由に決める権利をありがたく思うであろう」[64]．

　しかしこの異議は，義務を遂行する権利と選択を行う権利とを混同している．安息日厳守主義者である以上，1週間の中でどの日を休日とするかを自分で決めているわけがない．彼らは自分の宗教が要求する日を休日とするのである．その法が付与する利益は，休日を選択する権利ではなく，安息日遵守の義務を果たすことができる唯一の日にその義務を遂行する権利なのである．

　日曜休業法を合憲としたかつての諸判決を考え合わせると，*Thornton v. Caldor* から奇妙な憲法的結論が引き出されることになる．すなわち安息日が遵守できるよう便宜をはかることを目的としない限り，州はキリスト教の安息日で

62　この表現は John Rawls, "Kantian Constructivism in Moral Theory," *Journal of Philosophy*, 77（September 1980), p. 543 からのものである．
63　*Thornton v. Caldor, Inc.*, 474 U. S. 703（1985）．
64　Ibid., Burger at 710, O'Connor at 711.

ある日曜日に休むようすべての人に要求しうる．しかし州は安息日厳守主義者に対して，1週間の中で自分の宗教が要求する安息日を休日とする権利を賦与することはできない．この結果は，宗教的自由を尊重する見地からすれば，道理に反するように思われるかもしれないが，自分自身を負荷なき自己とみなせば憲法上どのような結論がもたらされるかをよく示すものといえる．

連邦最高裁は負荷ありし自己の要求に，より大きな敬意を払うことがあった．安息日再臨派の信者が，安息日である土曜日に働くのを拒否したことを理由に解雇されたとき，規則では今できる仕事を受け入れるよう失業保険申請者に要求しているので，彼女は失業保険を拒否された．連邦最高裁は彼女を支持する判決を下し，州が労働者に，自分の宗教的確信と生計手段との間の選択を強制することはできないと判示した．連邦最高裁によれば，失業プログラム行政において安息日遵守を考慮するよう州に要求することは，中立性に違反して宗教を優先することにはならなかった．むしろそれは，「宗教的差異に直面しての，政府の中立性の責務」を果たしたにすぎない．少なくともこの場合，連邦憲法は宗教を全く顧慮しなかったのではなく，その宗教的規範の要請に敏感だったのである[65]．

良心的兵役拒否に関する事件において，連邦最高裁は連邦法を広く解釈して，有神論的信念の持ち主に兵役免除を制限することを拒否した．ここで問題になるテストは，「誠実で有意味な或る信念が，その持ち主の人生において，正統的な神への信仰が占めるのと同等の地位を占めるかどうか」である[66]．ここで重要なのは「伝統的な敬神」ではなく，政策選好のレベルを超えた良心の命令である[67]．連邦最高裁によれば，免除の核心は，放棄することができない道徳的義務により拘束されている人々が，道徳的義務か法のいずれかを侵さざるを

---

[65] *Sherbert v. Verner*, 374 U. S. 398, 409（1963）．3人の裁判官は，この判決が *Braunfeld v. Brown*, 336 U. S. 599（1961）と矛盾すると主張した．*Braunfeld* 判決において連邦最高裁は，正統派ユダヤ教徒の店主たちが，たとえ毎週1日ではなく2日仕事を休まなければならないということになっても，彼らを日曜休業法（Sunday blue laws）から免除することに同意しなかった．なお，*Sherbert* 判決と整合的な他の失業補償関連判決として，*Thomas v. Review Board of Indiana Employment Security Div.*, 450 U. S. 707（1981）と，*Hobbie v. Unemployment Appeals Comm'n of Florida*, 480 U. S. 136（1987）がある．

[66] *United States v. Seeger*, 380 U. S. 163, 166（1965）．

[67] *Gillette v. United States*, 401 U. S. 437, 454（1971）．合わせて，以下も参照せよ．*Welsh v. United States*, 398 U. S. 333（1970）．

得なくなるのを防ぐことである．この目的は，個人が自由に選択できない良心の命令によって苦境に立つことに対して，マディソンとジェファソンが有していた懸念と矛盾しない．連邦最高裁が書いたように，「誠実な良心的兵役拒否者にとって苦痛に満ちたディレンマが生じるのは，まさに彼が自分の信念ないし帰属関係を危うくしないよう，良心に被縛されていると感じるからである」[68]．

Wisconsin v. Yoder（1972）において連邦最高裁は，16歳まで就学を要求する州法があるにもかかわらず，保守的アーミッシュ（Old Order Amish）に対して，8学年を超えたら自分の子供を就学させないという権利を認めた．高等教育により，アーミッシュの子どもたちは，アーミッシュ共同体及び宗教的実践を支えているところの，隔絶した農業的生活様式に反する，世俗的で競争的な諸価値にさらされるであろう．連邦最高裁は，アーミッシュの主張は「単に個人の選好の問題ではなく」，彼らの生活様式を貫く「深い宗教的確信の問題である」ということを強調した．ウィスコンシン州の就学法は，「表面上は中立的」であるけれども，自由な宗教活動に不当に重荷を負わせ，その結果，「政府の中立性という憲法上の要請」を侵害したのである[69]．

連邦最高裁は，負荷ありし自己の要求に対して時折好意的配慮を示したが，それは正統派ユダヤ教徒であるゴールドマン（Simcha Goldman）大尉には及ばなかった．空軍は彼に，職場である診療所において勤務中にヤムルカ〔ユダヤ教徒の男子が主に儀式でかぶるお椀形の小帽子〕を着用することを禁止したのである．レンキスト（William H. Rehnquist）裁判官による法廷意見は，制服が重要であるとの「軍当局の専門的判断」を司法は尊重すべきだとして，空軍の主張を支持した．軍の判断を尊重した先例として彼が引用したものはすべて，宗教的義務あるいは良心の命令以外の利益に関するものであった．「兵役の本質は，『軍の任務の必要性に対して，個人の欲求および利益を従属させることである』」．規格化された制服によって，「個人の選好及びアイデンティティの，軍の全体的任務への従属」が促進される．レンキスト裁判官は，ヤムルカ着用を宗教と無関係な「欲求」，「利益」，及び「個人的選好」になぞらえることによって，ヤムルカ着用の例外的許容が軍の規律目的を害しうることの立証を空軍に要求

---

68 *Gillette*, 401 U. S. at 454.
69 *Wisconsin v. Yoder*, 406 U. S. 205, 220（1972）.

しなかったのである．彼は宗教的義務が問題となっているということを承認しさえしなかったのであり，当該服装規則を考慮すると，「軍の生活は上訴人にとって，より不愉快なものであるかもしれない」ということを認めたにすぎなかった[70]．

宗教的確信によって負荷をかけられた人々に対する連邦最高裁の配慮のなさが，最も決定的に表れたのは，先住アメリカ人の教会 (Native American Church) の聖餐式での幻覚剤ペヨーテ (peyote) の使用に関する1990年の判決である．この事件では，その教会の2人の構成員が，州法で禁じられている幻覚剤ペヨーテを，宗教儀式の一部として吸引したという理由で，民間の麻薬依存症患者リハビリセンターを解雇された．彼らは，法律違反により解雇されたという理由で，失業保険の支払いを拒否された．連邦最高裁はその拒否処分を支持した．スカリア (Antonin Scalia) 裁判官による法廷意見は，自由な宗教活動の権利を侵害する法律というのは，特定の宗教にねらいを定めた法律だけであり，中立的かつ一般的適用可能性のある法律が，特定の宗教的行為にたまたま負担を課したからといって，自由な宗教活動の権利を侵害したことにはならないとした．特定の宗教を狙い撃ちしない限り，「やむにやまれぬ州の利益 (compelling state interest)」或いは特別の正当化を示す必要さえなく，或る宗教的行為に負担を課す法律を州は制定しうるのである[71]．

宗教儀式用のペヨーテ，ヤムルカの着用，あるいは安息日遵守を可能にする調整に対して，特別な保護を与えない連邦最高裁の判決は，リベラリズムの諸原理から外れる決定であるように思われるかもしれない．それらの判決は，優越的地位を享受する多数派に対抗して個人の権利を擁護できていないので，善に対する正の優先を主張するリベラリズムとは調和しないようにみえるかもしれない．しかしこれらの事例は，皮肉なことに，宗教に関する場合はリベラルとは言いがたい帰結をもたらすような，手続き的リベラリズムの二つの特徴を示している．第一に，先行する道徳的紐帯を負っていない，自由に選択する自己という人格の観念は，宗教的信念は，少なくとも憲法解釈上は，「自由かつ自発的な選択」の所産とみなされるべきであるという考え方の土台となっている．しかし，あらゆる宗教的信念が選択の問題であるならば，良心の要求と個

---

70 *Goldman v. Weinberger*, 475 U. S. 503, 507-509 (1986).
71 *Employment Division v. Smith*, 494 U. S. 872, 879, 885 (1990).

人の選好及び欲求とを区別することは難しい．ひとたびこの区別が失われれば，宗教的信念に負担を課す法に対する特別な正当化を州に要求する権利は，単なる「一般的に適用可能な法を無視する私的権利」の様相を呈することになる．そんな見境のない権利は，各人に「それぞれ法を定立すること」を許し，「無政府状態を自ら招く」社会を作り出してしまうであろう[72]．

　第二に，手続き的リベラリズムによる中立性の主張は，連邦憲法が宗教を選び出して特別に保護しているという観念とうまく馴染まない．もし宗教上の信念が，他の利益には認められない憲法上の保護を与えられなければならないならば，裁判官は少なくとも，問題となっている政府の利益の道徳上の重みと，その利益が或る宗教上の実践に課す負担の性質とを評価する限りにおいて，区別を行わなければならないことになる．この種の実質的な道徳上の判断を回避しようと試みて，"民主政治の気まぐれな変化に宗教的自由を曝すという犠牲を払ってでも，中立性を維持すべきだ"と主張する者もいる．例えばスカリアは，宗教にどのように便宜を図るかを政治過程にゆだねることは，宗教的少数者を不利な立場におくであろうということを認める．しかし彼は，この「民主政の不可避の帰結は，人がそれぞれの良心をその法とするシステムや，裁判官がすべての法の社会的重要性をすべての宗教的信仰の中心性と衡量するというシステムよりは良いと考えなければならない」と主張するのである[73]．

　ペヨーテ事件において宗教的自由が弱められたので，宗教団体及び市民的自由団体が憤慨し，そのため連邦議会は宗教的自由回復法（1993）を制定した．それは，やむにやまれぬ政府の利益が証明されない限り，政府が宗教活動に実質的に負担を課すことを禁止する法律である[74]．しかし宗教に関する過去半世紀にわたる憲法の展開は，そこに現出するに至ったリベラルな政治理論を浮かび上がらせる．宗教的自由を自由一般と同じように考えようとする連邦最高裁の傾向は，中立性への志向を反映したものである．人々は，他者の同様の自由と調和する限り，何であれ自分自身の利益及び目的を自由に追求することができるべきである．しかしこの一般化傾向は，必ずしも宗教的自由の保護に貢献

---

[72] Ibid. at 886, 885, 888.
[73] Ibid. at 890.
[74] *Congressional Quarterly Weekly Report*, 51（October 30, 1993），2984；ibid., November 6, 1993, p.3057. 合わせて，以下も参照せよ．Angela C. Carmella, "The Religious Freedom Restoration Act," *Religion & Values in Public Life*, 3（Winter 1995），pp. 5-7.

するというわけではない．それは選好の追求を義務の遂行と混同しているのであり，その結果，"良心に基づく負荷ありし自己"の要求に対して，宗教的自由の場合には特別に配慮しなければならないことを忘れているのである．

この混同により連邦最高裁は，軍隊におけるヤムルカのように，許可すべき宗教的実践を制限し，公共的広場におけるキリスト降誕場面の置物のように，おそらく制限すべき宗教的実践を許可したのである．両判決は，それぞれ別の意味で，宗教を真面目に考えていない．ポータケット（Pawtucket）市のキリスト降誕場面の置物を許可することは，宗教に好意的な決定に見えるかもしれない．しかしブラックマン裁判官が適確に異議を述べたように，連邦最高裁の許可によって，まさに裁判所が保護した象徴の神聖な意味が否定されてしまった．

言論の自由——中立性の到来

アメリカ憲法において，政府が善についての競合する考え方の間で中立的でなければならないという原理は，宗教の分野に限られたものではない．その原理は，言論の自由にも適用されるのである．政府は，或る宗教上の信念を他のものより優遇することができないのと同じように，市民が主張しうる様々な見解に対して中立的でなければならない．政府は公共の場における言論の時，所，方法について「内容中立的」規制を課すことができるけれども，そのような規制は，「表現されている見解に対する共感あるいは反感によって影響されてはいけない」[75]．連邦最高裁が繰り返し判示してきたところによれば，第1修正は，国家がその市民に，「真理について正統と公認された見方」[76]，あるいは善き生についての望ましい観念を「押し付けることを禁じる」．「何よりも第1修正は，政府が表現を，そのメッセージ，思想，主題ないし内容を理由にして，規制する権限をもたないということを意味する」[77]．

---

[75] *Young v. American Mini Theathres, Inc.*, 427 U. S. 50, 67 (1976).
[76] *Herbert v. Lando*, 441 U. S. 153, 184-185 (1979). ブレナン裁判官による反対意見．
[77] *Police Department of the City of Chicago v. Mosley*, 408 U. S. 92, 95 (1972). ここでは，"内容中立性法理が「観点」の規制とともに「主題」の規制を禁止するかどうか"という問題には触れないことにする．いずれにせよ，この議論は，"政府は言論に関して中立的でなければならない"ということを前提としており，そこには中立性についての相対立する考え方が存在している．以下を参照せよ．Geoffrey R. Stone, "Content Regulation and the

宗教と同様，言論についても，中立性の要求は最近の展開であり，過去数十年間の所産である．或る代表的な憲法のケースブック[78]が，その4分の1以上のページ数を言論の自由の問題に費しているように，最近の憲法論争においては，言論の自由が卓越した地位を占めているにもかかわらず，第一次世界大戦後までは，連邦最高裁はその問題にほとんど取り組んでいなかった[79]．第1修正は，「連邦議会は，言論または出版の自由を制限する法律を制定してはならない」と規定しているが，政府から個人の権利を守るというものではなかった．憲法起草者たちは，個人の表現を保護すること「以上に，諸州の権利及び連邦原理を保護することに意を用いた」．彼らはその条項によって，「言論及び出版の分野における排他的な立法権を州に留保すること」を意図していた[80]．

政府に対する文書誹毀を連邦犯罪にするためにフェデラリストによって制定された，1798年の反政府活動取締法は，連邦最高裁まで争われることは一度もなかった．ケンタッキー州及びヴァージニア州の決議において，ジェファソンとマディソンは，その法を違憲として攻撃したが，それはその法が個人の権利を侵害するからという理由ではなく，文書扇動罪を罰する州の権限を侵奪するからという理由のゆえであった．ジェファソンが後に書いたように，「合衆国におけるあらゆる悪徳と美徳，あらゆる真理と虚偽とをごっちゃにする，怒濤のような口頭名誉毀損の連発」を抑制する権限は，「……完全に州議会にある……．私たちは連邦議会が出版の自由を統制する権利をもつことを否定する一方，州がその権利を，しかも排他的に有することをずっと主張してきた」[81]．

連邦最高裁が言論の自由の要求に真剣に注意をはらったのは，それから1世紀以上もたってからであった．1917年のスパイ活動及び反政府活動取締法が可決されてはじめて，市民的自由はアメリカの政治討論において重要な争点に

First Amendment," *William and Mary Law Review*, 25 (1983), pp. 189-252.
78　Gerald Gunther, *Constitutional Law*, 11th ed. (Mineola, N. Y.: Foundation Press, 1985). この著作は，全1633頁のうち491頁を表現の自由に割いている．
79　第一次世界大戦以前の言論の自由関連判決に関する議論については，以下を参照せよ．
　　David M. Rabban, "The First Amendment in Its Forgotten Years," *Yale Law Journal*, 90 (1981), pp. 514-596.
80　Leonard W. Levy, *Emergence of a Free Press* (New York: Oxford University Press, 1985), p. 268.
81　Jefferson to Abigail Adams, September 4, 1804. これは以下で引用されている．Ibid., p. 307.

なったのである[82]．連邦最高裁は初期の多くの事件において，破壊活動的言論の「明白かつ現在の危険」を援用して，急進的主張者による自由な言論の要求を斥けた[83]．ホウムズとブランダイスは間もなく，反対意見において言論の自由を擁護し始めたが[84]，連邦最高裁が破壊活動の唱道に対する有罪判決を破棄し始めたのは，1920年代後期から1930年代初期になってからなのである[85]．

こうしてようやく連邦最高裁が言論の自由を保護し始めたときでさえ，連邦最高裁は"政府はあらゆる言論を，その価値と関わりなく，中立的に取り扱わなければならない"とは主張していなかった．1940年代及び1950年代を通じて，連邦最高裁では，第1修正で保護される言論と保護されない言論，すなわち「高級」な言論と「低級」な言論とが区別されるのが常であった．この「言論の自由についての二段階理論」[86]が最も明瞭に示された判決が *Chaplinsky v. New Hampshire* (1942) であり，全員一致の最高裁は，"或る種類の言論は第1修正により保護されない"と判示した．「これらは，その発話自体によって害を与え，あるいはただちに治安を乱すおそれのあるような言論，すなわちみだらで猥褻なもの，冒瀆的なもの，文書による名誉毀損，侮辱的言葉または『けんか的』言葉を含む」．連邦最高裁は，そのような発話は「思想の説明の本質的部分でも何でもなく」，「秩序と道徳における社会的利益」に凌駕されてしまうほど「わずかな社会的価値しかもたない」[87]と判示した．

1940年代及び1950年代を通して連邦最高裁は，一定の言論を第1修正の保

---

82 以下を参照せよ．Paul L. Murphy, *World War I and the Origin of Civil Liberties in the United States* (New York: W. W. Norton, 1979), pp. 30–31.
83 「明白かつ現在の危険」の基準は，*Schenck v. United States*, 249 U. S. 47 (1919) において，ホウムズ裁判官によって導入された．この判決は，第一次世界大戦中，徴兵反対の扇動者に対する有罪判決を合憲としたものである．
84 以下を参照せよ．*Abrams v. United States*, 250 U. S. 616 (1919)．ホウムズ裁判官による反対意見．
85 連邦最高裁は当初，*Gitlow v. New York*, 268 U. S. 652 (1925) において，第14修正は言論の自由を州による侵害から保護すると述べた．破壊活動の唱道に対する有罪判決を破棄した初期の判例としては，以下のものがある．*Fiske v. Kansas*, 274 U. S. 380 (1927). *Stromberg v. California*, 283 U. S. 359 (1931); *DeJonge v. Oregon*, 299 U. S. 353 (1937); *Herndon v. Lowry*, 301 U. S. 242 (1937).
86 この言い回しは以下からのものである．Harry Kalven, "Metaphysics of the Law of Obscenity," *Supreme Court Review*, 1960, p. 10.
87 *Chaplinsky v. New Hampshire*, 315 U. S. 568, 572 (1942).

障の範囲外であると判示し続けた．1942年に連邦最高裁は，営利広告を保護されざる言論の類型に付け加えた[88]．*Beauharnais v. Illinois* (1952) において連邦最高裁は，人種的誹謗を禁止する集団的文書誹毀法（group libel law）〔文書による名誉毀損を "libel" という〕を合憲とし，誹毀的言説は「憲法上保護された言論の範囲内に」ないと判示した[89]．そして *Roth v. United States* (1957) において連邦最高裁は言論の類型化を維持し，埋め合わせになるような社会的重要性を全くもたない猥褻な言論は，「憲法上保護された言論または出版の範囲内にない」と判示した[90]．

"この二段階理論は，憲法上の保護に段階を設けないアプローチに比べ，最高裁が高い価値のある言論をより絶対的に保護することを可能にする" とその理論の支持者たちは主張した[91]．他方，その批判者は，"言論の類型を区別することは，表現内容について価値判断すること，すなわち第1修正の基礎理論によって連邦最高裁に認められなくなった役割を同最高裁に強いることになった" と反対する[92]．1960年代及び1970年代において，連邦最高裁は徐々にこれらの批判者の意見を採用し，*Chaplinsky* アプローチを大部分放棄した．*New York Times Co. v. Sullivan* (1964) において，連邦最高裁は文書誹毀に関して二段階理論を拒否し，文書誹毀を規制する法は，「憲法上の制約を当然に免れるものとはいえない」と述べた[93]．*Stanley v. Georgia* (1969) においては，猥褻物の個人的所有が認められ，「情報及び思想をその社会的価値にかかわらず受け取る権利は，私たちの自由な社会にとって基本的なものである」と判示された[94]．1970年代初頭の一連の判決では，「けんか言葉」の例外が縮小して実質的に消滅し[95]，1976年には，営利的言論がもはや第1修正の保護の範囲外に

---

[88] *Valentine v. Chrestensen*, 316 U. S. 52 (1942).

[89] *Beauharnais v. Illinois*, 343 U. S. 250, 266 (1952).

[90] *Roth v. United States*, 354 U. S. 476 (1957).

[91] 例えば以下を参照せよ．Frederick Schauer, "Codifying the First Amendment: New York v. Ferber," *Supreme Court Review*, 1982, p. 285. ローレンス・トライブ (Laurence Tribe) は以下において，この議論を限定的な形で展開している．*American Constitutional Law*, p. 671.

[92] Thomas Emerson, *The System of Freedom of Expression* (New York: Random House, 1970), p. 326.

[93] *New York Times Co. v. Sullivan*, 376 U. S. 254 (1964).

[94] *Stanley v. Georgia*, 394 U. S. 557, 564 (1969).

第3章 宗教的自由と言論の自由

はないと判示された[96].

この二段階理論が侵食されることによって，連邦最高裁は様々な類型の言論について価値判断をするという役割から解放され，その結果，第1修正の判例法理としての中立性の出現が看取されることになる．そうする中で，政府は言論に関して中立的でなければならないとの原理は，1970年代及び1980年代における内容中立性法理において，よりはっきりと宣明されるに至った．この法理によれば，政府は言論を規制する正統な理由をもちうるが，いかなる規制も，問題となっている言論の承認あるいは不承認に基づいてはならないとされる．

内容中立性法理は，Abrams判決[97]におけるホウムズ裁判官の反対意見の中にすでにかすかに現れていたが，それがはっきり言明されたのはDepartment of the City of Chicago v. Mosley (1972) においてであった．シカゴ市は学校前でピケをはることを，労働争議に関連する場合を除いて禁じていたが，連邦最高裁は，その条例は不当にも言論の内容に基づいた区別を行っていると判示した．「何よりも第1修正は，表現の有するメッセージ，思想，主題，及び内容を理由にして，表現規制を行う権限を政府がもたないということを意味している」．政府はある見解を他の意見より支持したり，「どの問題が公共施設で議論したり討論したりする価値があるのかを選別してはいけない．『思想の領域における地位の平等』が存在するのであるから，政府はあらゆる見解に等しく傾聴される機会を与えなければならない」[98].

Mosley判決以降，内容中立性法理は広範に適用され，1980年代までに，それは「表現の自由の判例法理において，最も広く利用される法理」になっていた[99]．フロリダ州ジャクソンビル市が，ドライブイン・シアターに対し公道から見えるスクリーンに，裸体のシーンが含まれる映画を上映することを禁じたとき，連邦最高裁は，「もっぱら内容に基づいて映画を区別している」ことを理由にして，その法を違憲とした．市はいくぶん逆説的であるが，その条例が必要とされるのは，見たくないものを見ることから人々を保護するためと，ド

---

95 以下を参照せよ．*Cohen v. California*, 403 U. S. 15 (1971); *Gooding v. Wilson*, 405 U. S. 518 (1972); *Rosenfeld v. New Jersey*, 408 U. S. 901 (1972).
96 *Virginia Pharmacy Board v. Virginia Consumer Council*, 425 U. S. 748 (1976).
97 すでに第2章において議論した．
98 *Mosley*, 408 U. S. at 95-96.
99 Stone, "Content Regulation and the First Amendment," p. 189.

ライバーの気を散らして交通を渋滞させるのを避けるためであると主張した．連邦最高裁は次のように応答した．「連邦憲法は，その他の点では保護される言論の中で，見聞きすることを欲しない視聴者を保護しなければならないほど不快な類型が何であるか決定することを，政府に許さない」．さらに他の映画もまた，通過するドライバーの気を散らしうるし，「交通規制でさえ，区別するための明らかな理由がなければ，内容に基づいて区別することはできない」[100]．

　エディソン社 (Consolidated Edison Company) が原子力を支持する声明文を料金請求書の封筒に入れるのを，ニューヨーク公益事業委員会が禁止しようとしたとき，連邦最高裁は，その制限は公益事業体であるエディソン社の言論の自由を侵害すると判示した．「言論をその主題に基づいて規制する政府の行為は，時，場所，状況についての中立的な規制から，いつの間にか内容の懸念に基づく規制へと変質していく」．公益事業委員会は，消費者情報を提供する折り込み広告は許したが，政治的意見を表明する折り込み広告は禁止した．連邦最高裁によれば，この区別は内容中立性のテストに合格しない．なぜなら制限は，「言論の内容あるいは主題に基づいてはいけないからである」[101]．

　連邦最高裁はまた，米国国旗を燃やすことを禁じる法を違憲無効と判断する際，内容中立性法理に訴えた[102]．そしてミネソタ州のセント・ポール市が，黒人家族の家の芝生で十字架を燃やした青年に有罪の宣告をしようとしたとき，連邦最高裁は，偏見を動機とする犯罪を罰するセント・ポール市条例を，中立的ではないとの理由により違憲無効と判断した．その条例は，十字架を燃やすこと，そして「人種，肌の色，信条，宗教，またはジェンダーに基づいて」人格を攻撃目標にするその他の象徴や落書きを禁止していた．その法は人種，ジェンダー，または宗教を理由とする不寛容のメッセージを伝える象徴だけを禁止したので，それは内容に基づく不当な区別になった．スカリア裁判官の法廷意見は，「この種の選別をすると，市が特定の思想表現を不利にしようとしているという可能性が生じてくる」と述べたが，それは市があっさり認めた目的であった．その法が問題であるのは，"適用対象になる言論類型が多すぎるか

100　*Erznoznik v. City of Jacksonville*, 422 U. S. 205, 211, 214-215（1975）.
101　*Consolidated Edison Company of New York v. Public Service Commission of New York*, 447 U. S. 530, 536-537（1980）.
102　*Texas v. Johnson*, 491 U. S. 397（1989）.

らか，少なすぎるからか"という点については，裁判官たちの意見が分かれたけれども，違憲という結論については全く異論がなかった[103]．

猥褻と中立性

"政府は善についての様々な考え方の間で中立的でなければならない"との想定は，一般的に，政府が制限しようとする言論を連邦最高裁が保護する事件において見出すことができる．しかしこの想定の強力さはまた，言論に対する制限を連邦最高裁が合憲とした場合にも見られるのであり，それは猥褻な言論に関する事件において最も顕著である．連邦最高裁は，第1修正による保護を猥褻な言論に対してあまり与えたがらなかったけれども，猥褻な言論に関する近時の事件におけるその理由づけには，中立性の想定が憲法に強く影響を及ぼしていることが表れている．

猥褻規制法は，猥褻な言論が犯罪の増加，または他の有害な結果を招くとの理由により正当化されることがある．しかしたいてい猥褻規制法は，猥褻な言論はそれ自体で不道徳であるという見解を反映してもいるのである．「猥褻なものは不道徳で，個人にとって悪いものであり，品位ある社会においては全く受け入れられないと，共同体は信じているのであり，その信念を前提にして行動している」．このように理解すると，猥褻規制法は，「この国の宗教的沿革に根ざした，共同体及び個人の『品位』と『道徳』に対する政府の責任という伝統的観念に基づいている」[104]．

猥褻の制限は，それが道徳的理由に基づいて正当化される限り，法は善についてのいかなる特定の考え方も具現すべきではないという，リベラルの原理に違反する．リベラルの見解によれば，道徳及び不道徳に関する判断に法の基礎をおくことは，正統ではない．なぜなら，そうすることは，政府は諸目的の間

---

103 *R. A. V. v. City of St. Paul, Minnesota*, 112 S. Ct. 2538, 254, 2549（1992）. 内容中立性法理を採用した判例として以下のものがある．*Carey v. Brown*, 447 U. S. 455, 461-465（1980）; *Virginia Pharmacy Board*, 425 U. S. at 771; *Heffron v. International society for Krishna Consciousness, Inc.*, 452 U. S. 640, 647-649（1981）; *American Mini Theatres*, 427 U. S. at 67-73, 82.

104 Louis Henkin, "Morals and the Constitution: The Sin of Obscenity," *Columbia Law Review*, 63（1963）, p. 395.

で中立的であるべきだとの原理に違反するからである．それは，善き生及び品位ある社会に関する或る特定の理論を，法の中に具体化することにより，人々の「道徳的独立に対する権利」を侵害する．猥褻規制法は，「道徳的非難を表している『諸理由』を特定してそれを除外して考える」ことが可能である場合以外は，正当化されえない．猥褻なものに「敵対する道徳的確信」を反映する猥褻規制法は，「そのような確信によって汚されているのであり」，それゆえ正当化されえないのである[105]．

Roth 判決（1957）以来ずっと，連邦最高裁は，営利目的での猥褻物の出版及び陳列に対する制限を合憲とし続けてきた．しかしこの継続性にもかかわらず，猥褻規制法を合憲とする連邦最高裁の主張は，1950年代から1970年代にかけて微妙に変化して，政府の中立性原理を承認するようになった．Roth 判決において連邦最高裁は，その判決の基礎を伝統的な道徳的根拠においた．猥褻物は「それを埋め合わせる社会的重要性をまったく欠いて」いるので，完全に憲法上の保護の範囲外であった[106]．それとは対照的に，1970年代には連邦最高裁は，猥褻規制法の基礎にある州の利益を審査し始めた．規制法のほとんどは合憲とされたが，それは，猥褻それ自体に反対する実質的な道徳的判断を含まない目的が，それらの法に認定されてからであった．連邦最高裁は，中立性を尊重するリベラリズムと軌を一にして，時にはこじつけめいても，道徳的非難を表す理由を除外しようと懸命に努めた．

Paris Adult Theatre I v. Slaton（1973）において連邦最高裁は，営利目的でのハードコア・ポルノ映画上映に対する規制法を合憲とした．しかし連邦最高裁の判決意見からは，そのような規制の基礎に伝統的に存在している道徳的根拠に対する違和感が見てとれる．バーガー最高裁長官は法廷意見において，「猥褻の商業化傾向に抵抗する際に問題となる州の正統な利益」には，「生の質と共同体の環境全体，大都市の中心部における商業活動の気風，そして，ことによると公共的安全それ自体」が含まれる，と述べた[107]．猥褻物が犯罪と結び

---

105 Ronald Dworkin, "Is There a Right to Pornography?" *Oxford Journal of Legal studies*, 1 (Summer 1981), p. 197. 合わせて以下を参照せよ．Richards, *Toleration and the Constitution*, p. 206.「成人が同意の下にポルノグラフィーに接触するのを禁止することは，猥褻性の同定と抑圧の正当化の際に援用される，非中立的で極めて問題が多いと今日考えられている道徳的判断によって，まさに違憲の疑いが強くなってしまうのである」．
106 *Roth*, 354 U. S. at 476.
107 *Paris Adult Theatre I v. Slaton*, 413 U. S. 49, 57-58 (1973).

第3章　宗教的自由と言論の自由

つくかどうかとは全く別に,「それを欲するかどうかにかかわらず,ごく普通に読んだり,見たり,聞いたり,したりすることに,私たちはさらされている」と彼は付け加えた[108]．しかしバーガーは,彼の主張によると,ある特定の善の観念を州が肯定できることになるということをあたかも認めたくないかのように,問題の猥褻規制法が或る道徳的判断を含んでいるということを次に否定した.「問題は,誰かが,あるいは多数派であってさえも,描写されている行為を,『間違っている』あるいは『罪深い』とみなすかどうかということにとどまらない．猥褻物の公然たる陳列,あるいはそのような物に関する商業活動は,全体としての共同体を害し,公共的安全を危険にさらし,州の有する『品位ある社会を維持する権利』を危うくしかねないという, ・道・徳・的・に・中・立・的・な・判・断をする権限を州はもつのである」[109].

バーガーによる法廷意見は,猥褻物を規制する州の権利を擁護するときでさえ,猥褻それ自体に対する道徳的反論を認めるのがはばかられるかのようであった．しかしこの道徳的判断からの逃避は,バーガーの議論の首尾一貫性を傷つける．猥褻に関する商業活動が「全体としての共同体を害し」うるかどうかを州に決定させることは,"共同体に対する害とは共有された道徳的基準に対する違反にあるのか"という疑問を惹起せざるを得ない．もし共同体に対する害が道徳的腐敗を含むべきではないのならば,なぜ犯罪発生率及び公共的安全だけではなく,「社会の気風」について語るのか．もし共同体の福利が道徳的次元を本当に含むならば,なぜ「道徳的に中立的な判断」により保護されうると装うのか．*Paris Adult Theatre I* におけるバーガーの法廷意見は,単にその混乱ゆえではなく,道徳的判断を棚上げするという圧力がその混乱に反映されている態様ゆえに,注目に値するのである．

それ以後の事件において連邦最高裁は,政府が道徳的不賛成を理由に,性的に露骨な映画を差別することは許されないと主張し続けた．この中立性への固執によって,*Erznoznik v. City of Jacksonville* におけるように,猥褻規制法が違憲無効とされることもあった[110]．他の事件においては,規制を合憲としつつも,それらの規制が規制対象となった映画に対する否定的な道徳的判断を何ら

108　Ibid. at 59. これは以下からの引用である. Alexander Bickel, *The Public Interest*, 22 (Winter 1971), pp. 25-26.
109　Ibid. at 69（強調は引用者）.
110　*Erznoznik*, 422 U. S.

前提としていないということを，かなりこじつけめいた形で主張し続けたのである．

例えば *Young v. American Mini Theatres, Inc.* (1976) において連邦最高裁は，デトロイト市の「反スラム街条例」を，「保護されたコミュニケーションの規制における中立性の維持という，政府の至高の責務」と完全に一致するものとして合憲とした．スティーブンズ裁判官は，性的に露骨な映画の上映場所の規制は，「映画が伝えようとするいかなる社会的，政治的，あるいは哲学的メッセージによっても左右されない」と述べた．「或る映画が何らかの見解を嘲笑しようと，あるいは或る見解の特質を明らかに描こうと，その条例の効果は，全く同じである」[111]．その条例は，価値のない描写を抑圧することではなく，近隣地域の風致を維持することについての市の利益によって正当とされるのである．スティーブンズによれば，市の利益は，道徳的違反ではなく，犯罪及び近隣地域の悪化を避けることにあった．これはその市の利益を道徳的に中立的なものにし，したがって正統なものにした．ゾーニング条例が回避しようとするのは，この二次的効果であり，「不快な」言論の流布ではない[112]．

1986年，連邦最高裁は，もう一つのゾーニング条例を，同様の理由により合憲とした．レンキスト裁判官によれば，「成人」映画館の位置を規制するワシントン州レントン市条例は，「成人映画館で上映される映画の内容に向けられたものではなく，むしろそのような映画館が近隣の共同体に対して与える二次的影響に向けられたものである」．そのような二次的影響を防ぐことで，犯罪の防止，市の小売業の保護，財産価値の維持，そして一般的に「市街区域，商業地区の質，そして都市生活の質の保護及び維持」が実現されるのであるが，ここで言われる生活の質には，おそらくその道徳的な気風や特質は含まれていなかった．こうしてその法は，「表現の自由の抑圧と無関係」なものとなり，その結果，規制は「規制される言論の内容に関係なく正当化されなければならない」との要求に抵触しないことになったのである[113]．

ブレナン裁判官は反対意見を書いて，ゾーニング法が「表現の自由の抑圧と無関係」であるとの法廷意見の見解に反対し，連邦最高裁はレントン市が「そ

---

111 *American Mini Theatres*, 427 U. S. at 70.
112 Ibid. at 71.
113 *City of Renton v. Playtime Theatres, Inc.*, 475 U. S. 41 (1986).

の不正な動機を隠す」ことを許していると主張した．彼が指摘したところによれば，その条例の制定理由として，市議会は次のような主張を展開していた．すなわち，市の中心街における成人向き娯楽は，「子どもたち，確立した家族関係，そして婚姻関係及び他者の婚姻関係の神聖さに対する尊敬に，ポルノグラフィーが及ぼす悪影響に正統な印象を与え，その悪影響に対する感受性の喪失をもたらす」のであり，そのような娯楽を家，教会，公園，学校のすぐ近くに設置することは，「共同体の道徳基準の堕落をもたらすであろう」という主張である．後になって，実際に訴訟が始まって初めて市は，法の目的が，成人向き映画館の「二次的影響」に対処することであると主張したのである[114]．

　これらの判例が示すように，猥褻及びポルノグラフィーを規制する法を，「二次的影響」のみに関する「道徳的に中立的な判断」に依拠して正当化するのは困難なのである．印象的なのは，それにもかかわらずなお連邦最高裁が，係争法を合憲とするときさえ，いかに一所懸命これらの道徳的考慮を棚上げしようと試みているかということである．中立性原理が第1修正の法理として支配的になったのは，この数十年間のことにすぎないけれども，その存在は今や合憲判決にも違憲判決にも認められるようになった．そして宗教と同様，言論に関しても，中立性という理想は，自己についての或る考え方とともに現われたのである．

自己統治から自己表現へ

　第1修正の原理としての中立性の出現とともに，言論の自由を正当化する論拠も変化し，その変化は，自己についてのリベラルな考え方と親和的なものであった．言論の自由は伝統的に，真理の探求あるいは自己統治の実現にとって，それが重要であるということで正当化されてきた．それゆえホウムズ裁判官は，「競合する多くの信念が時の流れの中で淘汰されてきた」のであり，「真理の最善のテストは，市場の競争の中で，その思想がどれだけ人々に受け容れられるかということである」と述べた[115]．一方ブランダイスは，言論の自由を共和政体にとって不可欠なものとして擁護した．米国の建国者たちは，「統治にお

114　Ibid.
115　*Abrams*, 250 U. S. at 630, ホウムズ裁判官による反対意見．

いては，熟慮に基づく力が恣意のそれに打ち勝つはずである．……自由に対する最大の脅威は，不活発な人民である．公共的討論は政治的義務である．そしてこれはアメリカの統治体制の基本原理であるべきだ」と信じていた[116]．1940年代から1950年代にかけての代表的論者であるアレクサンダー・マイクルジョン（Alexander Meiklejohn）によれば，第1修正の第一の目的は，「自己統治する社会の市民が対処しなければならない諸問題の理解に対し，政治体の全ての投票権者が可能な限り参与できるようにすることである」．言論の自由は主として，「自己統治の諸目的のために要求される公共的自由」と関係しているのであり，思想の市場において自分の商品，すなわち思想をせっせと売り込むような「それぞれの個人の私的自由」と関係するものではない[117]．

裁判所は，言論の自由が自己統治の実現にとって重要であることを認め続けている[118]．しかし裁判所も憲法研究者も，言論の自由を，個人としての自己実現と自己表現のために擁護する傾向が顕著になってきた．1970年代から1980年代にかけて非常に明白になった，自己統治から自己表現への変化は，自分のために価値を選択する能力のある独立した自己としての人格に対する尊重という，より一般的な原理の具体的事例として，言論の自由を提示して見せる．こうしてそれは，内容中立性を是とする主張を，人格についてのリベラルな考え方と結びつける．言論の自由を自己表現の観点から基礎付ける立場によ

---

[116] *Whitney v. California*, 274 U. S. 357, 375 (1926). ブランダイス裁判官による同意意見．ブランダイス裁判官はまた，「国家の最終目的は，人が自由にその能力を発展させられるようにすることである」という信念を起草者が持っていた，とした．Ibid. 現代の論者の中にはこれを，本章で後に論じられる，最近の「自己実現」という論拠についての初期の表明とみなす者もある．しかしながらブランダイスの意見の文脈においては，それは自己統治という善と本質的に結びついた自由の観念を表している．

[117] Alexander Meiklejohn, *Free Speech and Its Relation to Self-Government* (New York: Harper, 1948), pp. 88-89. 後にマイクルジョンは政治的言論を広範に解釈して，哲学，諸科学，文学，及び芸術をそこに含めた．以下を参照せよ．Meiklejohn, "The First Amendment Is an Absolute," *Supreme Court Review*, 1961, pp. 255-257. なお，より狭い解釈に関しては以下を参照せよ．Robert Bork, "Neutral Principles and Some First Amendment Problems," *Indiana Law Journal*, 47 (1971), p. 1.

[118] *Garrison v. Louisiana*, 379 U. S. 64, 74-75 (1964)：「公共的事柄に関する言論は，自己表現以上のものである．それは自己統治の核心である」．*Richard Newspapers v. Virginia*, 448 U. S. 555, 587 (1980) におけるブレナン裁判官による同意意見は下記の通りである．「第1修正は，自由な表現や相互的意思疎通それ自身のためにそれを尊重するだけでなく，私たちの共和政体を確立し発展させるために果たしうる構造的役割を持っている」．

れば、「人格の究極的な道徳的至上性」を尊重するために、政府は市民の提唱する諸見解に対して中立を貫かなければならない[119]。自己実現に焦点を当てれば、「言論の源が自己に存すること」が強調され、また「自己がその言論を選択したということが、言論の保護を正当化する際の決定的な要素となる」[120]。

1970年代までに連邦最高裁は、自己表現の理想や、それが反映する人格についての考え方をよく持ち出すようになった。*Cohen v. California* (1971) において連邦最高裁は、ロサンゼルスの裁判所において「徴兵なんてくそくらえ」と書いてある上着を着ていた人に対する有罪判決を破棄した。ハーラン裁判官は法廷意見において、「私たちの政治制度が依拠する、個人の尊厳及び選択という前提に適合するのは、このアプローチしかないであろう」と述べた。四文字言葉を不快と感じる人は多いが、「それにもかかわらず、ある人が下品と考える表現が、他の人にとっては詩のように感じられるということは、あながち間違いでもないのである」と彼は付け加えた[121]。

その後の判例は、第1修正の中に、「各個人の自己実現を保障する」[122]必要性と、「自分の知性、興味、嗜好、人間性の発達と表現に対する自律的統制」[123]の権利とを見出した。ブレナン裁判官は、言論の自由が「個人の尊厳にとって不可欠で」あり、特に「各個人の自律が平等に尊重され、かつ他の諸価値と不釣合いなまでに尊重される、米国のような民主政においては」その不可欠性が強く当てはまると考えた[124]。そしてホワイト（Byron R. White）裁判官は、「個人の選択の産物ではない思想に対しては、第1修正の与える保護は限定的である」と主張することによって、リベラルな観念の主意主義的側面を際立たせたのである[125]。

---

[119] Richards, *Toleration and the Constitution*, p. 168. 次の論文も参照せよ。"Free Speech and Obscenity Law: Toward a Moral Theory of the First Amendment," *University of Pennsylvania Law Review*, 123 (1974), p. 62:「この見解において、自由な表現の価値の拠って立つところは、自律的な自己決定から生じる自尊との深い関係である」。

[120] C. Edwin Baker, "Scope of the First Amendment Freedom of Speech," *U. C. L. A Law Review*, 25 (1978), p. 993.

[121] *Cohen*, 403 U. S. at 24–25. ハーラン裁判官はまた、その上着を見せる行為は政治的言論として保護されるべきであるという、よりもっともらしい議論を展開した。Ibid. at 18, 24, 26.

[122] *Mosley*, 408 U. S. at 96.

[123] *Doe v. Bolton*, 410 U. S. 179, 211 (1973), ダグラス裁判官による同意意見.

[124] *Herbert*, 441 U. S. at 183n, ブレナン裁判官による反対意見.

集団的名誉毀損と人格についての考え方

　判例では以上のように明瞭な言明がなされたが，最近の二つの論争を見ると，今日の憲法においては，負荷なき自己が第二の，より微妙な現われ方をするということが分かってくる．どちらの論争においても連邦裁判所は，集団的名誉毀損の害を防止しようとする試みに対抗して，言論の自由の主張を認めた．第一の事例は，ホロコーストを生き延びたユダヤ人が多く居住するイリノイ州スコーキーの住民が，自分たちの町の中をネオ・ナチの集団が行進するのを阻止しようとしたものであった．第二の事例は，インディアナポリスにおいて，フェミニスト及びその他の者たちが，ポルノグラフィーの販売を制約しようと試みたものであった．どちらの試みも失敗に終わったが，それは，人格についてのリベラルな考え方から引き出される諸前提の威力を見せつけるような理由によってであった．

　両判決において裁判所は，それらの法が言論の内容に関して中立的ではないから無効であると判示した．第1修正は，言論がいかにおぞましいものであっても，言論内容を承認しないことを「棚上げする」よう，共同体に要請する．スコーキー及びインディアナポリスは，それらが制約しようとする言論の不承認を棚上げすることは，二つの理由により道理にかなわないと主張した．第一に，それらの主張によれば，言論が暴力や犯罪のような様々な害悪をもたらすだけでなく，それ自体で違法な侵害を構成することがある．第二に，それらの主張によれば，言論によって惹起された違法な侵害は，個人的であると同時に公共的でもありうる．それは，（私的な文書誹毀の事件におけるように）人を個人として傷つけるだけでなく，その者が帰属する集団の構成員としても傷つけうるのである．

　裁判所はそれらの法を違憲無効とする際，両方の主張を拒否した．それらの

---

125 *First National Bank of Boston v. Bellotti*, 435 U. S. 765, 807 (1978). ホワイト裁判官は，住民投票の結果に影響を与えるための法人の支出を制限するマサチューセッツ州法を無効とする判決に，反対意見を述べていた．彼はまた，より限定的で，より説得力のある根拠によって，その州法を擁護した．その根拠とは，"法人は，当該州によって特別な優遇を与えられた結果，富を蓄積しているのだから，政治過程で不公正に優位に立つためにその富を使うことを州が許す必要はない"というものであった．Ibid. at 809.

第3章　宗教的自由と言論の自由

事件を論じる前に，これら二つの命題——言論それ自体が違法な侵害となること，そして集団への害悪ないし共同的な害悪が存在すること——が，いかに負荷なき自己という想定と調和せず，またリベラリズム法学といかに調和し難いかを考えておくことが有用かもしれない．

言論それ自体が違法な侵害となるという観念が，人の評判を不正に貶めるのを防ごうとする名誉毀損法の領域において機能していることは，非常によく知られている．しかし人格についてのリベラルな考え方によれば，評判に対する侵害が一体何に存するかは明らかではない．評判についての伝統的理解においては，人格のアイデンティティを社会的役割との関係において規定する，名誉の概念が前提とされている．「名誉の概念には，アイデンティティが本質的に，あるいは少なくとも重要なこととして，その人が社会的諸制度の中で果たしている役割と結び付いているということが含意されている……．名誉の世界においては，個人は自分の真のアイデンティティを，自分の役割の中に見つけるのであり，その役割から顔をそむけることは，自分自身から顔をそむけることである」[126]．このように，名誉としての評判は，厚みのある自己（thickly constituted selves）が前提にしており，そのような自己に対する尊重は，社会的諸制度との結びつきに基礎を置いている．産業革命以前のイングランドで発展した，名誉毀損に関するコモン・ローは，この意味での評判を保護していたのである．そこで問題とされたのは，例えば侮辱のように，言論それ自体による違法な侵害であり，それは，名誉を汚すこと，すなわち社会秩序におけるその人の地位に応じて当然払われるべき評価を否定することによって生じる侵害である[127]．

自己がその目的に先行する存在であり，かつ或る時点でそれが果たしている社会的役割とは独立した存在と考えられる場合には，評判は伝統的な意味での名誉の問題とはなりえない．負荷なき自己にとっては，名誉ではなく尊厳が尊重の基礎である．この尊厳は，自律的行為者としての人格が，自分のために自分自身の目的を選択できる能力に存する．名誉は，人格に対する尊重をその人が果たしている役割と結びつけるが，尊厳は社会的制度に先行する自己にあるので，単に侮辱だけで違法な侵害が生じるということはない．このような自

---

[126] Peter Berger, "On the Obsolescence of the Concept of Honour," *European Journal of Sociology*, 11 (1970), p. 344.

[127] Robert C. Post, "The Social Foundations of Defamation Law: Reputation and the Constitution," *California Law Review*, 74 (1986), pp. 699–700.

集団的名誉毀損と人格についての考え方

己にとっては，評判は名誉の問題として内在的に重要なのではなく，単に手段として，例えば業務用資産として重要なだけなのである．名誉毀損が負荷なき自己を違法に侵害するためには，何らかの「実際の」損害が示されなければならないのであり，何らかの損害とは，言論それ自体から独立したものである必要がある．

この対照は，文書誹毀法が，ヨーロッパとアメリカ合衆国で異なる役割を果たしていることによって裏付けられる．「名誉，家族，及びプライバシーという，資本主義以前の概念が生き残っているヨーロッパにおいては，評判は重大な問題であり」，それは決闘だけでなく，多くの口頭名誉毀損の訴訟を激しく誘発する．対照的に，「その伝統が封建主義的というよりむしろ資本主義的であるアメリカ合衆国においては，評判は単に資産，『善意』であり，その本質的価値のために追求されるような属性ではない……．したがって文書誹毀法は，重要ではない」[128]．

人格についてのリベラルな考え方が，言論それ自体を違法な侵害の原因と捉える立場と相容れないならば，集団を違法な侵害の対象と捉える立場とも相容れないことになる．それは，文書誹毀が集団あるいは共同体それ自体を適用対象としうるという見解とは馴染まない．もし，面と向かっての侮辱が違法な侵害とみなされがたいのであれば，人種的あるいは宗教的な中傷を可罰的な害悪とみなすのはよりいっそう難しい．これがそうであるのは，人格についてのリベラルな考え方によれば，最も高い尊重とは，目的及び帰属関係から独立した存在としての自己への尊重だからである．いかに私が他者による評価を重視しようとも，問題とされるべき尊重が，私のたまたま帰属する人種的あるいは宗教的集団に対する中傷によって害されることはないのである．負荷なき自己にとって，自己への尊重の根拠は，いかなる特定の絆あるいは帰属関係にも先行するものであり，それゆえ，「私と同種の人々 (my people)」に対する侮辱によって傷つけられるようなものではないのである．

ここでもまた，文化的な対照は示唆的である．集団的文書誹毀法[129] を有す

---

[128] David Riesman, "Democracy and Defamation: Control of Group Libel," *Columbia Law Review*, 42 (1942), p. 730.

[129] Race Relations Act of 1965, *Public General Acts*, 1965, chap. 73. 以下も参照せよ．Anthony Dickey, "English Law and Race Defamation," *New York Law Forum*, 14 (1968), p. 9.

るイギリスと異なり，より個人主義的な政治文化を有するアメリカ合衆国は，集団的名誉毀損を認めることに一般的に消極的であった．「脅迫と暴行に関する法が個人の生命及び身体の保護を目的としているように，私たちの現行の名誉毀損法は，個人への違法な侵害を抑止することが目的であると観念されている．したがって社会的集団に対する名誉毀損による攻撃は，現行法の保護の範囲外といってよい」[130]．

　アメリカ法が現在では一般的に，集団的名誉毀損を認めるのに消極的であるにも関わらず，連邦裁判所が原理的に"言論それ自体を違法な侵害と捉える見解"と"集団を侵害の対象と捉える見解"とを拒絶するようになったのは，ついここ数十年間のことなのである．1940 年代と 1950 年代における二つの注目すべき判決において，連邦最高裁はこの二つの見解を容認した．裁判所が過去 40 年間にわたり，これらの先例を掘り崩してきたということも，手続き的共和国の到来を示す指標である．

チャプリンスキーとボハネス

　1942 年に連邦最高裁は，市の警察署長を「ファシスト野郎」とか「ペテン師野郎」と呼んだために有罪宣告を受けた，チャプリンスキー（Chaplinsky）という名前の，"エホバの証人"の信者の事件を審議した．連邦最高裁は全員一致で有罪判決を是認し，「その予防及び処罰が憲法問題を提起するなどありえないと思われてきたような，明確かつ厳しく限定された一群の言論が存在する」という理由を述べた．これらには，猥褻，冒瀆，及び文書誹毀に加えて，連邦最高裁が「侮辱的または『けんか』言葉と呼ぶもの，すなわちその言葉を発すること自体が違法な侵害を惹起するような言葉，あるいは直ちに平和を破壊する傾向のある言葉」が含まれた．現代と異なり，内容中立性という制約を受けていなかった連邦最高裁は，「そのような発言には，真実を発見する手段としての社会的価値が極めて乏しいので，それがもたらしうる便益よりも，秩序及び道徳という社会的利益の方が明らかに優る」と論じた[131]．連邦最高裁は，"言葉は「まさに発することで」違法な侵害を惹起しうる"と承認することにより，「けんか」言葉はけんかを引き起こすだけでなく，それ自体がけん

130　Riesman, "Democracy and Defamation," p. 730.
131　*Chaplinsky*, 315 U. S. at 571–572（強調は引用者）．

かであることもあると認めた．

　10年後に連邦最高裁は，最初で唯一の，集団的文書誹毀事件を審議した．「いかなる人種，肌の色，信条，宗教の市民であれ，彼らを軽蔑，あざけり，恥辱にさらす」ような，「ある一定の市民の集団の堕落ぶり，犯罪性，淫乱，或いは美徳の欠如」を描いたいかなる出版物をも禁止するイリノイ州法の下で，白人至上主義を標榜するアメリカ白人団体連盟（White Circle League of America）の長であるボハネス（Joseph Beauharnais）が有罪を宣告され，200ドルの罰金に処せられた．最高裁は5対4に分かれ，フランクファーター裁判官の執筆した多数意見において，その法は合憲とされた[132]．

　フランクファーターは，まず*Chaplinsky*判決を引用し，"アメリカの全ての州は個人に向けられた文書誹毀を処罰している"と述べることから始めた．問題は，文書誹毀が禁止されうるかどうかではなく，「一定の集団に対して向けられた」文書誹毀を州が処罰することは，連邦憲法の下で許されるかどうかであった．"それは許される"と彼は答えた．「もし，個人に向けられた発言を刑事制裁の対象とすることができるならば，私たちは，一定の集団に向けられた同じ発言を処罰する権限を，州に否定することはできない」，ただし州によるその制約は，州民の福利に関連する目的を有していなければならない．その人種的・宗教的な争いの歴史を考えれば，イリノイ州が，「公共の場においてなされ，かつ名誉毀損的言論が向けられた人々に強い情緒的影響を与えることを企図してとられた手段によってなされるところの，人種的・宗教的な集団に対する虚偽の，あるいは悪意ある名誉毀損について，それを抑制する方法を探し求めることには」理由がなくはなかった[133]．

　フランクファーターが判示したところによれば，連邦最高裁は，集団的文書誹毀法が人種的・宗教的緊張に対処するための最善の方法であるかどうかについて述べる立場にはないけれども，連邦憲法は，州が市民を，位置づけられた自己，すなわち生の見通し及び社会的評価という見地からは，帰属集団によって規定される自己として扱うことを禁止してはいない．「ある人の仕事と教育の機会，及びその人が享受する尊厳は，彼自身の実績と同じぐらい，彼がいやおうなしに帰属する人種的・宗教的集団の評判にかかっているかもしれない．

---

[132] *Beauharnais v. Illinois,* 343 U. S. 250 (1952).
[133] Ibid. at 258-259, 261.

こういうわけで,直接個人に向けられるならば処罰の対象となりうる言論について,それが集団に向けられた場合は,"社会におけるその集団の地位と評価とに,その集団の構成員が密接に関係する可能性があっても,その言論を禁止することはできない"とは言えないのである[134].

"人格を尊重するためには,人々を,位置づけられた自己として取り扱うことが必要であろう"というフランクファーターの見解は,手続き的共和国の想定と調和しなかったので,それが生き永らえてその後のスコーキー及びインディアナポリスの主張を支えることはなかった.実際,彼の見解に対する反論は,Beauharnais判決自体の反対意見において現われた.ブラック裁判官は,文書誹毀法の適用対象を個人から集団へと拡張することに反対した.憲法上認められている文書誹毀罪は,「巨大な集団に対してではなく,個人に対してなされる,虚偽の悪意ある下品な非難の処罰を規定したものである」と彼は述べた.そのようなものとして,それは「純粋に私的な争いに過ぎないもの」に適用されてきたのである.ブラックは,言葉が違法な侵害をもたらしうることを否定しなかったが,Chaplinsky事件における「けんか」言葉は,公道で「面と向かって」個人に向けられていたことを強調した.対照的に,Beauharnais事件で問題になったちらしの中の侮辱的表現は,特定の個人に向けられているのではなく,人種隔離擁護論の一部を構成するものであるから憲法上の保護に値する,と述べた[135].

ジャクソン裁判官は,文書誹毀について,個人と集団との類推を用いることには異議を唱えなかったが,"言論は,それがもたらす物理的害悪から独立した,処罰可能な権利侵害を惹起しうる"という考えは拒絶した.もし,そのちらしにより,暴動が生じたり,個々の黒人に住居や仕事が与えられないならば,州はこれら「現実の結果」に対する責任を問いうるであろう.しかし人種差別的なちらしは,「その現実の結果,あるいはありうべき結果とは無関係に,それ自体で刑事上の文書誹毀として……」処罰の対象にすることはできない.「そのような場合,言葉はそれ自体を理由として処罰されるべきではなく,処罰可能な諸悪をもたらすおおもとの原因としてのみ刑罰の対象としうる」[136].

134　Ibid. at 263(強調は引用者).
135　Ibid. at 272-274,ブラック裁判官による反対意見.
136　Ibid. at 299, 302-303,ジャクソン裁判官による反対意見(強調は引用者).

ブラックとジャクソンの反対意見は、両者相俟って、スコーキーにおけるナチス、及びインディアナポリスにおけるポルノグラフィーに対する法的禁止の試みを裁判所が斥ける論拠を予示するものであった.

スコーキーにおけるナチス

スコーキーは、ナチスの挑発的な目的にとっては魅力的な標的であった. なぜなら、そこには多くのユダヤ人強制収容所生存者が住んでいたからである. 町の役人や反名誉毀損連盟（Anti-Defamation League）などのユダヤ系グループは当初、"ナチスを無視することによって、衝突がもたらすであろう宣伝効果を失わせてしまえばいい"と思った. しかしユダヤ系生存者の共同体は、そのおぞましさを棚上げする気にはなれなかった. 実際、彼らの共有する記憶と証しの決意とを考えれば、生存者たちが、ナチスに関する自分たちの考えを棚上げしようとすることは、彼らのアイデンティティにとって本質的な何かを破壊してしまうことを意味した. 多くの議論を経て、彼らは、"自分たちの共同体におけるナチスの行進は、単に不快感を与えるものにとどまらず、一種の権利侵害である"ということを、同胞市民に説得した[137]. スコーキー村政府はこれに対応して、デモ行進を禁止する差し止め命令を裁判所に求め、さらに人種的憎悪を扇動する集団（hate groups）によるデモを禁止する三つの条例を可決した. その間に、ナチスは図らずもアメリカ自由人権協会（American Civil Liberties Union, 以下 ACLU と略）の中に自分たちの味方を見出した. なぜなら、同連合は州及び連邦の裁判所において、デモの制限の合憲性を争ったからである. 「言論の自由は、最も極端な場合においても存在する. さもなければ、それは全く存在しない」と ACLU の職員は言明した[138].

裁判所は全てのデモの制限を、第1修正違反として違憲無効と判断した. 裁判所は、*Mosley* 最高裁判決を繰り返し引用して、いかに非難されるべき言論であろうと、政府はあらゆる言論を中立的に取り扱わなければならない、と主張した[139]. 内容に基づく規制は、「重大な実質的悪の差し迫った危険を理由

---

[137] この論争は以下に詳しく述べられている. Donald Alexander Downs, *Nazis in Skokie* (Notre Dame: University of Notre Dame Press, 1985), chap. 3.
[138] これはデビッド・ハムリン（David Hamlin）の言葉であり、以下に引用されている. Ibid., p. 37. ACLU の見解については以下を参照せよ. David Hamlin, *The Nazi/Skokie Conflict: A Civil Liberties Battle* (Boston: Beacon Press, 1980).

に」してのみ正当化されうるのである[140].

　しかしスコーキーが防止しようとした悪は，裁判所が受け入れない，言論の道徳的意味に関する一つの見解を前提としていた．その中心的な争点は，「人種的中傷」条例によって提起された．その条例は，「人種，出身国，あるいは宗教を理由とする対人的憎悪」を増長させる刊行物の流布を禁止するものであった．スコーキーはその条例を，暴力防止または平穏維持を理由に擁護することはしなかった．スコーキーはその代わりに，*Chaplinsky* 判決と *Beauharnais* 判決とを引用して，人種的中傷は「言論によりもたらされる害悪」であると主張し，そのような中傷がもたらす，共同体として受ける心理的トラウマに関する証拠を提供した．しかし連邦地方裁判所は，*Beauharnais* 判決が，スコーキー条例の要求する少なくとも二つの点において，もはや有効な法ではないと結論づけた．「政府は個人の評判を傷つけたり，治安妨害を扇動したりする言論は罰しうる」けれども，集団に対する名誉毀損を処罰することはできないし，また，何らかのさらなる物理的な害悪を惹起しないような，言論による権利侵害を防止することはできない[141]．

フェミニストのポルノグラフィー反対論

　人格と言論に関する同様の議論が，インディアナポリスのポルノグラフィー規制法をめぐる論争の基礎にあった．伝統的な猥褻規制法と異なり，1984年のインディアナポリス市条例がポルノグラフィーを規制しようとしたのは，ポルノグラフィーが女性を貶め，市民としての平等性を掘り崩すという理由に基づいていた．その法は，「差別の基礎としての性を創造し維持することにおいて，ポルノグラフィーこそが中心的役割を果たしている」という考えに依拠していた．「ポルノグラフィーが増進する偏狭な信念や軽蔑は，それが助長する攻撃的行為とともに」，雇用，教育，及び他の領域における平等な権利につい

139 　*Collin v. Smith*, 447 F. Supp. 676, 686–687（1978）; *Collin v. Smith*, 578 F.2d 1197, 1202（1978）.
140 　*Collin*, 578 F.2d at 1202.
141 　*Collin*, 447 F.Supp. at 686–688, 693–697. 連邦最高裁はこの事件の審査を拒んだが，ブラックマン裁判官はそれに反対し，「*Beauharnais* 判決は一度も破棄されたことはないし，いかなる態様においても公式に限定されたということはない」と述べた．*Smith v. Collin*, 436 U. S. 953（1978）.

て女性が有する機会を損ない，とりわけ「市民権の十分な行使，及び近隣地域を含む公共的生活への参加を，女性に対して制限することに威力を発揮してしまう」[142].

その条例はポルノグラフィーを,「画像であれ言語であれ，性的に露骨に女性を従属的なものと描くもの」と定義していた．それはポルノグラフィーの売買を，民事訴訟の対象と位置づけ，その民事訴訟は,「女性の従属に反対して行動している者としての立場にある女性であれば……誰であれ」提起しうると規定していた[143].

その法は正当化論拠として，言論それ自体が違法な侵害となるという観念，すなわち，"ポルノグラフィーは，それが惹起しうる性犯罪とは独立に女性を害するものである"という観念，及び違法な侵害を受けた当事者についての共同体的な説明，すなわち，"女性は女性として，ポルノグラフィーがもたらす害悪の犠牲者である"という観念の両方を挙げていた．これらの点でそれは，*Beauharnais* 判決における集団的文書誹毀法と，*Skokie* 判決における「人種的中傷」条例に似ていた．

指導的なフェミニズム論者であり，その条例の起草者の一人であるキャサリン・マッキノン（Catharine MacKinnon）の主張によれば，ポルノグラフィーは，両性間の関係を構成する理解を形作るから，それ自身が害悪なのである．「男性は女性を，女性についての自分たちの見方に従って取り扱う．ポルノグラフィーは，その見方，すなわち男性が考えるところの女性とは誰なのかということを規定する．男性の女性について見方が，女性とはいかなる者でありうるかが，男性の女性についての見方によって定義されるというところに，女性に対する男性の権力が見出されるのである．ポルノグラフィーとはその見方なのである」[144]. 初期の議論は，ポルノグラフィーにさらされることと，犯罪を犯す傾向との因果関係の探求に集中したけれども[145]，それらの議論は，"大規模な

---

142 General Ordinances nos. 24, 1984, and 35, 1984, インディアナ州インディアナポリス及びマリオン郡法典．上記一般条例は，以下において引用されている．*American Booksellers Association, Inc., v. Hudnut*, 598 F. Supp. 1316, 1320 (1984).

143 Ibid. at 1320, 1322.

144 Catharine A. MacKinnon, "Not a Moral Issue," *Yale Law & Policy Review*, 2 (1984), p. 326.

145 例えば以下を参照せよ．*The Report of the Commission on Obscenity and Pornography* (Washington, D. C.: U. S. Government Printing Office, 1970).

第3章　宗教的自由と言論の自由

営利的ポルノグラフィーが，いかに女性の平等にそぐわない社会的世界を現出させるか"を見落としていた．因果関係についての狭い観念は，ポルノグラフィーが女性にもたらす違法な侵害を私的なものにするけれども，言論が社会的現実を構成するという発想は，違法な侵害についての共同体的観念の可能性を示唆するものである．マッキノンによれば，権利侵害についての「個別化された，原子論的」な観念は，ポルノグラフィーがいかにして女性を，一回の侵害で女性一人を個人として害するのではなく，「女性」という集団の構成員として侵害するのかを捉えきれていない[146]．このようにして，フェミニズム論者のポルノグラフィー反対論においては，言論それ自体が違法な侵害であるという観念と，侵害された当事者に関する共同体的説明とが結びつくのである．

連邦地方裁判所のバーカー（Sarah Barker）裁判官は，この両方の想定をともに斥け，その法を違憲無効と判断した．彼女は，ポルノグラフィーは「女性の従属そのものであり，第1修正の保護に値する思想の表現ではない」という市の主張を，「或る種の奇策」として却下した．バーカー裁判官が判示したところによれば，市は「不快な言論を有害な行為として再定義」しようとしたが，「その条例の明瞭な言葉づかいからは，それが言論を統制しようとしていることは明らかだ」．*Chaplinsky* 判決の「けんか言葉」法理は，「その発話自体が違法な侵害を惹起する」ような言葉の存在を承認しているが，それは"ポルノグラフィーそれ自体が違法な侵害である"とする見解を支持するものではなかった[147]．

バーカー裁判官はまた，ポルノグラフィーの害悪は，集団としての女性に対してのものであるという主張にも異議を唱えた．「その条例は，明確に定義された特定可能な犠牲者を前提にしたり要求したりしていない」．それはその代わりに，「成人女性を集団として，女性としての法的・社会学的な地位の低下から保護すること，すなわち『ポルノグラフィー』の結果として女性だからこそ女性にふりかかる差別的スティグマから保護すること」を目指していた．彼女は，"仮に裁判所がこの議論を容認するならば，他の市議会が「同じぐらい強力な搾取・差別反対論に基づく保護措置を立法化する」ことをどうやってくい止められるだろうか"と論じた．彼女は，正当化できない言論制限がぞろぞ

---

[146] MacKinnon, "Not a Moral Issue," p.338.
[147] *American Booksellers*, 598 F. Supp. at 1330–31.

ろ出てくることを示唆するかのように，他の立法機関が，人種差別的な出版や，民族的・宗教的な中傷を禁止するかもしれないという可能性に言及した．バーカー裁判官は *Collin v. Smith* を引用して，このような制限を合憲とすることは，「第1修正の保障する自由に対する非常に大きな潜在的侵害の前触れとなるので，そこで保障されている貴重な自由が息絶えてしまうであろう」と結論づけた[148]．

バーカー裁判官と異なり，上訴審の連邦控訴裁判所は，「ポルノグラフィーは違法な侵害である」，「ポルノグラフィーとは，ポルノグラフィーが作用するところのものである」という市の主張を容認した．それにもかかわらず，連邦控訴裁判所は原判決を是認した．同裁判所は，"ポルノグラフィーはその害悪がいかなるものであれ，1つの観点である"とし，"それゆえインディアナポリス市条例は，第1修正に反して「観点中立性を欠いている」"と主張した．その条例は，少なくとも女性の性的従属を非難するという限りにおいて，善き社会についての或る特定の考え方を是認しているのだから，"政府は善についての見方に関して中立的でなければならない"という原理に違反したことになるのである．「それは，女性について，そして女性がいかに性的な出会いに反応しうるかについて，さらに両性がいかに互いに関わりあうことができるかについて，『公的に承認された』見解を確立するものである」．しかし「公権力はこのように，好ましい観点を規定することはできない．連邦憲法は，公権力がある見解を正しいと宣言し，反対者を沈黙させることを禁止するのである[149]．

Beauharnais 判決からスコーキー，インディアナポリス両事件までの30年は，手続き的共和国の勝利を示すものである．宗教と同様，言論に関しても，負荷なき自己の観念は，"政府は善についての様々な考え方の間で中立的であるべきだ"という主張の発展に寄り添い，その主張を活性化さえしてきた．その結果，アメリカ史のいかなる時代よりも裁判所は言論に寛大になったけれども，この展開を見ると，それが体現するリベラリズムについて疑問を呈示せざるを得ない．

148　Ibid. at 1335–36.
149　*American Booksellers Association, Inc. v. Hudnut*, 771 F. 2d 323, 328–329, 332, 325 (1985).

第3章　宗教的自由と言論の自由

　第一に，私たちが見てきたように，"言論の否認を棚上げすることがどのくらい道理にかなっているか"という点は，言論と社会的現実との関係，及び個人と共同体的アイデンティティとの関係に関する，相対立する理論次第で決まってくる．それゆえ，道徳的判断を棚上げすることにより言論を保護しようとする，リベラルの主張は，結局のところ中立的ではなくて，人格と言論に関する一つの論争的な理論を前提としており，それには少なくとも二つの反論が考えられる．(1) 中立性の名において，人種差別主義者・ナチス・暴力的なポルノグラフィーの描写を保護してしまうと，その地位がその個人の社会的評価に大きく関わっているところの特定の帰属共同体の構成員として，個人を尊重することができなくなる．(2) "言論は単に社会的実践を唱道するだけであり，決して社会的現実を構成するものではない"という理論を現実に実行してしまうということは，言論がもたらしうる物理的害悪とは独立に，言論が惹起しうる違法な侵害を認めないということになる．逆説的なことに，手続き的共和国は，言論をあまり尊重しないことによって，すなわち，それ自体で違法な侵害を与えうる言論の潜在力を真剣には考えないことによって，言論をより寛大に扱うのである．

　第二に，"地域共同体は道徳的判断を棚上げするべきである"と主張することによって言論を保護すれば，自己統治に対する否定的影響を免れない．なぜなら，それは，"位置づけられた自己としての人格に対する尊重"という善を，単に過小評価することになるだけでなく，政治的共同体がこの善を実現するために民主的に行動することを困難にするからである．ホロコーストの生存者たちは，ナチスの行進を妨げることに大いに関心があったけれども，裁判所が覆した条例に賛成したのは，スコーキーの市民だったのである．同様にフェミニズム論者たちは，最も激しいポルノグラフィー批判者であったが，裁判所が違憲無効にした法を可決したのは，インディアナポリス市議会だったのである．"共同体の一員としての尊重"という善だけでなく，"この目的を確保するために行動する自己統治的な共同体"という善も，手続き的共和国からくる拘束によって実現を妨げられてしまうのである．

　この点についてリベラルは，"多数派を制約し，それによって自己統治を制限することこそ，切り札としての権利の要点である"と答えるかもしれない．"政府は諸目的の間で中立的でなければならない"という原理のおかげで，自分たちの気に入らない言論を抑圧しようとする多数派の意思の押し付けを抑止

集団的名誉毀損と人格についての考え方

することができる．リベラルは，これこそがその大きな長所であると主張する．例えば1960年代の公民権運動のことを考えてほしい．ユダヤ人がスコーキーにおいてナチスの行進を望まなかったように，人種差別主義の白人は自分たちの共同体で，マーティン・ルーサー・キング（Martin Luther King）牧師が行進することを望まなかったのである．もしあらゆる言論が許容される必要はないならば，スコーキーにおけるナチスの場合と，南部における公民権を求める行進とをどのように区別することができるのか，とリベラルは問う．

　その答えは，リベラルな政治理論が想定するものより単純かもしれない．つまりナチスは民族皆殺しと憎悪を奨励するが，キング牧師は黒人の公民権を追求したのである．両者の違いは，言論の内容或いはそこで主張される大義の本質に存する[150]．法を解釈するという責任を負う裁判官が，言論の自由やその他の諸権利を定義する際に，この種の実質的な道徳的区別をしたがらないのはもっともなことである．しかし彼らが道徳的判断を棚上げしようとする際に直面する困難を見れば，手続き的共和国を貫くリベラリズムにつきまとう，より大きな問題が分かる．1960年代の注目に値する判決において，ジョンソン（Frank Johnson）裁判官は，"或る権利が推進するであろう大義の道徳性を判断することなく，その権利の合憲性について判断を下すことは，常に可能であるとは限らない"と結論づけている．

　1965年にキング牧師が，セルマからモンゴメリーまで行進を先導しようとしたとき，アラバマ州のウォレス（George Wallace）知事は，彼を阻止しようと試みた．その事件はすぐに連邦地方裁判所に提訴され，そこにおいてそれは，ジョンソン裁判官にディレンマを突きつけた．判例は言論及び集会の権利を認めていたが，州は公共の安全及び便宜のために，公道の使用を規制する権限を認められている．ジョンソン裁判官が認めたように，公道に沿った民衆の行進は，「憲法上許容される限界に」達した．それにもかかわらず彼は，その大義の正当性を理由に，行進を許可するよう州に命じたのである．「集会・デモ・

---

[150] 1970年代の「良性の」割当制を，1940年代の人種差別的・反ユダヤ主義的な割当制と区別する，ロナルド・ドゥオーキンの人種意識的な入学許可政策擁護論と比較せよ．リベラルの理論によれば，政策が仕える目的の価値に基づいてそのような区別を行うことはできないので，それは「内的」選好を「外的」選好と峻別する理論のような，苦心して考え出した理由に基づいていなければならない．Dworkin, *Taking Rights Seriously* (Cambridge, Mass.: Harvard University Press, 1977), chap. 9.

第3章　宗教的自由と言論の自由

公道に沿った平穏な行進……の権利の許容限度は，そこで抗議や請願の対象となっている不正の悪性に比例して判断されるべきである．本件では，不正の悪性は甚だしい．したがって，それに応じて，これらの不正を弾劾するデモの権利の許容限度は決定されるべきである」[151].

　ジョンソン裁判官の判決は，内容中立的ではなかった．それはスコーキー事件においては，ナチスを助けなかったであろう．この意味において，それは非リベラルな判決であった．しかしそれによって，相対主義や抑圧的姿勢という，いったんそれが始まると制止の効きにくい立場に至ることはなかった．その判決が可能にした行進は，国民の道徳的想像力を刺激して，1965年の投票権法の成立に寄与することになった[152].

151　*Williams v. Wallace*, 240 F. Supp. 100, 108, 106（1965）.
152　この判例を論じたものとして，以下を参照せよ．Frank M. Johnson, "Civil Disobedience and the Law," *Tulane Law Review*, 44（1969）, pp. 9-10.

第4章　プライバシー権と家族法

　"政府は善き生についての様々な考え方に関して中立的でなければならない"という原理の憲法的表現は，プライバシー権の領域においても見出すことができる．プライバシー権についての憲法史は，信教の自由や言論の自由の場合と比べると，はるかに短い．第3修正は，所有者の承諾を得ずにその家屋に兵士を舎営させることを禁じ，また第4修正は，人民を不合理な捜索および押収または抑留から保護しているものの，権利章典は，明示的にプライバシーに言及しているわけではない．にもかかわらず，連邦最高裁判所は近年，婚姻・生殖・避妊・妊娠中絶のような個人的行為を政府の介入から保護するプライバシー権が，憲法の中に黙示的に規定されていると判断してきた．

　これらの判決は，裁判所の解釈方法をめぐる夥しい学問的論争を引き起こしたし，もちろん妊娠中絶それ自体も，多くの政治的議論の対象となった．しかしながら私は，これらの論争について論じるというよりも，むしろプライバシー関連判例から明らかになるところの政治理論及び人格についての考え方を探求することを提案したい．これらの判例は，家族法分野における最近の発展と相俟って，中立的国家という理想と，負荷なき自己という像とを結びつけている．またそれらの判例は，それが具現している理論の欠陥をも明らかにしているのである．

親密さと自律

　憲法上のプライバシー権においては，中立的国家と負荷なき自己とが結びつくことが多い．例えば妊娠中絶の場合，いかなる国家も「生についての或る一つの理論を採用することによって」，中絶するか否かを決定する女性の権利を踏みにじることは許されない[1]．政府は，それがいかに多くの者に支持されて

いるものであろうとも，或る特定の道徳的見解を強制してはならないのである．なぜならば，「いかなる個人も，単に自らの『価値選好』が多数派に共有されていないからという理由で，自らその決断をする自由を放棄するよう強制されてはならない」からである[2]．

信教の自由および言論の自由と同様，プライバシーにおいても，中立性という理想は，人間という行為主体についての主意主義的な考え方を反映していることが多い．政府は，人々が自分たち自身のために価値や人間関係を選択する能力を尊重するために，善き生についての様々な考え方に対して中立的でなければならないのである．プライバシー権と，自己についての主意主義的な考え方との結びつきがあまりに密接なので，プライバシーと自律という二つの価値が一体として論じられることも少なくない．すなわち，「もし仮に人々が自らの独自性や個別性の発露としての生活様式を自由に選び取ることができないとすれば，憲法的保障で保護される人間の尊厳は，深刻に侵されるだろう」から，プライバシー権の「基底には，個人の自律についての諸観念が存在する」と言われるのである[3]．連邦最高裁は，「憲法上のプライバシー権を承認する」中で，「人は自律的に生きる能力と，その能力を行使する権利とを有する」[4]という見解を採用したのである．避妊具を禁止する法律を違憲無効とする連邦最高裁の諸判例は，「子どもを生まないことを選択する個人だけでなく，男女関係の自律性をも保護するものである」．それらの判例は，望まれない子どもに「強制的に関わらせられたり」，「親という社会的な役割を押しつけられたりする」[5]ことから男女を守るものである．

---

1 *Roe v. Wade*, 410 U. S. 113, 162, 153 (1973).
2 *Thornburgh v. American College of Obstetricians*, 476 U. S. 747, 777 (1986), スティーブンス裁判官による同意意見.
3 June Aline Eichbaum, "Towards an Autonomy-Based Theory of Constitutional Privacy," *Harvard Civil Rights-Civil Liberties Law Review*, 14 (1979), p. 365.
4 David Richards, "The Individual, the Family, and the Constitution: A Jurisprudential Perspective," *New York University Law Review*, 55 (April 1980), p. 31.
5 Kenneth L. Karst, "The Freedom of Intimate Association," *Yale Law Journal*, 89 (1980), p. 641. プライバシー権と自律の権利との関係については以下も参照せよ．J. Harvie Wilkinson III and G. Edward White, "Constitutional Protection for Personal Lifestyles," *Cornell Law Review*, 63 (1977), pp. 563–625; Louis Henkin, "Privacy and Autonomy," *Columbia Law Review*, 74 (1974), pp. 1410–33; Rogers M. Smith, "The Constitution and Autonomy," *Texas Law Review*, 60 (February 1982), pp. 175–205.

連邦最高裁の法廷意見においても反対意見においても，プライバシー権と主意主義的想定とは結びつけられることが多かった．それゆえ連邦最高裁は，避妊具を禁止する法が，「出産という事柄に関する個人の自律についての憲法上の保護」[6]を侵害している，と判示した．連邦最高裁は，「妊娠中絶するかどうか……という女性の決定以上に，まさしく個人的な，あるいは個人の尊厳と自律にとって基本的な決定はほとんど存在しない」[7]という理由によって，妊娠中絶の権利を擁護した．ある妊娠中絶関連判例におけるダグラス裁判官の同意意見によれば，プライバシー権とは「人の知性，関心，嗜好，そして個性の発達と表現についての自律的な統御」や，「結婚，離婚，生殖，避妊，および子どもの教育・成育といった人生における根本的な決断を行う際の選択の自由」[8]のような自由を保護するものである．マーシャル（Thurgood Marshall）裁判官の反対意見では，警官の髪の毛の長さを制限する規則が，合衆国憲法で保護されていると彼が考える，「プライバシー，アイデンティティ，自律，および人格の不可侵性という諸価値とは矛盾する」として，違憲無効とされた[9]．そして連邦最高裁の4人の裁判官は，「性的関係の豊かさの多くは，"このように甚だしく個人的な絆の形態や性格を，自ら選ぶことができる"という自由によってもたらされる」[10]という論拠によって，プライバシー権を拡大し，同意に基づく同性愛行為までも保護されるとした．

プライバシーと自律との結びつきは，今やあまりによく知られていて，それが自然であり，また必然的にすら見えるのだが，プライバシー権は，人格についての主意主義的な考え方を前提とする必要はないのである．実際に，アメリカ法においては，プライバシー権が，中立的国家という理想も，自身の目的や愛着を自由に選択する自己という理想も含まない時代が長かったのである．プライバシーの意味が近年これらの想定を含むようになってきたことは，私たちの道徳的・政治的文化の中で，これらがその存在感をとみに増してきたことを反映している．

6　*Carey v. Population Services International*, 431 U. S. 678, 687（1977）.
7　*Thornburgh*, 476 U. S. at 772.
8　*Doe v. Bolton*, 410 U. S. 179, 211（1973）. ダグラス裁判官による同意意見．
9　*Kelley v. Johnson*, 425 U. S. 238, 251（1976）. マーシャル裁判官による反対意見．
10　*Bowers v. Hardwick*, 478 U. S. 186, 205（1986）. ブラックマン裁判官による反対意見．

現代のプライバシー権は，政府による制約を受けずに或る行為を行う権利だが，伝統的な考え方においては，公衆の目から或る種の私的な事柄を保護するための権利なのである．新しいプライバシーは，個人が「或る種の重大な意思決定をするうえでの独立」を保護するが，旧来のプライバシーは，「私的な事柄の暴露を回避するという」[11] 個人の利益を擁護する．

プライバシーを自律と同一視する傾向は，プライバシーについての理解がこのように変化していることを曖昧にするだけでなく，プライバシーを保護する理由の広がりをも狭めることになる．新しいプライバシーは，典型的には主意主義的に正当化されるが，別の方法でも正当化は可能である．例えば，結婚問題に対する政府の介入から自由である権利は，個人の選択の名の下においてのみならず，この権利が保護する実践それ自体に固有の価値ないしその社会的重要性の名の下においても擁護され得る．連邦最高裁が認めたこともあるように，「ある種の個人的な絆は，共有された理想および信念を涵養し，かつ伝承することによって，わが国の文化および伝統の中で決定的な役割を果たしてきた．その結果，それら個人的な絆は多様性を育み，個人と国家権力との間の極めて重要な緩衝剤として機能するのである」[12]．しかしながら連邦最高裁はプライバシーを，「自らのアイデンティティを独立して定義する能力」[13] を保護するものとして，主意主義的な見地から理解する傾向を強めてきた．この傾向は，手続き的共和国の勝利の更なる証拠といえよう．

古いプライバシーから新しいプライバシーへ

アメリカ合衆国ではプライバシー権は，最初は憲法上の法理としてではなく，不法行為法上の法理として，法的に認知された．1890 年に，当時ボストンの弁護士だったルイス・ブランダイスと，かつて法律事務所で同僚であったサミュエル・ウォレン（Samuel Warren）とが影響力のある論文を発表し，その中で，民事法は「プライバシー権」を保護すべきであるとの主張を展開した [14]．後に

11　*Whalen v. Roe*, 429 U. S. 589, 599–600 (1977).
12　*Roberts v. United States Jaycees*, 468 U. S. 609, 618–619 (1984).
13　Ibid. at 619.
14　Samuel Warren and Louis Brandeis, "The Right to Privacy," *Harvard Law Review*, 4 (1890), pp. 193–220.

問題となる性的自由とは全く異なり，ブランダイスとウォレンが言うプライバシーの観念は古風なもので，センセーショナルな報道による上流社会のゴシップの公表や，同意なくして人の肖像を広告に使用することに関するものであった．実のところ，彼らの共同論文は，ウォレンがボストンの高級住宅街であるバックベイにある自宅で催した贅沢なパーティについての報道に悩まされたのがきっかけとなって，書かれたものだった[15]．

「報道は，あらゆる点で，礼節と品位において明らかに限界を踏み越えている」と彼らは述べた．「ゴシップはもはや，怠惰な人や堕落した人々の娯楽ではなく，熱心かつ厚かましく追求される商売とされている．日刊紙のコラムでは好色な嗜好を満たすために，性的関係の詳細が滅多やたらに書き散らされている．怠惰なことに，コラムというコラムは根も葉もないゴシップに満ち満ちており，そういったゴシップは，他人の家庭に入り込まなければ入手できないものなのである」．ウォレンとブランダイスによれば，そのような不謹慎な行為は，「社会的規範および道徳性の低下」をもたらし，また「一人で放っておいてもらう個人の権利」を蹂躙するものでもある[16]．

はじめは徐々に，そして1930年代になるとより頻繁に，プライバシー権は大半の州の民事法で承認されるようになった[17]．しかしながら1960年代以前には，プライバシーに対して，憲法上，十分な注意が払われてこなかった．ロックナー時代の二つの判決は，「結婚し，家庭を持ち，そして子どもを養育する」権利と，「子どもの養育と教育を方向づける」権利とが，第14修正によって保護されると判示したが，そこではプライバシーがいわゆるプライバシーそのものとして言及されることはなかった[18]．1927年に連邦最高裁が"盗聴は第4修正で制限される捜索および押収には当たらない"と判示した際，ブランダイスは，かつてプライバシーに向けていた関心を憲法上の文脈へと拡張して，長く記憶に残る反対意見を展開した．彼は，不合理な捜索および押収を受けな

15　Alpheus T. Mason, *Brandeis ; A Free man's Life* (New York ; Viking Press, 1946), p. 70.
16　Warren and Brandeis, "The Right to Privacy," p. 196.
17　以下を参照せよ．William L. Prosser, "Privacy," *California Law Review*, 48 (1960), pp. 338–423.
18　*Meyer v. Nebraska*, 262 U. S. 390 (1923) ; *Pierce v. Society of Sisters*, 268 U. S. 510 (1925).

いという保障は,「政府との関係において, 一人で放っておいてもらう権利を賦与しているのだ」と主張した.「その権利を守るためには, 個人のプライバシーに対する政府のあらゆる不正な侵入が, その方法のいかんを問わず, 第4修正違反と判断されなければならない」[19]. そして連邦最高裁は 1942 年,「男性の人間としての基本的な市民的権利の一つに当該法律が抵触する」として,「道徳的堕落」にかかる重罪のかどで 3 度目の有罪判決を受けた後に, 強制的に断種することを定めるオクラホマ州法を違憲とした[20].

連邦最高裁がはじめてプライバシー権それ自体を扱ったのは, *Poe v. Ullman* (1961) で, コネティカット州法の避妊具の〔使用〕禁止が争われたときである. 多数意見は技術的な理由で本件を却下したが, ダグラス裁判官とハーラン裁判官は"当該法律はプライバシー権を侵害している"という反対意見を付した. 彼らが擁護したプライバシーとは, 伝統的な意味でのプライバシーである. 問題となった権利は, 避妊具を使用する権利ではなく, 法の執行に必然的に伴う監視から自由である権利だったのである. ダグラス裁判官は,「この法律が完全に執行される体制を想像してみると, 寝室で何が行われているのかを調べるために, 捜索令状が発せられ役人が寝室に現れる, というところまで行ってしまうだろう…….〔もし州が〕この法律を制定し得るならば, 州はそれを執行し得る. そして法律違反を立証するためには, 必然的に夫婦関係を調べ上げることになる」[21]と述べたのである.

ダグラス裁判官は"避妊具販売の禁止は避妊具使用の禁止とは異なるだろう"と述べた."販売禁止は, 避妊具の入手を制限することになるだろうが, それによって親密な関係が公権力による調査にさらされることはないだろう. この法を執行するためには, 警官は寝室にではなく薬局に行くことになるのだから, 伝統的な意味でのプライバシーを害することにはならないだろう"というのである[22].

---

19 *Olmstead v. United States*, 277 U. S. 438, 478 (1927), ブランダイス裁判官による反対意見. ブランダイスの立場は, 1967 年の *Katz v. United States*, 389 U. S. 347 (1967) において初めて最高裁の見解となった. そこでは, 裁判所の許可を得ない盗聴は第 4 修正を侵害すると判示された.

20 *Skinner v. Oklahoma*, 316 U. S. 535 (1942).

21 *Poe v. Ullman*, 367 U. S. 497, 519–521 (1961), ダグラス裁判官による反対意見.

22 Ibid. at 519.「州が薬局で避妊具の販売を完全に禁止していたならば, 事件は全く異なっていただろう……. しかしながら係争法は, 販売でも製造でもなく, 使用を扱っているので

古いプライバシーから新しいプライバシーへ

　ハーラン裁判官は，古いプライバシーと新しいプライバシーとを区別することになる根拠に基づいて，当該法律に異議を唱えた．彼は"避妊具を禁止するこの法律が，道徳についての相対立する考え方の中で中立的ではない"という理由で異議を唱えたわけではなかった．逆に彼は，"避妊はそれ自体不道徳であって，カップルにとっての「厄介な結果」を最小化することで不義密通という「放埒な行為」を助長するものである"という信念に当該法律が基づいていることを認めたのである[23]．しかしハーラン裁判官は，この中立性の欠如が合衆国憲法に反するとは考えなかったのである．

　ハーラン裁判官は，手続き的共和国の想定に明らかに反対する立場にたって，"政府が道徳に配慮するのは正当なことである"と論じた．つまり，「社会は，共同体の物質的な福利にのみその目的を限定されているわけではなく，そこの住人の道徳的健全さにも配慮するのが伝統であった．実に，公共の場における行為と，純粋に合意に基づく行為あるいは単独の行為とを区別しようとすれば，文明化した時代においてあらゆる社会が対処すべきであるとみなしてきた一連の事項が，共同体の関心の外に追いやられてしまうだろう」[24]．

　ハーラン裁判官は，中立的国家という理想は斥けたが，"コネティカット州に，結婚した夫婦に対して避妊具の使用を禁じる権限がある"とは結論しなかった．ダグラス裁判官と同様，"当該法律を執行することは，結婚という貴重な制度にとって不可欠なものであるプライバシーへの侵害である"と結論づけたのである．彼の反論は，伝統的な意味でのプライバシーの侵害に向けられていた．すなわち「夫婦に対し，夫婦関係という親密さの具体的状況を刑事法廷の面前で釈明させることによって，刑法という仕組みが総力をあげて，結婚に関わるプライバシーのまさに核心へと侵入する」ということに向けられていた．ハーラン裁判官によれば，州は"避妊が不道徳である"という信念を法に具体化する権限は有するが，「その政策を実施するために選択した，不快きわまりないほどプライバシー侵害的な手段を」[25]採用する権限は有しない．

　4年後の *Griswold v. Connecticut* では，これらの反対意見が勝利を収めた．連邦最高裁は，避妊具の使用を禁止するコネティカット州法を違憲とし，プライ

　　ある」．
23　Ibid. at 545, ハーラン裁判官による反対意見．
24　Ibid. at 545-546.
25　Ibid. at 553-554.

バシー権に対して，はじめて明示的に憲法上の承認を与えたのである．連邦最高裁が認めた権利は，この時点ではまだ，親密な事柄を公衆の目から守る法益としてプライバシーを捉える伝統的観念と結びついていた．プライバシーの侵害は，避妊具を使う自由を制限するという点ではなく，法律を執行するためには夫婦関係に侵入せざるを得ないという点にあったのである．ダグラス裁判官は法廷意見の中で，「私たちは，避妊具使用の証拠になってしまうようなものを探すために，夫婦の寝室という聖域を警察が捜索することを許してよいのだろうか」と述べた．「まさにその考えは，結婚関係をめぐるプライバシーの観念からすれば，嫌悪感を起こさせるようなものである」[26]．

プライバシー権のこの正当化は，主意主義的なものではなく，実質的な道徳的判断に基づくものであった．つまり連邦最高裁は，人々が自ら選択したような性生活を送ることを許容するためにではなく，結婚という社会制度を是認し保護するためにプライバシーを擁護したのである．「結婚とは，いかなる運命になろうとも共に歩み，望むらくは永続的で，神聖なまでに親密なものなのである．結婚とは，人間の生き方……すなわち生活における調和……お互いの忠誠……を高めるような結びつきであって，当法廷のこれまでの判例に登場したいかなる目的にも劣らないほど高貴な目的のための結びつきなのである」[27]．

Griswold 判決は，憲法上の劇的な新展開とみなされることが多いが，この判決が宣言したプライバシー権は，20世紀の初頭にまで遡る伝統的なプライバシー観念と一致するものである．プライバシーの諸観念の変化という観点からいえば，より決定的な転回は，その7年後，一見類似の事例である *Eisenstadt v. Baird*（1972）でもたらされた[28]．*Griswold* 判決と同様に，本判決は，避妊具を規制する州法にかかわるものであった．しかし *Eisenstadt* 判決で問題とされた法律は，避妊具の使用ではなく，避妊具の頒布を制限するものであった．したがって当該州法は，避妊具の入手を制限するものの，その執行に伴って政府が親密な行為を監視せざるをえなくなる，とは言えないものだった．当該州法は，伝統的な意味のプライバシーは侵害していなかったのである（事実，本件は，ある男性が避妊に関して公共の場で講演した際，避妊具を頒布した故に有罪とされた事例であ

26　*Griswold v. Connecticut*, 381 U. S. 479, 485–486（1965）.
27　Ibid. at 486.
28　*Eisenstadt v. Baird*, 405 U. S. 438（1972）.

る）．さらに，当該州法は未婚者に対してのみ避妊具の頒布を禁じていたのであるから，コネティカット州法のように，結婚制度に重荷を課すようなものではなかった．

　このような違いがあるにもかかわらず，連邦最高裁判所は当該法律を違憲無効とし，反対意見は一つしかなかった．この判決は二つの点で革新的であったが，一方は明示的なものであり，他方は見えにくいものであった．明示的な変化とは，結婚という社会制度の参加者としての人間から，役割や愛着とは切り離された個人としての人間へと，プライバシー権の保持者を捉え直すことであった．「"*Griswold* 判決で問題となったプライバシー権は，結婚関係そのものに内在する"というのは正しい．しかし夫婦とはそれ自身として知性と感情とを持つ独立した統一体なのではなく，互いに別々の知的・情緒的特質を持つ二人の個人の結びつきなのである」[29]．

　それほどはっきりしたものではないが，同じくらい決定的な変化は，古いプライバシーから新しいプライバシーへの転換にあった．今やプライバシー権は，単に親密な事柄の監視ないしは暴露からの自由を超えて，政府による制約なしに或る種の行為を行う自由を保護するものになった．*Griswold* 判決におけるプライバシーは，「夫婦の寝室という聖域」への政府の侵入を阻止するものであったが，*Eisenstadt* 判決におけるプライバシーは，ある種の決定への政府の介入を阻止するものであった．さらに，プライバシーの意味が変化するにつれて，その正当化の論拠も変化した．*Eisenstadt* 判決の中で最高裁がプライバシーを保護したのは，それによって推進される社会的実践のためではなく，プライバシーによって個人の選択が確保されるからである．「プライバシー権がいやしくも何かを意味するとすれば，それは，子どもをもうけるかどうかの決定と同じくらいに，人間に対して根本的な影響を及ぼす事柄について，政府が行う不当な介入から自由であることを意味し，それは，既婚未婚を問わず個人の権利なのである」[30]．

---

[29] Ibid. at 453.
[30] Ibid. *Eisenstadt* 判決における最高裁の法廷意見は，次のような偽りの仮説を使って，古いプライバシーから新しいプライバシーへの移行をわざと見えにくくしている．「*Griswold* 判決の下で，既婚者への避妊具販売が禁止できないならば，未婚者への販売の禁止もやはり認められないであろう」．しかし，*Griswold* 判決は，既婚者への販売を禁止できないとは判示しなかった．

1年後，連邦最高裁は *Roe v. Wade* で，妊娠中絶を制約するテキサス州法を違憲無効とし，もっとも議論を招くような方法で新しいプライバシーの考え方を適用した．「当該プライバシー権は，……第14修正に規定された"個人の自由"および"州政府の行為への制限"という概念に基礎を持つものであるが，……それは，"妊娠中絶をするかしないか"という女性の決定を含むほど広いものである」[31]．はじめは避妊具，ついで妊娠中絶というように，プライバシー権は，州の介入を受けずに或る種の選択をする権利となっていた．この選択はまた，夫や親による介入からも自由でなければならなかった．*Roe* 判決から数年後，連邦最高裁は妊娠中絶の条件として，夫の同意，または未婚の未成年者の場合には親の同意を要求する法律を違憲無効とした．州は未成年者に対してさえ，妊娠第1期の中絶は禁止できないのだから，州が，夫や親といった「第三者」に中絶を禁止する権限を委任することはできないのである[32]．さらに連邦最高裁は最近，親の同意要件は合憲とする一方，配偶者への告知規定は"妊娠中絶をするかどうかについての女性の選択権に過度の負担を課すことになる"という理由で違憲とした[33]．

新たなプライバシーについての主意主義的な理由付けは，16歳未満の未成年者に対して避妊具の販売を禁じたニューヨーク州法を違憲とした1977年の判決の中に，明確に述べられている．連邦最高裁は初めて，プライバシーの保護法益を表現するにあたって，自律という語を用いて，古いプライバシーから新しいプライバシーへの転換を公然と論じた．*Carey v. Population Services International* の法廷意見の中で，ブレナン裁判官は，"*Griswold* 判決では，避妊具の使用を禁じた法律によって夫婦の寝室内に警官が送り込まれかねないという事実が重要であった"ということを認めた．「しかし，それ以後の判例は，"出産にかかわる個人の自律への憲法上の保護が，そのような要素に左右されるものではない"ということを明らかにしてきた」．彼は，*Eisenstadt* 判決では，「子どもをもうけるかどうかの決定」が保護されたことを強調した．*Roe* 判決では「妊娠中絶をするかしないかという女性の決定」が保護された．「それがもたらした結果から解釈すると，*Griswold* 判決の教訓とは，"出産の問題に関

---

[31] *Roe*, 410 U. S. at 153.
[32] *Planned Parenthood of Missouri v. Danforth*, 428 U. S. 52, 69, 74–75（1976）.
[33] *Planned Parenthood v. Casey*, 112 S. Ct. 2791（1992）.

する個人の決定は，合衆国憲法上，州による不当な介入から保護される"というものである」[34].

このプライバシーの主意主義的解釈を前提とすると，避妊具販売の制限は，その使用を禁じるのと同じくらい苛烈にプライバシーを侵害するものである．つまり，前者は後者と同じくらい確実に，選択を制約することになるのである．ブレナンによれば，「実際のところ現実には，一切の販売を禁止する方法は，より容易で，しかもそれほど神経を逆なでしないで実施できるので，避妊を選択する自由に対して，かえってより壊滅的な影響を与えるかもしれない」[35]. 皮肉にも，"避妊具販売の禁止は古いプライバシーを脅かさない"という事実そのものが，新しいプライバシーを，よりひどく脅かすことになるのである．

妊娠中絶の権利を承認した後続の判例ではまた，問題となっているプライバシーの法益を表現するために，自律という語が用いられた．連邦最高裁は，その中の一つの判決において，「中絶をするかどうかについての……女性の決定以上に，まさに正真正銘に私的そのものであり，個人の尊厳および自律にとって，より基本的な決定は……ほとんど存在しない．そのような選択を自由に行うという女性の権利は，間違いなく根本的権利なのである」[36]と判示した．自律という意味でのプライバシーの観念は，おそらくオコナー（Sandra Day O'Connor），ケネディ（Anthony Kennedy），スーター（David Souter），3裁判官の共同執筆による，1992年の妊娠中絶の権利についての判決意見の中で，もっとも完全な形となって現れた．プライバシー権とは，「人間が生涯でなし得るもっとも親密かつ個人的な選択，個人の尊厳および自律にとって中心的な選択を」保護するものである．彼らは，自律としてのプライバシーと，人格についての主意主義的な考え方とを，明確に結びつけるに至った．すなわち「自由の核心には，存在，意味，宇宙，および人間の生の神秘についての各人の概念を定義する権利がある．もしこれらの事柄についての信念が，政府の強制の下で形成されるならば，そのような信念が人格の特性を規定することはできないだろう」[37].

---

34 *Carey*, 431 U. S. at 687. *Eisenstadt* 判決と *Roe* 判決からの引用に付された強調は，*Carey* 判決の際に最高裁によって加えられた．
35 *Carey*, 431 U. S. at 688.
36 *Thornburgh*, 476 U. S. at 772.
37 *Carey*, 112 S. Ct. at 2807.

連邦最高裁は、プライバシーを自律と同一視する傾向を次第に強めてきたにもかかわらず、5対4の判決で、同意に基づく同性愛行為までプライバシーとして保護することを拒絶した。ホワイト裁判官による多数意見は、"プライバシーに関する連邦最高裁判例で保護されてきたのは、出産と教育、家族関係、生殖、結婚、避妊および妊娠中絶に関する選択のみである"と強調した。彼は「"これらの判例で宣明されたいずれの権利も、本件で同性愛者が主張している、反自然的性行為を行うことに対する憲法上の権利とは似ても似つかない"ということは、明白だと考える」と判示した。彼はまた、"ジョージア州の市民は、「同性愛者の反自然的性行為は、不道徳で容認しがたい」という自分たちの信念を、法の中に具体化することはできない"という主張も退けた。中立性とは反対に、「法……というものは、道徳についての諸観念に不断に基礎づけられているのであり、もし本質的に道徳的な選択を体現しているすべての法が、適正手続条項の下で違憲とされなければならないなら、裁判所はまったくもって忙殺されてしまうであろう」[38]。

3人の裁判官が同調したブラックマン裁判官による反対意見は、"プライバシー権に関するそれまでの連邦最高裁判例の帰趨を決したのは、プライバシーとして保護される各行為の徳性ではなく、親密な事柄に関する個人の自由な選択という原理であった"と主張した。性的関係におけるプライバシー権とは、「これらの極度に個人的な結びつきの形態と性質とを選択するために、個人が有する自由」を保護するものであるから、他の親密な関係をめぐる選択と同程度に、同性愛行為もプライバシー権として保護されるのである。ブラックマン裁判官はまた、中立的国家という理想を持ち出した。"或る宗教が、同性愛を嫌悪している"ということをもって、「州が自らの判断を、州民全体に押しつけることが許されるということはありえない」。法は、宗教的確信によって正当化されうるものではない。むしろ、同性愛に反対する宗教的な教えに州が訴えることは、当該法律が「世俗的な強制権限の正統な行使の体現である」[39]と

---

38 *Bowers*, 478 U. S. at 190–191, 196.
39 Ibid. at 204–205, 211、ブラックマン裁判官による反対意見。同様の同性愛禁止法を違憲無効とするにあたって、ニューヨークの州裁判所も、"政府は道徳や宗教についての競合する様々な考え方の間で中立でなければならない"という考えを明確に述べていた。「道徳的ないしは神学的諸価値を明確に表現する手段や、それらを事前の意図どおりに実現するための装置を提供することは、我々の統治政策において刑法の機能とはされていない」。*People v. Onofre*, 51 N.Y. 2d 476, 488（1980）。

いう州の主張の土台を揺るがすものである．

　連邦最高裁は，同性愛者にプライバシー権を拡張することに消極的ではあるが，ここ数十年のプライバシー関連判例は，人格についてのリベラルな考え方から引き出される諸前提の証拠を十分に提供している．これらの判例からはまた，そこで反映されているリベラリズムについての二つの疑問が生じてくる．第一の疑問は，論争的な道徳的争点を棚上げすることに関わる．第二の疑問は，プライバシーについての主意主義的な考え方が，プライバシーを保護する理由の広がりを限定しようとする仕方に関わる．

妊娠中絶と最小限主義的(ミニマリスト)寛容擁護論

　私たちが見てきたように，最小限主義的リベラリズムは，哲学的ではなく政治的な正義の考え方を探求しているが，それはカント的であれ，それ以外であれ，人格についてのある特定の考え方を前提とするものではない．最小限主義的リベラリズムは，政治的目的のために，異論の余地ある道徳的・宗教的争点を棚上げすることを提案するが，それは自律ないしは個人性という「包括的な」リベラルの理想のためではなく，むしろ諸目的について考え方の不一致がある中で，なお社会的協力を確保しようとするためなのである[40]．この種のリベラリズムには，次のような批判がある．すなわち，"道徳的ないし宗教的個別の論争を棚上げしようという主張それ自体が，そこで棚上げしようとしている論争への暗黙の解答に基づいているのではないか"というものである．例えば妊娠中絶の場合，"道徳的に有意な意味で胎児は赤ん坊とは異なるのだ"と確信すればするほど，私たちは"胎児の道徳的地位についての問題を政治的目的のために棚上げできる"という確信も強まるのである．

　Roe v. Wade における連邦最高裁の主張からは，論争的な道徳的・宗教的争点を棚上げして憲法訴訟に判断を下すことの難しさを読み取ることができる．連邦最高裁は，生命の始期の問題については自らの中立性を標榜しながら，その判決は，その問いに対する特定の解答を前提にしていたのである．連邦最高裁はまず，"妊娠中絶を禁止するテキサス州法が，生命の始期についてのある

40　John Rawls, "Justice as Fairness: Political not Metaphysical," *Philosophy & Public Affairs*, 14 (Summer 1985), p. 245.

特定の理論を前提としている"と認定した.「テキサス州が強固に主張するところでは,生命は受胎に始まり,妊娠期間中ずっと存在しているのであるから,受胎時点からその後引き続いてその生命を保護することに,州はやむにやまれぬ利益を有している」[41].

次いで連邦最高裁は,この問題について中立の姿勢をとることを主張した.「私たちは生命の始期という難問を解決する必要はない.医学,哲学,神学の各分野の専門家が,いかなる見解の一致も見出せないときには,司法は……その解答をあれこれ考えてみる立場にない」.そして裁判所は,これまでの西洋の伝統においても,またアメリカ諸州の法においても,「このもっとも微妙かつ困難な問いについての考え方には,実に大きな幅が存在すること」[42]に着目した.

多岐にわたる見解を概観した後,連邦最高裁は「まだ生まれていない胎児は,法的には完全な意味における人格とは認識されてこなかった」と結論した.そしてこの結論から裁判所は,"テキサス州が生命についての或る特定の理論を法の中に具体化したのは誤っている"と論じた.「これらすべてに照らすと,"生命についての一つの理論を採用することによって,妊娠している女性の当該の権利をテキサス州が覆すことができる"ということに私たちは同意しない」[43].

連邦最高裁は,生命の始期の問題について自らの中立性を標榜し,テキサス州法が「生命についての一つの理論」を法の中に具体化することによって中立的ではなくなったという理由で,同州法を違憲無効とした.しかし中立的であると公言していたにもかかわらず,連邦最高裁の判決自体が,自らが棚上げしたと主張する問題への或る特定の解答を前提としていたのである.「潜在的な生命についての州の重要かつ正統な利益に関して言えば,『圧倒的に重要な』時点は,胎児が生存可能性を獲得した時点である.というのは,胎児にはその時点から母胎外で意味のある生を送る可能性がおそらくはあるためである.したがって,その時点以後の胎児の生命を保護するための州の規制は,論理的かつ生物学的な正当性を有するのである」[44].

41　*Roe*, 410 U. S. at 159.
42　Ibid. at 159–160.
43　Ibid. at 162.
44　Ibid. at 163.

"連邦最高裁の Roe 判決は，自ら棚上げするとした問題への或る特定の解答を前提としていた"ということは，当該判決の結論自体に反対するものではなく，ただ"生命の始期という論争的な問題は棚上げした"という連邦最高裁の主張を反駁しているに過ぎない．その判決は，生命についてのテキサス州の考え方を，中立的な立場に置き換えたのではなく，最高裁自身が有する別の考え方に置き換えたのである．

　中立性を擁護する最小限主義的リベラルの主張はまた，さらなる難しさを抱えている．つまり，社会的協力のために論争的な道徳的・宗教的争点を棚上げすることについては合意があるとしても，何を"棚上げ"にすべきかについては，相変わらず異論の余地があり得よう．そして，それを解決するためには，問題となっている諸利益についての実質的な価値評価か，あるいは少なくとも，最小限主義的リベラリズムが意識的に回避してきた自己についての何らかの考え方が必要となるかもしれない．Roe 判決を支持する後続の妊娠中絶の判例は，この難しさを例証している．

　ホワイト裁判官は，*Thornburgh v. American College of Obstetricians*（1986）における反対意見の中で，連邦最高裁は *Roe v. Wade* を破棄して「この問題を人民に差し戻すべきだ」と強く主張した．彼は，妊娠中絶が論争的な道徳的問題であることには同意したが，"連邦最高裁がこの論争を棚上げする最善の方法は，各州にその問題を自ら決定させることだ"と主張した．彼は結局，合衆国全体に単一の答えを押しつけることを拒否することによって，ダグラスが，奴隷制という厄介な論争を棚上げすることを提案したように，妊娠中絶という厄介な論争を棚上げすることを提案したのである．「妊娠中絶は，激しい議論が戦わされている道徳的・政治的争点である」とホワイト裁判官は述べた．「私たちの社会の中で，そういった問題は，立法を通して表明された人民の意思，あるいは彼らが採択した合衆国憲法の中に組み込み済みの一般原理から看取される人民の意思によって解決されるべきである」．もしそうしなければ，連邦最高裁は中立的というのではなく，「それ自体論争的な価値選択を，人民に強制することになる」のである[45]．

45　*Thornburgh*, 476 U. S. at 796, 790, ホワイト裁判官による反対意見．ハーラン裁判官は，*Poe*, 367 U. S. at 547 において，避妊をめぐる道徳的論争を棚上げするという同様の方法を示唆している．「これらの問題はまさに論争的性格のものであり，それゆえ，"コネティカット州がこれら多様な見解の中で実際に行った選択は，憲法上許されない"と結論するには相

第4章 プライバシー権と家族法

　ホワイト裁判官に応答して，スティーブンズ裁判官は"棚上げ"の別の方法を提唱した．彼は，本件の争点が論争的な道徳的問題であることに鑑み，"立法府ではなく，むしろ個々の女性が自分自身でその問題を決定すべきだ"と主張した．"女性が自分自身のために自由に選択できるべきだ"と最高裁が主張することは，最高裁の価値観を押しつけることにはならず，単に地域の多数派が彼らの価値観を個人に押しつけるのを防ぐということに過ぎない．「いかなる個人も，単に自らの『価値選好』が多数派に共有されていないからといって，自分自身のためにその決定をする自由を放棄するよう強要されるべきではない」．スティーブンズ裁判官にとっての基本的な問題とは，"生命についていずれの理論が真なのか"ではなく，「『妊娠中絶の決定』は個人がなすべきか，それとも多数派の有する『憲法外的な価値選好を自制なく押しつけることによって』多数派がなすべきなのか」なのである[46]．

　問題を棚上げするための方法として，上記のいずれも，原則として最小限主義的リベラリズムと整合的である．つまり，善についての見解の不一致という状況の下では，社会的協力に実際的利益が存するとしても，だからといって一方〔の方法〕よりも他方〔の方法〕を選択する理由にはならない．社会的協力のために，手に負えない道徳的論争あるいは宗教的論争を棚上げすることには合意があったとしても，何をもって棚上げとするかは相変わらず不明確なままである．そしてホワイト裁判官の立場とスティーブンズ裁判官の立場のいずれを採用するかを決定するためには，問題となっている道徳的・宗教的な諸利益についての実質的な見解か，あるいはカント的リベラリズムが擁護するような人格についての考え方が必要になる．しかしいずれの解決法のもとでも，最小限主義的リベラリズムは最小限主義的でなくなってしまうであろう．なぜならいずれの方法を採ろうとも，正義についての一見政治的な考え方に対し，最小限主義的リベラリズムが避けようとしている道徳的・哲学的意味合いが与えられてしまうからである．

　最小限主義的リベラルは，"この論争を解決するのに必要な人格についての考え方は，カントのような道徳についての包括的な考え方に由来すべき必然性はなく，その代わりに，私たちの政治文化についての或る解釈から導き出すこ

当躊躇せざるをえない」．
46 *Thornburgh*, 476 U. S. at 777-778, スティーブンズ裁判官による同意意見．

とができる"と答えるかもしれない."中立性は個人の選択を尊重することを要求する"というスティーブンズ裁判官の見解は,「民主的社会の公共的文化に内在する」[47]人格についての考え方を援用することによって正当化できる.この正当化には,道徳哲学を持ち出す必要はなく,またカントやミルが考えたような,自律や個性についての理念さえ持ち出す必要はないのである.

しかし私たちが見てきたように,スティーブンズ裁判官の見解が依拠している人格についてのリベラルな考え方は,私たちの政治的および憲法的伝統それ自体に特徴的であるわけではない."自由に選択を行う負荷なき自己"としての人間像は,最近になって初めて私たちの憲法的実践に影響を与えるようになったに過ぎない.その魅力がどのようなものであれ,アメリカの政治的伝統全体がその上に築かれているわけではなく,ましてや「民主的社会の公共的文化」そのものがそれに立脚しているわけでもない.したがってリベラリズムの正当化においてその人間像が果たし得る役割は,文化的解釈や単なる伝統の援用ではなく,道徳的議論に依拠せざるを得ない.もしリベラルが個人の選択を確保するような仕方で,論争の余地ある道徳的な問題を棚上げしたいならば(つまりホワイト裁判官の方法ではなくスティーブンズ裁判官の方法を採りたいならば),結局のところリベラルは,"自己はその諸目的に優先する"という人格についての考え方を肯定せざるを得なくなる.リベラルは,人格についての考え方に伴う難点に直面せざるを得ないのだ.

同性愛および寛容についての主意主義的擁護論

妊娠中絶の事例が最小限主義的リベラリズムを悩ませるのと同様に,同性愛の事例は,自律の権利のみに寛容を結びつける型のリベラリズムを悩ませる.このことは,*Bowers v. Hardwick* (1986)[48]における反対意見によって展開された寛容擁護論の中に見出すことができる.

プライバシー権を同性愛にまで拡大することを否定するに際して,連邦最高裁は,"初期のプライバシーに関する判例の中で宣言されたいずれの権利も,同性愛者が求める権利と「何ら類似性を有する」ものではない"と言明した.

---

47 この言い回しはRawls, "Justice as Fairness," p. 231 による.
48 *Bowers*, 478 U. S.

第4章　プライバシー権と家族法

最高裁によれば「家族・婚姻・生殖と，同性愛行為との結びつきは全く論証されていない」[49]．連邦最高裁の立場に対抗するためには，プライバシー権としてすでに保護を受けている行為と，未だ保護を受けていない同性愛行為との間に，何らかの結びつきを示す必要があるだろう．それでは，異性間の親密性と同性間の親密性とが，共に憲法上のプライバシー権としての保護を与えられるために必要な両者の類似性とは，何なのであろうか．

　この問いには，少なくとも二つの異なった方法，すなわち一方は主意主義的な方法，他方は実質的な方法で答えることができるだろう．第一の方法は，行為に反映された自律性から論を起こし，第二の方法は，行為が実現する人間的善に着目する．主意主義的な解答は"他人に危害を加えない限り，自分が選択する行為の徳性や評判とは関わりなく，人々は自分自身のために親密な関係を自由に選択できるべきだ"というものである．この立場に立つと，自律的自己による選択を反映しているという点で，同性愛関係は，連邦最高裁がすでに保護してきた異性愛関係と類似する．

　それとは対照的に，第二の実質的な解答方法によれば，伝統的な婚姻において価値あるものの多くは，同性間の結びつきの中にも存在する．この立場に立つと，異性愛関係と同性愛関係との結びつきは，"両者が共に個人の選択の産物である"ということではなく，"両者が共に重要な人間的善を実現するものだ"ということになる．この第二の解答は，自律のみに依拠することの代わりに，同性愛的親密性に特有の徳に加えて，異性愛的親密性とも共通する徳というものを明確に摘示するものである．この立場は，Griswold 判決が夫婦間のプライバシーを擁護したのと同じ方法で，同性愛者のプライバシーを擁護する．つまり，それによれば，同性愛者間の結びつきも婚姻と同様，「神聖なまでに親密で，……生における調和であって，……相互的貞節を特色とするものであり」，それは「高貴な目的」のための結合なのである[50]．

　以上のような二つの選択肢の中で，Bowers 判決の反対意見は，全面的に第一の解答方法に依拠した．ブラックマン裁判官は，同性愛的親密性を，すでに連邦最高裁によって保護された親密性にも共通する人間的善という観点から擁護することはしなかった．むしろ彼は，個人主義的観点で連邦最高裁の初期の

49　Ibid. at 191.
50　*Griswold*, 381 U. S. at 486.

判例を読み直し,「或る関係の豊かさの多くは,これらの極めて個人的な絆の形態や性質を選択するために各個人が有する自由から生ずる」という考え方の中に,同性愛的親密性と異性愛的親密性との結びつきを見出したのである.本件で問われていたのは,同性愛そのものではなくて,自らの生き方を決定するに際して「多様な個人が,多様な選択をする」[51]という事実を尊重することだったのである.

スティーブンズ裁判官もまた,独自の反対意見の中で,同性愛的親密性が異性愛と共通に有しているかもしれない価値について言及するのを避けた.その代わり,「例外的に重要な決定を行う個人の権利」と「個人の選択の尊厳に対する尊重」について広範な議論を展開し,そのような自由が異性間のみに属するという考えを拒絶した.つまり「その個人の観点からすれば,同性愛者も異性愛者も,"自らの生をいかに生きるか",より限定的には"その者がその連れ合いとの私的かつ自発的関係において,いかに身を処するか"についての決定をするということについては,同じ利益を有するのだ」[52].

主意主義的議論が,あまりにこれらの反対意見において支配的なので,実質的見解が反映された判決を想像することは困難に思われる.しかしこの見解は,本件の下級審判決の中にほのかに看て取れる.連邦控訴裁判所は,ハードウィックに有利な判決を下し,彼の有罪の根拠となった法を違憲無効としていた[53].連邦控訴裁判所は,ブラックマン裁判官やスティーブンズ裁判官と同様に,婚姻におけるプライバシーと同性愛関係におけるプライバシーとの間の類似性を認めた.しかし連邦最高裁判決での反対意見とは異なり,それは主意主義的な根拠のみに基づいて類似性を論じたわけではなかった.むしろ連邦控訴裁判決は,婚姻関係と同性愛関係のいずれにおける行為も,人間の重要な善を実現しうるのだ,と主張した.

連邦控訴裁判所が述べたように,婚姻関係というのは,生殖というその目的のためばかりでなく,「それがもたらす相互扶助と自己実現のための,この上ない機会の故に」意義深いのである.連邦控訴裁判決は,「夫婦とは,よき時も,悪しき時も共に歩み,望むらくは永遠に,ある種の神聖さを持つ,親密な

---

51 *Bowers*, 478 U. S. at 217.
52 Ibid. at 218–219.
53 *Hardwick v. Bowers*, 760 F. 2d 1202 (1985).

つながりである」という Griswold 判決における連邦最高裁の見解を思い起こさせるものであった．そしてそれは続けて，"連邦最高裁が Griswold 判決において高く評価した特質が，同性愛的結合においても存することがある"と示唆した．「或る人々にとっては，ここで問題となっている性行為というのは，夫婦間の親密性と同じ目的に仕えるものなのだ」[54].

皮肉にも，同性愛者に対してプライバシー権を拡張するこの方法は，Griswold 判決の「古風な」解釈，すなわち連邦最高裁が個人主義的解釈に賛同したために放棄して久しい解釈に依拠するものである[55]．或る一定の価値と目的とを是認するという Griswold 判決の一側面に依拠することによって，同性愛者のプライバシーの実質的擁護論は，手続き的共和国を特徴づけるリベラリズムに抵触してしまうのである．この実質的擁護論は，プライバシー権によって保護される行為の善性に，プライバシー権を根拠づけるものであり，それゆえ善についての様々な考え方の中にあって中立を保てないのである．

同性愛者の権利に関する先例として，より頻繁に用いられるのは，Griswold 判決ではなく，Stanley v. Georgia (1969) である．この判決は，自宅内で密かに猥褻物を所有する権利を認めたものである．Stanley 判決は，"被告の寝室内で発見された猥褻なフィルムが，「高貴な目的」に資する"と判示したのではなく，ただ"彼は私的にそのフィルムを見る権利を有する"と判示したのである．手続き的共和国の想定に忠実に，この判決が擁護した寛容とは，寛容の対象とされるものの価値ないし重要性とはまったく独立したものであった[56]．

ニューヨーク州裁判所は，まさにこれらの根拠に基づいて，同性愛者のため

---

[54] Ibid. at 1211-12. 主意主義的根拠よりもむしろ実質的な根拠に基づいて同性愛の諸権利を認めた他の判決は，*Braschi v. Stahl Associates Co.*, 543 N. E. 2d 49 (N. Y. 1989) である．ニューヨーク州の最高裁判所は，借家人の死によって「家族」の構成員を退去させることを禁じている家賃統制法は，故人と同性愛関係にあった人生のパートナーを保護するものであると判示した．同性愛のパートナーは，「単なる同居人」を超えて，法的婚姻関係にある配偶者に近いものであった．それは，彼らが同棲を選んだからではなく，彼ら互いのための献身，気遣い，そして自己犠牲によって証明される二人の関係の総体性の故である．Ibid. at 54-55.

[55] 以下を参照せよ．*Eisenstadt*, 405 U. S. at 453; *Carey*, 431 U. S. at 687.

[56] *Stanley v. Georgia*, 394 U. S. 557, 564-566 (1969); ibid. at 568.「情報や思想を受け取る権利は，それらの社会的価値に関わらず，我々の自由な社会にとって根源的である．……州は猥褻物を規制する広範な権限を保持している．ただ，その規制権限は，自分の家の中で私的に個人が猥褻物を所有することにまで及ぶものではない」（強調は引用者）．

のプライバシー権を承認した．*Stanley* 判決に倣って，"もし仮に「非難されるべき猥褻物によって性的欲求を満たす」権利がある"とするならば，"私的で同意に基づいて行われる限り，「少なくともかつては一般的に『逸脱した』行為であるとみなされたものから，性的充足を得ようとする権利」もまた存在すべきだ"ということになろう．州裁判所は，そこで保護される行為については自らが中立的であることを強調した．「私たちは同意に基づく同性愛行為について，何らの神学的，道徳的または心理学的評価に関する見解も表明しない．これらは，"情報に通じた権威者および諸個人が，見解を異にしうるし，また現に見解を異にしている"争点の諸側面であるから」．裁判所の役割とは，相対立する見解の中から一つを選んで，それを法に具体化することよりも，単にこれらの相対立する道徳的諸見解の棚上げを確実にすることにあった．「道徳的あるいは神学的価値を明言する媒介物，あるいはそのような価値を意図した通りに実現するための装置を提供することは，我が政府の政策においては，刑法の機能とはされていない」[57]．

　同性愛の道徳性という問題を棚上げしようとする寛容論が持つ魅力は，私たちにとって馴染み深いものである．価値について深刻な見解の不一致に直面する中で，その立場は対立する当事者たちにごくわずかなことしか求めない．それは，道徳的転向を要求することなく，社会的平穏と権利の尊重とをもたらしてくれる．同性愛行為は罪であると考える人々に対しては，自分たちの意見を変えるように説得する必要はなく，彼らは単に私的にそういう行為をする人々に対して寛容であればよいのである．この寛容というのは，"各自生きたいように生きる"という自由を互いに尊重することだけを求めることによって，善について広く共有された考え方を前提にしない形で，政治的合意のための基礎を確実に与えてくれる．

　しかしその希望的見通しにもかかわらず，寛容についてのこの中立主義的擁護論には，二つの相互に関連し合う難点が伴う．第一に，実際問題として，当該係争行為の道徳的許容性についての或る程度が合意もない場合に，自律権の強さのみに頼って社会的協力を確保することが可能なのかは，決して自明ではない．現在プライバシー権の内実を成すとされている行為が，婚姻や生殖の神聖さを論じた判例において初めて憲法上の保護を与えられたということは，偶

---

[57] *Onofre*, 51 N. Y. 2d at 488.

然ではないのかもしれない．プライバシー権がこれらの行為から抜き取られ，かつてはプライバシー権によって実現されると考えられた善とは関係なく保護されるようになったのは，後のことである．このことは，プライバシー権の主意主義的正当化というものが，"プライバシーとして保護された行為は，道徳的に許容可能なものである"という一定の合意に——哲学的ばかりでなく政治的にも——依存していることを示唆することになろう．

　主意主義的寛容擁護論の第二の難点は，それで確保される尊重の質に関わる．ニューヨーク州の事例が示すように，*Stanley* 判決との類比によって同性愛を許容すれば，同性愛を貶めるという代価を払わざるをえない．その論法では，"私的に行われる限り許容されるべき浅ましいこと"と捉えることによって，同性愛的親密性を猥褻と同列に位置づけることになる．*Griswold* 判決よりもむしろ *Stanley* 判決の方が類似していると考えると，そこで問題となっている法益は，ニューヨーク州裁判所がなしたように，「性欲の満足」へと矮小化されざるをえない．（*Stanley* 判決で問題となった親密な関係性とは，男性と，彼のポルノグラフィとの間の関係だけであった．）

　Bowers 判決の多数意見は「同性愛行為をする基本的な権利」という観念を嘲ることによって，この発想を巧みに利用した [58]．それに対しては明らかに，"*Griswold* 判決が異性間性行為への権利の問題ではなかったのと同様に，*Bowers* 判決は同性愛行為への権利についての問題ではなかった"という反論があろう．しかし同性愛的親密性と異性間の結びつきに共通する人間的善を明確に論じるのを拒絶することによって，主意主義的寛容擁護論は，*Bowers* 判決に *Griswold* 判決との類似性を失わせ，その嘲りに対して論駁することを困難にしてしまう．

　中立的寛容論の問題は，その魅力と表裏の関係にある．つまりその寛容論は，同性愛それ自体についての否定的見解を，まったく不問に付したままにしてしまう．しかしそれらの見解をきちんと扱わない限り，同性愛者に有利な裁判所の判決でさえ，希薄で脆い寛容しか同性愛者にもたらさないだろう．より十分に尊重されるためには，同性愛者が送る生について，賞賛とまでは言わないまでも，少なくとも何らかの肯定的評価が必要であろう．しかしそういった評価は，自律の権利という観点のみから展開される法的・政治的議論からは生まれ

58　*Bowers*, 478 U. S. at 191, 199.

にくい.

　リベラルは,"裁判所において自律という観点から議論がなされても,他の場所でもっと実質的で肯定的な議論がなされればよい"と応答するかもしれない. つまり,"憲法判断のために道徳的議論を棚上げするからといって,あらゆる領域において道徳的議論を棚上げしなければならないわけではない"というのである. いったん性的行動の選択についての同性愛者の自由が確保されれば,彼らは議論と実例とを通して,自律の論理が提供し得る以上のより深い尊重を,同胞市民たちから勝ち取ることができるのである.

　しかしこの応答は,アメリカの公共的な生活における政治的議論の用語を,憲法的議論が規定するようになった度合いを過小評価している. "切り札としての権利""中立的国家"そして"負荷なき自己"といった現代リベラリズムの主要なテーマは,憲法論の中で頻繁に登場するものであるが,私たちの道徳的・政治的文化の中でも,その存在感を増している. 手続き的共和国になったというのは,こういうことなのである. 憲法論から導かれるさまざまな考え方が,道徳的・政治的討論一般における用語にますます影響を与えている.

　明らかに,寛容によって保護される実践が有する道徳的価値に訴えることによって,寛容を擁護しようとする人々にとっては,これらの展開はまさに障害以外の何物でもない. 婚姻制度や家族制度でさえ,徐々に主意主義的な発想によって捉えられ,また,これらの諸制度が実現しうる人間的善よりもむしろ,これらが示す自律的選択という観点から評価されるようになっている. のちに私たちが見るように,中立性という理想とそれに伴う自己像は,憲法論の中にのみ存するのではない. それらは,家族法における近年の変容が証明しているように,アメリカの道徳的文化における,より一般的な変化をも反映しているのである.

無責主義的家族法

　ここ数十年,「家族構成員の間の関係について道徳的用語によって法的な議論がなされることが少なくなり,多くの道徳的決定が法から,かつて法によって規制されていた人々によって下されるように変化してきた」[59]. 同時に,法

---

[59] Carl E. Schneider, "Moral Discourse in Family Law," *Michigan Law Review*, 83

第4章　プライバシー権と家族法

はますます，家族の役割から独立した個々の人格として人間を扱うようになっている．こうした変化は，我が国のほぼすべての州にわたって，離婚，扶養料，夫婦の財産，子の監護，家族扶養の要件などを法的にどう扱うかについて，影響を与えてきた[60]．

　離婚法は，もっとも分かりやすい例である．1世紀以上にわたって離婚法は，婚姻及び「夫と妻との間の適切な道徳的関係」[61]についての或る特定の理想を反映し，実現してきた．この理想は，伝統的な性別役割分担と結びついた，生涯にわたる相互責任と貞節の義務とを含んでいた．夫は経済的に扶養する義務を負い，妻は家事の義務を負った．結婚による相互責任は，「当事者個々の利益を越えた一体性」を構成した．不義，虐待，遺棄といった，道徳的義務への重大な違反のみが，離婚の根拠となったのである．そして結婚から生じる義務は，前妻に対する夫からの扶養料の支払いのかたちで，離婚後長く存続する可能性があった[62]．

　1970年，カリフォルニア州は，アメリカで最初の「無責」離婚法を制定した．その趣旨は，伝統的に離婚法を支配してきた道徳的考慮を棚上げするというものだった．この新法は，罪責への言及をすべてなくし，"「調和しがたい人格の不一致」が結婚を破綻させた"といういずれか一方当事者の主張に基づく離婚を規定した．道徳的理由はもはや必要とされず，いずれの配偶者も罪責を立証する必要はなく，結婚の終了について配偶者双方が合意する必要もなくなった．他方の同意を得ずとも，片方が一方的に離婚を決めることができた．旧法では，「一方がその結婚契約に忠実な場合には，結婚状態に留まる『権利』があることが認められていたが，新法は，いずれか一方当事者の要求による離婚を認めることにより，離婚の『権利』を強化しているのである」[63]．

　離婚それ自体と同様に，金銭的支払いもまた，有罪と無実，処罰と報償という道徳的な考慮からは切り離された．扶養料の支払いと夫婦間の財産処理は，

(1985), pp. 1807-08.

60　これらの展開についての啓発的説明としては，注59の文献の他，以下のものがある．Mary Ann Glendon, *The New Family and the New Property* (Toronto; Butterworths, 1981); Lenore J. Weitzman, *The Divorce Revolution* (New York: Free Press, 1985); Herbert Jacob, *Silent Revolution* (Chicago: University of Chicago Press, 1988).

61　Schneider, "Moral Discourse in Family Law," p. 1808.

62　Weitzman, *The Divorce Revolution*, pp. 4-7.

63　Ibid., p. 27 及び一般的に pp. 15-41.

今や結婚期間中の振る舞いではなく，経済的な必要性に基づいて決められる．「旧法の下では，不義密通をした夫または妻は，典型的には，自らにとって不利な財産処理または扶養料の支払いという形で，その不貞の代償を払わなければならなかった．今日ではこれと対照的に，不義密通への制裁もないし，貞節への報償もない」[64]．今や裁判所は当事者の罪責の有無を問う代わりに，当事者の経済的必要性や資力といった，「裁判所による独自の道徳的判断の余地のない」規準を採用しているのである．

　新法は，結婚に関する責任と同様に，結婚上の役割をめぐる判断も棚上げしてしまっている．性差に基づく責任という旧法に見られる発想は，新法の性的中立性という発想に取って代わられている．夫は前妻を経済的に支える責任をもはや負ってはおらず，また女性は離婚後自立することを期待されている．法は今や，扶養料の支払いを終生にわたるものではなく，一時的な義務と見なしており，その目的は，経済的依存状態から経済的自立への妻の転換を容易にすることにある．この改革の結果，終身の離婚扶養料は，実際に支払いが命じられた扶養料の中で62%から32%へと下落した．1972年までには，「実際に認められた離婚扶養料の3分の2が，限定され特定された期間のための一時的性格のものであり，その期間は平均2年間であった．1978年までには，いくらかでも扶養料受け取れたのは，離婚女性のわずか17%になっていた[65]．

　カリフォルニア州法は，子の監護と扶養においても，伝統的な役割分担を拒否している．この法律は，母親による監護という古き選好を，性に中立的な規準に置き換えている．実際には，たいていの子どもが母親と共に生活し続けているけれども．この法律はまた，両親双方に子の扶養の責任を負わせている[66]．

　カリフォルニア州の家族法革命は，瞬く間に国中に広がった．1985年までには，アメリカのすべての州が，何らかの形の無責離婚を採用していた．カリフォルニア州のように，離婚についての道徳的理由を完全に否定した州もあったが，伝統的な離婚方法と並んで選択肢として「無責離婚」を付け加えた州もあった．わずかではあるが，郵便による離婚を認めた州さえあったのである[67]．

64　Ibid., p. 24.
65　Ibid., pp. 32-33. この数字はロサンゼルス郡に関するものである．
66　Ibid., pp. 36-37.
67　Schneider, "Moral Discourse in Family Law," p. 1809; Weitzman, *The Divorce Revolution*, pp. 41-43.

第 4 章　プライバシー権と家族法

　ほとんどの州はまた，扶養料受給の要因として有責性を認めなくなった．配偶者による扶養という文言でさえ，責任に対応させて考える方法の否定を反映する形で変化を遂げた．例えばコロラド州裁判所は近時，有責性を前提とする「扶養（alimony）」と，単に「弱い立場に置かれる方の配偶者の基礎的（経済的）必要が満たされること」を確保するための「生活維持費（maintenance）」とを区別している．このような生活維持費は，しばしば「社会復帰的扶養料（rehabilitative alimony）」と呼ばれるが，それはあたかも主婦や母親という役割は虚弱なものであって，そこから労働市場に参入することが回復を意味する，ということを示唆しているかのようである．インディアナ州法はさらに進んで，扶養料の受給を，「肉体的，あるいは精神的に障害を負った（handicapped）配偶者」に限定している[68]．

　子の扶養義務は法律上存続しているが，現実には実行されないことがしばしばある．1975 年には，離婚，別居，ないしは母子家庭の女性のうち，何らかの扶養料を受けた者は，4 分の 1 に過ぎなかった[69]．裁判所が命じる子どもの扶養料と離婚扶養料とを合わせても，夫の所得の 3 分の 1 にさえなるのは稀であって，これまで子どもの扶養料が実際に支払われたのも，全体の半分以下なのである[70]．ウィスコンシン州法は，子どもの扶養料の支払いが滞っている父親に婚姻許可証を与えないことで支払いを強制しようとしたが，連邦最高裁はこの法律を，婚姻の権利を侵害する，という理由で違憲無効とした[71]．

　法は，夫婦関係を越えた義務の衰退をも反映している．貧困な両親または祖父母を扶養することを，成人した子どもたちに要求する「子としての責任」法は，徐々に消えつつあり，残っている法もまた，執行されるのは稀である．一

68　Weizman, *The Divorce Revolution*, pp. 43-46, 167, Glendon, *The New Family*, pp. 52-57; Schneider, "Moral Discourse in Family Law," p. 1810. 統一結婚離婚法（The Uniform Marriage and Divorce Act）は，生活維持費が「婚姻上の不貞行為と関わりなく」決定されなければならないと規定している．sec. 308（b），9A U. L. A. 160（1979）．

69　U. S. Bureau of the Census, "Divorce, Child Custody, and Child Support," in *Current Population Reports*, Series P-23, no. 84（Washington, D. C., 1979）．これは Glendon, *The New Family*, p. 69 において引用されている．

70　Weizman, *The Divorce Revolution*, pp. 267（ロサンゼルス郡の数字，1978）and 262. これは以下を引用している．U. S. Bureau of the Census, "Child Support and Alimony: 1981," *Current Population Reports*, Series P-23, no. 124（Washington, D. C., 1983）．

71　*Zablocki v. Redhail*, 434 U. S. 374（1978）．

方で「祖父母」の訪問権の承認を要求する利益集団も現れてきた[72]．

　新しい家族法は，せいぜいのところ成否相半ばするものとなっている．離婚理由から有責性を排除したことは，自分たちの争いが公けになることで生ずる痛みや屈辱を，婚姻当事者たちから取り除いてくれたし，裁判所からは破綻した婚姻における罪責の評価という忌まわしい仕事を取り除いてくれた．ジェンダーの中立性の出現は，夫と妻の役割についての時代遅れの前提をなきものとし，性的平等という理想に，法的な承認を与えてくれる．

　他方，この改革は女性や子どもに対して，改革の推進者たちが予想しなかった経済的な苦難をもたらしている．男性と女性とを，夫婦間の財産分割と自活の期待度の点で平等に扱うことは，稼働能力の不平等を見落とすことになる．とりわけ，夫が職業上の成功を追求する間，育児のために自らの人生を捧げた女性には，この問題は深刻である．そして，ほとんどの場合に女性が子どもの監護を担い続けるので，彼女たちはより少ない資力で，より大きな責任を負わなければならない．扶養料を受け取っている母親は極めて少なく（就学前の子どもを持つ女性のわずか13%)，養育費は平均して年2200ドル，しかもそれが2人以上の子どもの扶養のために支払われていることが多いのである．男性は，離婚で生活水準が42%上昇するが，他方女性とその子どもは，生活水準が73%低下するのである[73]．その結果，「離婚は今や，女性とその子どもにとって貧困の主たる原因となっているのである」[74]．

　離婚後の女性と子どもの経済状況に，より大きな注意を払うさらなる改革によって，新しい家族法の利点のいくつかを維持しつつ，彼女らの苦境を多少とも緩和することが可能かもしれない．1990年代には，この方向をめざした取

---

[72] この「子としての責任」法を有する州の数は，1956年の38から1980年には27に減少した．以下を参照せよ．Schneider, "Moral Discourse in Family Law," p. 1813; Glendon, *The New Family*, pp. 49–51. 祖父母の訪問権については，S. Con. Res. 40, 98th Cong., 1st sess. (1983) を参照せよ．これは Schneider, p. 1858, n. 212 において引用されている．

[73] Weitzman, *The Divorce Revolution*, pp. 186, 265, 338–339, 362. 扶養料と生活水準の数字は，1977年と1978年のロサンゼルス郡のものである．子どもの扶養料に関する数字は，1981年の合衆国のものである．これについては，U. S. Bureau of the Census, "Child Support and Alimony: 1981" で報告されている．

[74] Arland Thornton and Deborah Freedman, "The Changing American Family," *Population Bulletin*, 38, no. 4 (October 1983), p. 10.

り組みの一環として，子どもの扶養義務の履行を強化するための連邦法が制定された[75]．そういったいくつかの取り組みは，手続き的リベラリズムと整合的な観点から擁護し得るものであるが，1970年代から1980年代に展開した新しい家族法は，それにもかかわらず，人格についてのリベラルな考え方から引き出される想定についての注目に値する表現となっており，かつその人格についてのリベラルな考え方がもたらす困難な問題のいくつかを示したのである．

婚姻，離婚，そして負荷なき自己

　第一に，離婚および財産処理の理由として有責性を排除することは，"道徳的判断を棚上げし，善についての相対立する考え方に対して法を中立的なものにする"というリベラルの決意を反映している．分配的正義に関するリベラルの理論の場合と同様，現在では離婚処理において，各配偶者の取り分は，徳に報いることではなく，単に当事者の経済的必要を満たすことを意図している．旧法とは異なり新法の下では，離婚において夫婦の資産の分配を決める原理は，「道徳的功罪に言及することなく，その取り分が道徳的功罪に対応するという傾向もまったく見られない」[76]．

　第二に，相互の同意なしの一方的な決定としての離婚の規定，終生の義務として考えられた婚姻上の役割の否定，および離婚後の自活の強調は，すべて"自らの役割から独立し，そして自ら拒否することを選んだ道徳的紐帯には拘束されない負荷なき自己"という人格についてのリベラルな考え方を反映している．旧法は，位置づけられた自己として人格を取り扱い，その法的人格としてのアイデンティティは，夫，妻，そして親としての役割に結びつけられていた．新法は自己とその役割の間の関係をゆるめるので，家族としての役割の拘束力が弱まり，その役割に付随する義務が緩和される．

　負荷なき自己というイメージは，法のみが反映しているのではなく，ここ何十年かのアメリカの家庭生活における実際の展開と軌を一にするものである．1960年代から1970年代後期までに離婚率は2倍以上になり，全婚姻の半分が

75　以下を参照せよ．"Elements of Child-Support Bill Pass," *Congressional Quarterly Almanac*, 50（1994), pp. 375.

76　John Rawls, *A Theory of Justice* (Cambridge, Mass.: Harvard University Press, 1971), p. 311.

離婚で終わるところまで来ている[77]．離婚の増加につれて，親としての義務を放棄する傾向も増加してきた．人口統計学の権威によれば，「1960年以降，核家族は，かつて高齢者に対してしたのと同じようなやり方で，子どもの世話を投げ出し始めてしまった」．そして，この現象は主に「責任を投げ出した父親の失踪」に原因があるとされている．非嫡出子の割合は，1960年の5.3％から1980年の18.4％へと上昇し，1992年までには30.1％に達していた．嫡出子のうち半数は，17歳に達する前に親の婚姻の破綻を経験すると見込まれ，この割合は1960年代半ばの22％から上昇している．離婚した親を持つ子どもの大半は母親とともに暮らし，こうした子どもの半分以上が，前年に一度も父親には会っていない．およそ40％の子どもだけが父親から何らかの扶養料を受け取っているに過ぎない．母子家庭の子どもの56％が，貧困のうちに生活しているのは驚くにあたらない[78]．

家庭崩壊と父親不在という社会的病理とはまったく別に，1950年代と1970年代に行われた全国調査では"自らのアイデンティティは，家族や親という役割とは独立したものだ"と考える傾向がアメリカ人の間に高まりを見せていることが示されている[79]．この変化の一つの現れは"子どもを重荷として，つまり親の自由にとっての障害物として考える"という見方が広がっていることである．1976年に"子どもを持つことがいかに自分の人生を変えたか"について調査したところ，成人の45％が"責任が重くなったり，他人のことを考える必要が生じたり，自由が失われる"といった，親であることから生じる制約だけを口にした．1957年には，制約のみを挙げたのは30％にすぎなかった[80]．

同じ調査では"1950年代には，既婚者は，夫，妻，そして親としての義務の観点から，彼らの家庭生活を語る傾向がある"ことが明らかになった．1970年代までには，人々は，家庭生活を役割分担としてよりも，その役割の背後に

---

[77] Thornton and Freedman, "The Changing American Family," pp. 3, 7.

[78] Samuel Preston, "Children and the Elderly: Divergent Paths for America's Dependents," *Demography*, 21 (November 1984), 435, 443-444. この1992年の数字は以下に基づいている．National Center for Health Statistics, "Advance Report of Final Natality Statistics, 1992," *Monthly Vital Statistics Report*, 43, no. 5, supp. (1994).

[79] Joseph Veroff, Elizabeth Douvan, and Richard A. Kulka, *The Inner American: A Self-Portrait from 1957 to 1976* (New York: Basic Books, 1981), pp. 147, 201. この数字は，1957年と1976年に実施された国勢調査に基づいている．

[80] Ibid., p. 200.

ある人間同士の関係として語る傾向が強まった．例えば1950年代には，親は，自分たちの子どもに対する身体的世話と経済的扶養といった，親としての役割に基づく責任に大きな関心を抱いていた．1970年代には，親は子どもとの個人的な関係に，より関心を抱くようになった．つまり，"どれくらいの時間をともに過ごしたか" "どれくらいうまく関係が築けていたか"といったことである．その調査者は，「旧い世代は，親という役割の側面を強調したが，後の世代は，より心理的，人間関係重視の志向をもった」と結論づけた．特に男性については，1970年代には「親としての不適格性を，子どもとの親愛関係という観点から捉える方向へと大きく変容」した[81]．

これらの態度が示唆しているように，リベラルな自己像は，破壊的な結果ばかりでなく有益な結果ももたらしたのであった．しかしながら，良かれ悪しかれ，家庭生活についての新しい考え方は，"アメリカ人が，自らの役割から独立した自己の担い手として，自分自身のことを考える傾向がますます強まっている"という結論を支持するものである．評判になった示唆的な書物『個性(Personhood)』が公言するように，「私たちは，自らの自己が，他人の自己とは異なっているとしても，自分自身の自己を選択する権利を有している」[82]．家族法におけるのと同様に，家庭生活においても，「役割や地位を指定することは懐疑の対象となった．それはあたかも，そのような指定が自己の核心すなわち本質的人格とは異なっており，さらにはそれと対立しさえするものであるかのようにみなされたからである」[83]．手続き的共和国においては，負荷なき自己は，公共的生活を支配するばかりでなく，家庭生活の領域にも浸透しているのである．

新しい離婚法は，そこに具体化されているリベラルな想定にともなう二つの難点を明らかにしている．一つは人格に対する尊重という観念にかかわり，もう一つは"善についての複数の考え方の間で中立である"という主張である．

第一に，すべての人間を，その役割から独立した自己の担い手として扱うことによって，新しい法は，"自らのアイデンティティがその役割によって構成

---

[81] Ibid., pp. 209, 215, 239-240, 531. しかしながら女性が世帯主となる場合が増加してきたことを反映して，女性の間では，子どもに対する物的扶養の提供への関心が高まった．

[82] Leo F. Buscaglia, *Personhood: The Art of Being Fully Human* (New York: Fawcett Columbine, 1978), p. 100.

[83] Veroff, Douvan, and Kulka, *The Inner American*, p. 141.

され，位置づけられた自己として結婚生活を送ってきた，伝統的結婚形態における母親や主婦"を十分に尊重することができない．新しい法は，離婚後の自活を強く求めることによって，伝統的な夫婦の役割の相互依存性ゆえに，夫に対して経済的に頼らざるをえなかった女性たちに，不利に働くことになる．妻が子や家庭の世話をしていたから，夫は職業上の成功を追求することができたのである．しかし，結婚が解消されると，夫は職業上の実績を持ち，それにふさわしい収入と地位とを有しているが，妻は子を抱え，労働市場への参入を突如求められる．そこでは，夫が職業上の成功を重ねる間，彼女自身があきらめざるをえなかった技能が，評価の対象となるのである．

法は今や，妻のアイデンティティを形作り，彼女の依存に意味を与えていた役割を棚上げにするため，典型的な場合には，妻に婚姻財産の半分（平均して1万ドル未満）は残されるものの，扶養料もなく，全く支払われることがないかもしれない最低限の子の養育費があるだけで，子を世話する責任が残されるのである．裁判所は当事者について収入を得る能力を考慮しているであろうが，大半の事例において，15年以上結婚していた女性でさえ，扶養料を受け取ってはいないのである[84]．

自らのアイデンティティが職業上の成功ではなく，むしろ家庭と結びついている女性にとっては，結婚が離婚に終わった場合，その損害は，経済的苦境という危険以上のものとなる．子どもの養育，家事，そして夫の職業上の成功に対する女性の無償の貢献に適正に報いないことによって，新しい離婚法は，これらの貢献の価値を低下させ，それらが反映している役割の重要性を侵食するのである．新しい法は"仕事として価値があるのは，家庭の外での有償の仕事である"という想定を強固にする．結婚生活が何事もなく継続している女性でさえ，この想定に伴い，社会的地位の喪失を被ってしまう．例えば専門職階級の中で，「何をなさっていますか」というよくある質問に対して，「私はただの母親です」と女性が答えることは，家庭内で仕事をしている女性に対して適切な評価が与えられていないという，悲しむべき事態を反映している．

第二に"人格を独立の自己として取り扱うことは，各人の人生の選択を制限

---

[84] Weitzman, *The Divorce Revolution*, pp. 169, 177. 扶養料は，一度も仕事を持たずに長期間の結婚生活を送ってきた主婦に支払われることの方が多いが，その場合でさえ，女性の3分の1以上には扶養料が支払われていない．この数字は，1977年のロサンゼルス郡のものである．

するよりはむしろ拡張することになるのであるから，善についての様々な考え方に対して中立的である"というリベラルの前提は，新しい離婚法によって疑問符がつくことになる．というのは，私たちが見てきたように，新しい法の中に具体化された独立と自活という理想は，選択可能な人生の幅を拡げるばかりではない．つまり新しい法は，ある種の生き方，とくに強度の相互依存と相互的義務とを含む伝統的な結婚のような生き方を，より困難にもするのである．

原理的には，夫婦は自由に，生活費を稼ぐ役割と家事を行う役割とを分け，自分たちのアイデンティティを家庭における役割や義務に結びつけることができるものの，新しい法は，このような取り決めに対する強力な障害となる．新しい法は，子どもと家族の世話に自らを完全に捧げたりしないで，将来自活しなければならない時への防御策として仕事に邁進するよう，既婚者とりわけ既婚女性を過酷に駆り立てるのだ．社会学者ヴァイツマン（Lenore Weitzman）が述べたように，現代の離婚処理が発する明白なメッセージは，「自分の家庭に全面的にあるいは部分的に献身するために，自らの教育，訓練，そして職業開発を，女性はいささかも諦めない方がよい．この法律によれば，間違いなく，裁判においても労働市場においても，女性たちの献身が報われることはなく，そしてもし結婚が破綻したならば，彼女たちは大きな苦境に陥ることになるであろう」[85] というものである．

リベラルはしばしば，共同体にとって良きものは「理論的基礎において個人主義的な正義についての一つの考え方によって」十分に説明され得ると主張する [86]．個人の権利という中立的な枠組みの下では，人々は何であれ自分の望む条件で，私的目的を追求するためであろうと，協力関係がしばしば喚起する共同体的感情を享受するためであろうと，自発的結社に自由に参加することができる．「この枠組みの中でも，共同体主義的（communitarian）目的は追求されるし，かつ大多数の人々がそうする可能性が高い」[87]．

しかし新しい離婚法は，この主張への反例となっている．新しい法は依存を危険なものとすることによって，構成的意味における共同体としての結婚という慣行に負荷をかける．道徳的判断を棚上げし，自活を賞賛し，自己とその役

---

[85] Weitzman, *The Divorce Revolution*, p. 372.
[86] Rawls, *A Theory of Justice*, pp. 264–265.
[87] John Rawls, "Fairness to Goodness," *Philosophical Review*, 84 (October 1975), 550.

割との関係を希薄にすることによって，この法は，結婚生活についての競合する諸見解に対して中立性を失い，負荷なき自己のイメージに即して結婚制度を作り替えるのである．

或る者は，この考え方に，家庭生活それ自体への長期的脅威を看て取っている．"結婚の持つ経済的安定性を当てにできない"と考える女性が増えるにつれて，女性たちは自分たち自身が職業上の成功を重ねることで，経済的な安全性を確保しようとするのである．男女ともに"仕事から得られる恩恵の方が大きい"とみなすにつれ，家庭生活の重要性は，仕事の世界の重要性との関係で相対的に低下し，人々は家庭よりも個人の人生や職業上の成功により多くの投資をするようになるであろう[88]．現代社会において，職業上の成功の方が家庭より重要視されるようになってきたということは，今日，法が被用者の解雇よりも，配偶者からの離婚をより簡単にできるようにしている理由の説明となるかもしれない．労働者の多くは「正当な理由（good cause）」によってしか解雇され得ないのに，無責離婚のもとでは，結婚が「随意に終了」させうる関係になってしまっているのである[89]．

これらの心配が十分な根拠に基づくものであろうとなかろうと，そして新たな仕組みの長所や短所がどのようなものであろうと，とにかくはっきりしていることは，新しい家族法が，人々の解放を約束するかに見えて，実は思いのままに結婚上の役割を選び取る自由を人々に与えない，ということなのである．それは，善についての考え方に対して中立的ではなく，家庭生活についてのある種の見方にとっては親和的だが，他の見方にとっては冷ややかなものなのである．

寛容，自己統治，そして共同体

私たちは，"現代リベラリズムの鍵となる特徴，すなわち切り札としての権

---

[88] この議論は，以下の論稿で展開されている．William J. Goode, "Individual Investments in Family Relationship over the Coming Decades," *Tocqueville Review*, 6, no. 1 (1984), pp. 51-83. 反対の見解については以下を参照せよ．Theodore Caplow et al., *Middletown Families* (Minneapolis: University of Minnesota Press, 1982), pp. 322-334.
[89] この対照性は，以下において中心的な主題となっている．Glendon, *The New Family*, esp. pp. 1-8, 151-170, 198.

利，中立的国家，そして負荷なき自己が，最近数十年の憲法および家族法の理論および実践に，どのように影響をおよぼしてきたのか"を見てきた．

　私たちはまた，"理論上の問題が，どのように実践の中に現れるのか"についても見てきた．第一に，道徳ないしは宗教に関する相対立する考え方の間で中立であろうとする試みは，中絶の事例が示すとおり，それが棚上げしようとする論争に対する暗黙の解答を前提にしていることが多い．第二に，自由に選択する独立した自己として人々を扱うことは，リベラルな自己像が要請する独立性の存在する余地がないような，確信あるいは生活環境に縛られた人々を尊重できないことになるかもしれない．コネティカット州の安息日遵守者，シカゴにおける人種的中傷の犠牲者，スコーキーのホロコースト生存者，インディアナポリスでポルノグラフィーに反対するフェミニスト，ジョージア州でプライバシーを否定された同性愛者，そして離婚によって貧困を余儀なくされた伝統的な母親や主婦たちは，態様は異なってもそれぞれ，"政治的合意を目指して自己のアイデンティティを棚上げせよ"という要請に抵抗するもっともな理由を持った"位置づけられた自己"なのである．彼らの心配は，その内容を損なわずに，手続き的共和国が強調する主意主義的で個人化された用語に翻訳することはできないのである．

　私たちがこれまで考察してきた難点は，手続き的共和国によって与えられる種類の寛容に主に関連している．その強い中立性への志向の下では，手続き的共和国において許容される諸行為の価値は棚上げされることになる．手続き的共和国における自己についての考え方の下では，人々が保持する確信，あるいは人々が現に生きている生に対する尊敬を勝ち得ることなしに，人格に対する尊重を得ようとすることになる．その結果としての寛容は，寛容によって許容される生き方へのふさわしい評価を醸成するものではなく，その生が自己の生だというその自己への尊敬をもたらすだけである．このことは，善に対する正の優先と，目的に対する自己の優先とを反映している．しかし私たちが考察してきた事例は，この考え方に基づいた寛容が抱える限界を示している．人々を負荷なき自己として尊重することは，一種の社会的平和をもたらすかもしれないが，"相異なる生が表現するそれぞれ固有の善を評価し肯定するような，人格および共同体"から構成される高次の多元性が，それによって実現される可能性はほとんどない．

　私たちの現実の中に潜んでいる公共哲学を探究するに当たって，私たちはこ

れまでのところ，憲法に焦点を当ててきた．なぜなら，手続き的共和国における諸想定が，もっとも鮮明に現れているのは，憲法においてだからである．寛容という争点を超えたところでも，これらの想定は，アメリカ政治についてのさらなる問題を提起する．つまり，"ここ数十年内に現出してきたリベラルな自己像は，現代福祉国家における自己統治に十分対応できるのか"という問題である．それを疑う理由が少なくとも二つ——一方は古く，他方は比較的新しいものだが——存在している．

"負荷なき自己が自己統治に適していないのではないか"と疑う古い理由は，共和主義の伝統に由来する．その伝統によると，自由とは自己統治に立脚しており，自己統治とは，政治的共同体の構成員が，市民としての役割を引き受け，市民たることに伴う義務を承認することにかかっているのである．しかし，手続き的共和国においては，「役割の割り当ては猜疑心の対象となった」[90]．自己がその目的に先行すると考えられる場合には，市民としての役割は，その他のものと同様のしきたり，すなわち自律に対する障害となるのである．

さらに共和主義の伝統は，特定の紐帯と愛着とを通して公民性を涵養する必要性を強調する．公民性は，法的条件を越えて，ある特定の習慣と性向，全体に対する関心，そして共通善への志向を要請する．しかしこうした資質を，所与のものと考えることはできない．これらの資質は，継続的に涵養することが必要なのである．たとえば具体的に，家庭，近隣，宗教，労働組合，改革運動，そして地方政府，これらのものはすべて，共同体の構成員としての習慣を培い，各人の私的目的を超えた共通善へと人を方向付けることによって，市民としての振る舞い方を折に触れ教えることに役立ってきた[91]．こうした現実を大切にしない，あるいはこうした現実の行く末に無関心な公共的生活というものは，共和主義の伝統が考えるような自己統治にとって不可欠な徳を培うことができないのである．

しかし私たちが見てきたように，手続き的共和国というものは，このような自己認識を前提とした主張に対して冷淡なことが多い．手続き的共和国は，共和主義の伝統が政治的教育のために不可欠だとする構成的紐帯を棚上げする．

---

90 Neroff, Douvan, and Kulka, *The Inner American*, p. 55.
91 この見解の古典的記述としては以下を参照せよ．Alexis de Tocqueville, *Democracy in America* (1835), trans. Henry Reeve, ed. Phillips Bradley (New York: Alfred A. Knopf, 1945), vol. 1, chap. 5.

手続き的共和国がもたらす薄っぺらな多元主義は，それ自身が問題であるだけではなく，自己統治のために必要なものも掘り崩してしまう．共同体の特色ある諸表現を大切にする多元主義は，それらを単に容認するだけの多元主義よりも，公民性にとって，そして自己統治にとっても，より適しているのである．

"現代アメリカにおいては，負荷なき自己が自己統治に適していないのではないか"と疑う第二の理由は，現代福祉国家の性格に関係している．人間の主体性に関する主意主義的観念とは際立った対照をみせて，現代国家というものは，"自発的合意あるいは同意の行為によっては支配されることの少ない依存と期待"が縦横に結びついた広汎なネットワークから成り立っている．契約の観念は，現代リベラリズムにおいて隆盛を誇っているが，それは，現代の経済・政治生活の実際の組成とほとんど関係がない．

実際，法学者たちは，一つの法領域として「契約の死」というものを論じている[92]．20世紀の社会立法は，「自由市場」において大企業が有する強大な交渉能力に鑑みて，労働法，独占禁止法，保険法，企業規制，および社会福祉立法といった領域で，「組織的に契約からその内容を奪って」きた[93]．法令上のルールは，雇用から賃貸借，消費者信用にいたるまで，今やほとんどあらゆるタイプの通常の契約の諸条項を統制している．政府の拡大に加えて，大規模企業の支配は，経済活動を組織する上での個々の契約の役割をいっそう小さなものにしてしまった．「私たちの世界に今日存在しているのは，比較的少数の大規模組織であり，その組織が，多かれ少なかれ構成員を統制し，商業的組織であれ何であれ，他の類似した組織と関係を結ぶのである．関係のネットワークの中心としての個人の役割は，ほとんど消えてしまった」[94]．結果として，19

---

[92] 以下を参照せよ．Grant Gilmore, *The Death of Contract* (Columbus: Ohio State Univeristy Press, 1974); P. S. Atiyah, *The Rise and Fall of Freedom of Contract* (Oxford: Clarendon Press, 1979).

[93] Lawrence Friedman, *Contract Law in America* (Madison: University of Wisconsin Press, 1965), pp. 23-24.

[94] Atiyah, *Rise and Fall*, p. 724. 私法の他の領域における同様の展開を説明したものとして，以下を参照せよ．Gilmore, *The Death of Contract*, p. 94; Glendon, *The New Family*, pp. 215-227; Lawrence M. Friedman, *Total Justice* (New York: Russell Sage Foundation, 1985); Robert A. Baruch Bush, "Between Two Worlds: The Shift from Individual to Group Responsibility in the Law of Causation of Injury," *U. C. L. A. Law Review*, 33 (1986), pp. 1473.

世紀に有力であった古典的な契約法は，ほとんど実際的な重要性のない残滓的な部類へ追いやられてしまった．19世紀に，権利と義務との基礎として身分から契約への移行が見られたように，20世紀には，契約から管理への移行を目撃することになったのである[95]．

皮肉にも，自由に選択する自律的自己像が，契約法や経済生活一般においてはありうべき自己像として色あせていったそのときに，それは憲法の中では優勢になってきたのである．第二次世界大戦以降の時期に生じた相互依存の複雑な構図に直面する中で，私たちは公共的生活の中では得られなくなった独立を，個人的な生活において求めている．巨大な権力構造による統制がますます強まる経済的・政治的秩序において主体性が失われていったことを考えると，宗教，言論，そして性道徳といった事柄における自律性の勝利は，一種の慰めのように感じられる．

どのような説明が与えられるにしても，"負荷なき自己が，現代福祉国家に必然的に伴う依存と責務とに適合的かどうか"と思いをめぐらすことは，もっともなことである．一方で福祉国家は，単なる法的権利や市民的権利を超える社会的・経済的権原を含む個人的権利というものを強力に約束してくれる．この権利志向性は，現代リベラリズムの政治哲学によく適合する．他方で，これら権利や権原の享受を公共的に保障するということは，相互責任と道徳的関与とを同胞市民たちが強く意識することを要求するようにも思われる．人々が自らのアイデンティティを，共同生活への参加者としての役割によってある程度規定されるものとみなさない限り，現代福祉国家が人々に履行してもらいたいと考える責務を，人々がどういった根拠で承諾できるのかは明白ではない．しかし，負荷なき自己が抵抗するのは，まさに構成員たることについてのこの強い観念なのである．

この点で，手続き的共和国における個人権・権原の公共的な保障と寛容擁護論とは，同じような最小限主義のもたらす限界に突き当たってしまうように思われる．両方とも善き生についての或る一つの考え方に依拠することを回避しようとする．しかし，相互の尊敬を基盤とする多元主義を醸成できないような類の寛容を疑問視することが正当であるように，"構成的意味における共同体を作り上げていくことのできない福祉国家に正統性があるのかどうか"を懸念

---

[95] Atiyah, *Rise and Fall*, pp. 687, 725–726.

するのももっともなことかもしれない．

　以下の諸章では，私たちが手続き的共和国の核心とみなした公共哲学の自己統治に対する影響を探求していく．したがって議論の中心は，憲法的なものから政治的なものへと移行する．私がこれから示そうとするように，善に対する正の優先性を主張する種類のリベラリズムでは，自由の中で自己統治と密接に結びついた部分を確保することはできないのである．

要約　第一部「手続き的共和国の憲法」

一ノ瀬佳也・吉永明弘・小林正弥

　原著 Democracy's Discontent は，二部構成となっている．第一部「手続き的共和国の憲法」は，アメリカ憲法の判例を参照しつつ，共和主義の歴史的影響を辿り，その理念を明らかにするものである．これは，憲法と政治の双方を扱っているので，いわばアメリカ建国以来の「憲政」を論じていると言ってよいだろう．そしてアメリカの憲政が，次第に共和主義的なものから手続き的なものへと移行していった経緯がたどられる（本書はこの第一部の邦訳である）．
　第二部「公民性の政治経済学」では，こうした共和主義的思想がアメリカの政治経済の発展に大きな影響を与えていたことが具体的に述べられる．そしてそれが失われていく過程が辿られる（第二部の邦訳は近刊予定）．
　以下では，第一部の各章の論旨を要約する．

　第1章「現代リベラリズムの公共哲学」では，アメリカが，現代リベラリズムの考え方によって「手続き的共和国」（Procedural Republic）に陥ってしまった経緯が理論的に説明されている．サンデルによると，現代リベラリズムの理論の大きな特徴は，中立性を志向するところにある．政府とは，特定の「善」(good) を追求するのではなく，あくまで中立でなければならない．ここには，「善に対する正の優位」という考え方を見ることができる．このようにして，政府による個人への干渉を避け，個々人の選択の自由を保障することが企てられた．
　しかし，サンデルは，その考え方に疑問を投げかける．こうした思想においては，「負荷なき自己」(unencumbered-self) が想定されている．その個人は，

人種，宗教，民族，そしてジェンダーといった属性や考え方とは無関係に，抽象的な人格として想定されている．しかし，このような自己観では，人々は正義として普遍的に認められる規範や，自発的に選んだ規範にしか従う必要がなくなるため，人々の間に連帯や共同性をつくりあげて，様々な公共的な責務を人々に引き受けさせることができなくなってしまう．

　サンデルは，このように公共的な領域において道徳的ないし宗教的責務を棚上げする発想を「最小限主義的リベラリズム」(minimalist liberalism) として批判している．しかし，中絶論争や奴隷制に関する論争においては，実質的な道徳的判断を政治や法から切り離すことはできない．仮にそれらを公共的領域から一掃してしまうのなら，政治的言説を貧困にし，自己統治に必要な道徳的・公民的資源を蝕む結果をもたらすことになりかねない．サンデルは，リベラルとは異なり，道徳的ないし宗教的価値について積極的に論じていくことの必要性を指摘したのである．

　第2章「権利と中立的国家」では，共和主義の伝統に代わって，リベラルの「善に対する正の優位」という考え方がアメリカ憲法解釈に現れていく経緯について述べられている．

　リベラリズムでは，「個人の権利」の優先性を確保し，政府を制約することが憲法の役割と考えられている．しかし，初期共和国の段階においては，必ずしもそうではなかった．

　権利章典の批准をめぐる議論において，「反連邦派」(Anti-Federalist) は，「連邦派」(Federalist) に対して権利章典を擁護し，多数派による権利侵害と専制から少数派を護ることを主張した．これは，一見すると権利を基底とするリベラリズムの理論の原型に見えるが，その内実は「邦」と「連邦」の間のそれぞれの役割をめぐる争いにあった．「反連邦派」は，個人の権利というより，連邦が邦の独立を脅かすことを懸念して中央の権力を制限しようとしていたのである．

　このように，憲法をめぐる初期の議論では，個人の自由を保障することよりもむしろ，政府の各部門の間の権力分散が大きな論点になっていた．しかし，第14修正において「何人からも，法のデュー・プロセス (due process of law) によらずに，その自由，生命または財産」，「法の平等な保護」を奪ってはならないと規定されたことにより，連邦と州のいかなる政府の侵害からも個人の権

利が保護されるようになると，その後，権利基底的な判例法理が徐々に築き上げられ，権利それ自体が切り札 (trump) として用いられるようになっていった．憲法解釈は特定の立場に偏ってなされてはならず，道徳的価値を棚上げしなければならないとされた．このようにして，憲法法理に中立性が導入され，リベラリズムの道筋が整えられていくことになった．

「善に対する正の優位」という考え方がアメリカ憲法解釈に現れたことを示す例として，国旗への忠誠宣誓に関する判例がある．1940年の判決においては，同じ共同体に属する市民たちのアイデンティティーを涵養するための正当な手段として国旗敬礼が認められていた．ところが最高裁は，その3年後に方向転換をし，強制的な国旗敬礼を違憲とするようになった．それは，政府が善き生についての特定の考え方を個々人に押し付けてはならないと考えられるようになったからである．こうして，アメリカ憲法の内実は，もはや初期共和国におけるものとは大きく変わり，現代リベラリズムの「手続き的共和国」の到来を迎えることになった．

第3章「宗教的自由と言論の自由」では，「信教の自由」と「言論の自由」の憲法論議に焦点をあてながら，リベラリズムの考え方がどのように築きあげられてきたのかが論じられていく．

「政府が諸宗教に対して中立であるべき」という主張は，ジェファソンが1779年に「宗教的自由を確立するための法案」を提出して「教会」と「国家」の完全分離を求めたことに遡る．こうした教会と国家の分離の目的は，宗教的強制から宗教的な自由を保護することにあった．

しかし，この中立性の法理が確立したのは戦後のことである．そしてリベラルな考え方に基づいて，自らの宗教的信条を自ら選択する人格的自由が尊重されることになっていく．しかしこのような考え方では，選択に先行する宗教的確信に基づく宗教的責務に関して十分な法的保護を行うことができないところに問題がある．

たとえば，1985年に最高裁は，コネティカット州法を違憲無効とした．この州法は，安息日厳守主義者にだけ休日を自由に指定する権利を認めており，最高裁はそれには中立性が欠如しているとみなしたのである．これに対してサンデルは，そもそも安息日厳守主義者は自分で自由に休日を決めているわけではないので，その法が保護しているのは，安息日遵守の義務を果たすことがで

きる唯一の日にその義務を遂行する権利であると論じ,「負荷ありし自己」の宗教的自由が保護されなくなってしまうことを批判している.

　この中立性の原理は,「言論の自由」にも適用されている. 最高裁が判示してきたように, 第1修正によって, 国家がその市民に対して真理や善き生についての望ましい考え方を押しつけることは禁じられてきた. しかし最高裁が「言論の自由」への関心を高めたのは, 20世紀になってからのことにすぎない. しかも, それが徹底していくのは1960年代～70年代になってからであり, 最高裁は様々な類型の言論について価値判断をするという役割から解放されることになり, 1970年代以降は第1修正の判例法理として内容の中立性が主張されるようになった. 1973年には, ハードコア・ポルノ映画上映に対する規制法を合憲としながら, 猥褻物の道徳的判断を回避しようとする判決が現れた. これ以後, 最高裁は, 政府が不道徳を理由として性的に露骨な映画を差別することは許されないと主張するようになっていく.

　しかしサンデルによれば, このように道徳的判断を棚上げする (bracket) ことによって言論を保護しようとしても, 結局のところ中立性が保たれるものではなく, そこでは人格と言論に関する一定の理論が前提となっており, 弊害をもたらす. また, それによって,「位置づけられた自己としての人格に対する尊重」という善を過小評価することになるとともに, 政治的共同体がそれを実現するために民主的に行動することも困難にしてしまう. この手続き的共和国は,「共同体の一員としての尊重」という善だけでなく, 自己統治による共同体という善の実現をも阻むことになる.

　サンデルによれば, 言論保障を考える際に, その内容や主張される大義の本質に違いを見出して判断することは, 可能なことである. ジェノサイドと憎悪を奨励するナチスと, 黒人の公民権を追求するキング牧師とでは, 明らかに異なっている. そのため, 裁判所が, このような道徳的区別を棚上げすること自体が問題となる. この結果, 自治体による, ナチスのデモの制限を違憲とするようなことが起こるのである.

　第4章の「プライバシー権と家族法」では, プライバシー権の問題が取り上げられ, そこに, リベラリズムの「負荷なき自己」と「中立的国家」が結びついて現れていることが指摘される.

　例えば, 妊娠中絶の場合には, いかなる国家も特定の価値に基づいて「中絶

するか否か」を決定する女性の権利を踏みにじることは許されない，と論じられている．こうしたプライバシー権の理解の基底には，いかなる個人も自らの価値を選択する能力を有するという主意主義的（voluntarist）な考え方が存在しており，国家は中立的でなければならないとされているのである．

しかし，アメリカの憲政史を見れば，プライバシー権が「中立的国家」や「自由に選択する自己」を含まない時代が長く続いていたことがわかる．伝統的なプライバシー権は，公衆に私的な事柄が暴露されることを回避しようとするものであった．1961年の判決では，「避妊具を使用する権利」というより，「避妊具の使用を禁止する法の執行に必然的に伴う監視からの自由」という伝統的な意味でプライバシー権が主張されていた．

ところが，その11年後の判決において問題となった州法は，避妊具の頒布を制限するものであって，政府が性的行為を監視するものでなかったにもかかわらず，連邦最高裁は当該法律を違憲無効とした．そこでは，プライバシー権の中身が，「夫婦の寝室という聖域」への政府の侵入を阻止することではなく，政府の制約なしにある種の行為を行う自由を保護することへと変わったのである．

このようにして，プライバシー権は，主意主義的な考え方と結び付けられ，親密な事柄に関する個人の自由な選択を保護するものと理解されるようになった．そこでは，異論の余地のある道徳的・宗教的な争点が棚上げされ，政府には中立的であることが求められるようになる．しかし，サンデルによれば，棚上げすること自体が，そこで棚上げしようとしている論争に対する暗黙の考え方に基づいている．例えば，妊娠中絶において，胎児は赤ん坊と異なると考える人ほど，胎児の捉え方という道徳的問題を容易に棚上げできるのである．

また，最小限主義的リベラリズムは，同性愛の事例において，その道徳性という問題を棚上げすることによって論争を回避し，同性愛は罪であると考える人々にもそれを許容するという道を切り開いた．各人は，自ら選択した価値に従って生きるという自由を尊重すればよいとされた．しかし，このようなやり方では同性愛それ自体を十分に尊重することには至らない．そうなるためには，同性愛の価値について評価が必要になると，サンデルは指摘している．

さらに，主意主義的な発想は，婚姻制度や家族法にも大きな影響を与えている．もともと離婚法は，伝統的な性別役割分担と結びついており，生涯にわたる相互責任と貞節の義務とを含む婚姻関係における理想を反映したものであっ

要約　第一部「手続き的共和国の憲法」

た．そのため，不義，虐待，遺棄といった道徳的義務への重大な違反のみが，離婚の根拠となっていた．ところが，1970年にカリフォルニア州において，アメリカ初の「無責」離婚法が制定された．離婚における有責性の排除は，道徳的判断を棚上げするというリベラルの考え方を反映している．

これによって，配偶者の罪責を立証する必要なしに，どちらか一方が「調和しがたい人格の不一致」を訴えるだけで，他方の同意なしに離婚を決めることができるようになった．金銭の支払いにおいても，道徳的罪責の考慮から切り離され，経済的な必要に基づいて決められることになる．夫が前妻を経済的に支える義務を負うのではなく，離婚後に女性が自立することが期待されて，離婚扶養料は妻の経済的自立への転換を容易にするためのものとみなされることになったのである．しかし，サンデルによれば，このことが離婚女性やその子どもたちを経済的な苦難に陥れている．夫婦間の財産分割と自活の期待度を平等に扱うことは，実際の稼働能力の不平等を見落とすことになるからである．

以上のように現代リベラリズムの考え方は，憲法解釈などに大きな影響を与えるようになってアメリカは手続き的共和国となっている．しかし，「負荷なき自己」の考え方は，元来の共和主義の伝統における自己統治と親和的なものではない．自己統治には，市民たる義務を引き受け，公民性を滋養する必要があるからである．また，現代福祉国家では，主意主義的な自律的自己像は当てはまりにくくなっており，同胞市民の間で相互責任と道徳的関与を強く意識することが必要とされるようになっている．だから，「善き生」を回避して福祉国家が十全なものたりうるか，という懸念が生じるのである．

そこで，第2部では，手続き的共和国の核心たるリベラリズムの公共哲学が自己統治にもたらした影響を探究する．議論は憲法から政治に移り，「善に対する正の優先性」という考え方では自己統治が困難になることが示されるであろう．

『民主政の不満　公共哲学を求めるアメリカ　(上)』解説
サンデルのコミュニタリアニズム的共和主義：
アメリカの憲政論とその公共哲学

小林正弥・一ノ瀬佳也*

I　序

　本書は，Michael Sandel, *Democracy's Discontent—America in search of a Public Philosophy* (Harvard University Press, 1996) の前編（第1部）「手続き的共和国の憲法」(The Constitution of the Procedural Republic) の翻訳書である[1]．マイケル・サンデルは，現代アメリカの代表的な政治哲学者であり，「おそらくアメリカで最も著名な大学教授[2]」と評されることもあるほどである．彼はハーバード大学の教授（Professor of Government）であり，さらに2002年からはAnne T. And Robert M. Bass Professor of Governmentでもある．彼は，オックスフォード大学（ベリオール・カレッジ；Balliol College）で1981年に博士号を取得し，1980年からハーバード大学助教授，83年から同大学准教授，88年に教授というように継続的に同大学で勤務している．

　サンデルが人々の注目を集めるようになったのは，『リベラリズムと正義の限界』（菊池理夫訳，勁草書房，2009年；*Liberalism and Limits of Justice*, Cambridge University Press, 1982) の出版によってである．この著書は，当時のアメリカのリ

---

*本解説は，一ノ瀬佳也が原案を示し，小林正弥が大きく加筆・修正を行った．特にIIの中核は小林の議論である．
1　後編（第2部）「公民性の政治経済」の翻訳については，引き続き出版される予定である．
2　ワシントン・ポスト電子版，2009年10月28日（水）．Michael Gerson, "Giving democracy a dose of clarity."

ベラリズムの代表者ジョン・ロールズの『正義論』(*A Theory of Justice*, Harvard University Press, 1971) に鋭い批判を行った点で画期的なものであった.

サンデルは,「善(good)に対する正(right)の優先」という表現で, リベラリズムが「正義(justice)≒権利」を主張する一方で「善」という価値の問題を回避していることを指摘して, ロールズの理論が特定の価値観や文脈を持たない「負荷なき自己」(unencumbered self)を想定していることを批判した. この批判を契機にして,「リベラル–コミュニタリアン」(Liberal–Communitarian) 論争が開始された. 彼自身も, 1984 年『リベラリズムとその批判者たち』(*Liberalism and its Critics*, Basil Blackwell and N. Y. U. Press) という本を編集して刊行している. サンデル自身は必ずしもコミュニタリアンと自称しているわけではないが, こうして彼はその代表的な論者として位置づけられるようになった.

本書は,『リベラリズムと正義の限界』の後で, サンデルが最初に出版した単著であり, そのためもあって大きな話題となり, この本をめぐる論文集が出版されるほどであった[3]. 本書の特徴は, 前作のような抽象的な哲学的考察に留まらず, その観点からアメリカの憲法や政治経済についての具体的な考察が積極的に展開されているところにある. 憲法と政治の双方を包括的に議論しているという点で, アメリカの「憲政」論[4]と言ってよいだろう.

そのため, サンデルの政治理論の内実が, より明確に表現されるようになっており, アメリカの政治を理解する上でも重要な著作となっている. コミュニタリアニズムは一般に人間が文脈や状況の中に置かれていることを重視するから, この著作はアメリカという文脈に即して政治理論を展開したものと言えるだろう.

この書物は, *Democracy's Discontent : America in search of a Public Philosophy* という書名に現れているように, 今日のアメリカの民主政治の問題点を扱っている. Democracy が主体のようになっていてこの書名は翻訳しにくいので, 直接サンデル教授に伺ったところ (2008 年 3 月 17 日),「本書は『人々が不満な民主主義の現状と, その理由・診断』を内容とする. 従って, 翻訳書のタイトルとしては, 次のようにすることも考えられる」として, The Predicament of De-

---

[3] Anita L. Allen and Milton C. Regan, Jr., *Debating Democracy's Discontent : Essays on American Politics, Law, and Public Philosophy* (Oxford University Press, 1988).

[4] 日本政治史における憲政の概念について, 坂野潤治・新藤宗幸・小林正弥編『憲政の政治学』(東京大学出版会, 2006 年).

mocracy（民主政の困難・苦境），Democracy and its Discontent（民主政とその不満）という2つを挙げてくださった．Democracy は民主主義とも民主政とも訳せるが，サンデルは思想や理念としての民主主義に対する批判をしているのではなく，実際の民主政治の困難と人々のそれへの不満を論じているので，訳書のタイトルはそのまま『民主政の不満』とした．

また，この書物は民主政の問題点を公共哲学という視角から扱っているので，公共哲学を考える上でも決定的に重要である．この本の副題が「公共哲学を求めるアメリカ」であり，結論が「公共哲学を求めて (In Search of a Public Philosophy)」となっているように，この書物の目的は，アメリカにおける公共哲学の探究に他ならない．ここでいう公共哲学とは，サンデルの言葉で言えば，「アメリカの実践の中に伏在している政治理論，すなわち私たちの公共的生活を性格づける，公民性と自由についての想定」（本書2頁）ということである．日本では1998年以来，独自の公共哲学プロジェクトが展開されており，サンデルの公共哲学の規定は日本の公共哲学プロジェクトの用法と全く同じではないが，共通点は多い[5]．だから，今日の世界で公共哲学を学問的に考える際には，これはもっとも重要な書物の1つと言ってもいいだろう．

そしてサンデルは，アメリカの公共哲学において，従来優勢だったリベラリズムに対して，共和主義の伝統を発掘し，それを今日の公共哲学として再興することを主張している．つまり，この本は，アメリカにおける共和主義とリベラリズムとの対抗関係を憲法論と政治経済論の双方において描き出した著作である．だから，共和主義を考える上でも大きな意義を持つのである．後述するように，『リベラリズムと正義の限界』がいわゆるコミュニタリアニズムの起点の1つであるのに対し，本書は今日の政治哲学における共和主義の代表的作品なのである．

本書の出版以後も，サンデルは多くの書籍や論文を公刊している．2005年に出版された『公共哲学——政治における道徳に関する論集』(Public Philosophy: Essays on Morality in Politics, Harvard University Press) はまさに公共哲学に関する論文集であり，現代アメリカの抱える様々な政治課題に関しても具体的に

---

[5] 日本の公共哲学プロジェクトについては，東京大学出版会から刊行されている『公共哲学』シリーズ全20巻（2001年-2006年）を参照．日米の公共哲学の概念の紹介について，とりあえず小林正弥「公共哲学の概念——原型，展開，そして未来」（千葉大学『公共研究』第2巻第4号，2006年3月，8-56頁）．

『民主政の不満　公共哲学を求めるアメリカ（上）』解説

論じられている．また，大統領の任命による政府の生命倫理に関する委員会（President's Council on Bioethics）に加わった（2002-2005 年）ことから，2007 年に『完成に抗して：遺伝子操作の時代の倫理』(*The Case Against Perfection: Ethic in the Age of Genetic Engineering,* Harvard University Press) を出版している．

　彼の作品は世界的に注目されており，これらの著作は，中国語，フランス語，ドイツ語，スペイン語，イタリア語，ポルトガル語，ギリシャ語，ポーランド語，韓国語に翻訳されている．日本語ではまず『リベラリズムと正義の限界』（菊池理夫訳，勁草書房，2009 年）が翻訳された．また，北アメリカ，ヨーロッパ，中国，インド，韓国，オーストリア，ニュージーランドなどで講演等を行っている．

　ハーバード大学における学部の「正義」についての講義にはこれまでに，のべ 14000 人ほどの学生が登録しており，ハーバード大学の歴史において最も多数の登録がなされた講義の一つとなっている．2007 年に彼が編集して刊行した『正義：読本』(*Justice: A Reader,* Oxford University Press) という論文集（リーダー）は，この講義のための参考文献として，様々な正義論についての論文を集めて出版されたものである．

　この講義は，NHK 教育テレビで「ハーバード白熱教室」として 4 月から放映されており，小林が翻訳監修と解説を行っている（2010 年現在）．学問的な番組としては，異例の大きな反響が現れており，サンデル教授は日本でも一挙に著名になった．また，これに関連する著書として，*Justice: What's the Right Thing to do?* (Farrar Straus & Giroux, 2009) が出版され，『これからの「正義」の話をしよう——いまを生き延びるための哲学』（鬼澤忍訳，早川書房，2010 年）として翻訳された．

　編者の一人（小林）は，「地球時代（グローバル）の公共哲学ハーバード・セミナー」（2000 年 3 月 7-10 日 6) でサンデルやチャールズ・テイラーと出会い，その際に彼らに関

6　小林正弥「ハーヴァード地球的公共哲学セミナー所感——共同体主義者達との交感」（『公共哲学共同研究ニュース』将来世代国際財団発行，将来世代総合研究所編集，2000 年 4 月 1 日，第 9 号，2-12 頁，20001 年 2 月改訂），公共哲学ネットワークのサイトに掲載．http://public-philosophy.net/archives/46．以下，このセミナーの所感から発言を引用するが，これはセミナー後に記憶に基づいて書いたものなので，細部は正確ではなく，要旨である．また，このセミナーについては，山脇直司「ハーバード・フォーラム『地球時代の公共哲学』を終えて」（『UP』338 号，2000 年 12 月，6-11 頁）がある．

心を持つ大学院生達との質疑応答を媒介して,後に本書を監訳した.そこで,この解説ではこのセミナーにおける議論にも言及し,本書巻末には,この質疑応答「チャールズ・テイラー及びマイケル・サンデルとの質疑応答――地球的公共哲学ハーバード・セミナー朝食会」を付すことにした.ハーバード大学で開催されたこのセミナーは将来世代国際財団・将来世代総合研究所が主催したもので,同研究所長の金泰昌氏のイニシアチブのもとで,その公共哲学プロジェクトとテイラー,サンデルやアメリカの代表的儒教研究者ドゥ・バリーらとの対話が行われた.

また,金原・小林・一ノ瀬は2008年3月17日にハーバード大学を訪れてサンデルに本訳書に関して質疑を行った.その際の約束に基づいて,小林らは,2009年3月20-21日にサンデルを招聘して千葉大学でシンポジウム「グローバルな時代における公共哲学――マイケル・サンデル教授を迎えて」を開催し,中国・台湾・韓国・香港などのアジアの代表的研究者も交えて国際的な議論を行った.この解説ではこの会議の内容にはあまり触れないが,これらの際の議論や会話も叙述の参考にしている.

II 理論的整理

1. サンデルとコミュニタリアニズム

当初コミュニタリアンとみなされた有名な論者としては,サンデルの他にアラスデア・マッキンタイア,チャールズ・テイラー,マイケル・ウォルツァーといった人々がおり,主流であった「リベラリズム」の議論に代わる新しい理論を次々に提起した.まず,マッキンタイアは『美徳なき時代』(篠崎榮訳,みすず書房,1993年;*After Virtue: A Study in Moral Theory*, University of Notre Dame Press,1981) において,近代という時代の中で失われてしまった美徳の考え方を歴史的に整理して,その理論を提起し,美徳倫理学を再興した.テイラーは,オックスフォード大学におけるサンデルの師であり,ヘーゲル哲学研究から始めて解釈的な哲学を展開し,さらにカナダのケベック問題を念頭に置いて,多文化主義の考え方を提起した.テイラーは,人間が「位置づけられた自己」(situated self) として存在していることを指摘した.また,ウォルツァーは,「リベラリズム」のように正義を普遍主義的に考えることに反対し,各種のコミュ

ニティーにおける多様な領域において，それぞれの基準に則して「複合的平等」を考える必要があることを指摘した．ウォルツァーは，普遍主義的な「希薄な倫理」だけではなく，そのコミュニティーの価値観・世界観に基づく「濃密な倫理」に目を向ける必要性を指摘したのである．

　彼らの理論は，それぞれの特色を持ち意見が一致しないところもあるものの，現代において支配的であるリベラリズムの政治哲学を批判する点では一致している．以上の4人は自ら「コミュニタリアン」を名乗っているわけではないものの，その議論においては哲学的考察がその軸になっているので，「哲学的コミュニタリアニズム」と呼ばれることがある．他方で，社会学者アミタイ・エツィオーニは，自ら「コミュニタリアン」を名乗って「コミュニタリアニズム運動」を実践的に展開しており，このような「実践的コミュニタリアニズム」も少なくはない．

　エツィオーニが「道徳の声」を強調しているように，リベラリズムが世俗的な考え方や価値観の多様性を前提にしているのに対し，コミュニタリアニズムは「善」をはじめとする倫理・道徳や精神性を重視している．そして，そのような価値観はコミュニティーなどの一定の文脈で培われることが多いので，「コミュニティー」も重視する場合が多い．だから，倫理性・精神性と共同性という2つの要素が，コミュニタリアニズムの思想の特徴と言うことができるだろう．

　ただ，日本において「コミュニタリアニズム」というと，国家主義のように，国家共同体を擁護したり重視したりする議論と混同されることがある．特に，リベラル派の論者たちは，「コミュニタリアニズム」は封建的・閉鎖的・前近代的な「共同体」を擁護して全体主義や権威主義を招く，という批判を行っている．しかし，このような批判は，少なくとも，アメリカにおける代表的なコミュニタリアンには当てはまらない．彼らが強調するコミュニティーやその倫理は，アメリカ民主主義の基底をなすコミュニティーであり，自由を尊重するコミュニティーである．「コミュニタリニズム」を理解するためには，このような偏見から逃れることが必要である[7]．

　もっとも，「コミュニタリアニズム」という呼称にはこのような議論がつき

7　この点について詳しくは，菊池理夫『現代のコミュニタリアニズムと「第三の道」』（風行社，2004年）参照．

まとうために，前述の 4 人の哲学的コミュニタリアンは積極的に使っているわけではない．特に，サンデルは『リベラリズムと正義の限界』第 2 版の序文（*Public Philosophy* に収録）で，自分がコミュニタリアンと呼ばれることを否定している．そこで，彼をコミュニタリアリアンとして呼ぶことを躊躇う人も存在するので，監訳者の一人（小林）は，ハーバード・セミナーで，地球的公共哲学との関連で，この点をテイラーやサンデルに聞いてみた．

ハーバード・セミナーの主題に即して，（特殊主義的・地方的な色彩が強い）現在のコミュニタリアニズムを地球的コミュニタリアニズムへと拡大・発展させる可能性について質問したところ，テイラーは，「コミュニタリアニズムは，（例えばカント的・ロールズ的といった一つの理論枠組に対抗する）単一の原理ないし形而上学的枠組として存在するものではなく，自分はそのような意味ではコミュニタリアンではないが，『（一社会の連帯や公共民としての共通のアイデンティティーの存在ないし重要性故に現れてくる）他社会との間の善の衝突の可能性において，他の異なった社会の考え方を尊重し，そこから学び，自己批判の糧とする』という意味においては，私はコミュニタリアンである」と答えた．他の共同体の異文化の尊重と相互の対話への期待という点において自らをコミュニタリアンと認めた発言は，（文章では必ずしも明示されていないので）貴重なものだった．

また，サンデルは，自分自身の報告で，「(1) ある原則に代替する一つの原則という意味においては，コミュニタリアニズムというラベルを拒否し（テイラー氏と同意見であり），(2) 地域の価値における多数派主義（majoritarianism）という（文化的相対主義を帰結するような）意味においても自分はコミュニタリアンではなく，(3)「負荷なき自己（unemcumbered self）という（英米思想における）リベラルな思想に対する批判」という意味において初めて，自分はコミュニタリアンと言うことができる，と述べた．自己は共同の絆の中に埋め込まれているが，ただ文化・歴史などによってその絆が多元的であり，その間で衝突が生じるという点においては，限定を付す必要が存在するという．

さらに，「コミュニティーが世界的・普遍的であり得るか」という問題については，「地球的コミュニティーを頂点として，ハイエラーキーをなす同心円的な円状の諸共同体」という描像に対しては，リベラリズムに近いとして否定する．モンテスキューを援用しながら，「ある一つの普遍主義的原理が特権的な地位にあるとする考え方は，多様なコミュニティー間の衝突・対立を見逃がしており，誤っている」というのである．逆に言えば，「このような描像でな

ければ，(コミュニタリアニズムの地球化という) 大きく改訂されたコミュニタリアニズムの考え方に同意できる」と言明したのだった．

これらを受けて，ハーバード・セミナー朝食会で小林がサンデルに「『リベラリズムと正義の限界』第2版序文で，自分はコミュニタリアンと呼ばれることを拒んでいるように見えるのに，昨日は『AやBの意味ではコミュニタリアンではないが，Cという意味ではコミュニタリアンである』と言われたので，少し驚きました．この点について日本で，いかが伝えたらよいでしょうか」という趣旨のことを聞くと，彼は「あのように本で述べたのはこの用語に伴う混乱を避けるためなので，この場の皆さんのように，共通善や埋め込まれた自己と関連する正しい意味で理解するならば，コミュニタリアニズムという言葉で呼ばれることに問題はありません．」というような返答をされた．横でテイラーも頷き，同感の意を表明した（以上について正確には，本書に付した彼らとの「質疑応答」を参照）．

だから，サンデルとテイラーは，上記の意味において用いるならば，やはりコミュニタリアンと呼ぶことができるのである．

2. コミュニタリニズム的共和主義

そしてサンデルが本書で展開した規範的議論は，国家主義ではなく共和主義である．『リベラリズムと正義の限界』が哲学的議論を軸にしていたのに対し，本書は政治的議論を展開しているために，サンデルがコミュニタリアニズムから共和主義の立場に移行したというようにすら見えるかもしれない．しかし，内容を検討すれば明らかなように，彼は前著におけるコミュニタリアニズムを放棄したわけではなく，アメリカの政治的文脈においてそのような視角から議論を具体的に展開してみせたのである．

この点についても，ハーバード・セミナー朝食会で，前述の会話に続いて，サンデルらとおおむね次のような会話をした．

小林「『自由主義と正義の限界』のロールズ批判は才気あふれた哲学的分析であるのに対し，日本の学界においては『民主政の不満』はアメリカの文脈に内在した反面，他の地域に通用する普遍的価値を失ったとする意見がありますが，いかがでしょう？」

サンデル「アメリカ向けという印象が生じたのは，特定的に，文脈に応じて，

具体的に論述しようと意図した結果ですが，確かにそのような問題点が生じたことは事実でしょう．」

小林「あなた自身の公共哲学の核心ないし本質について，日本の（読者向けに）一言で教えて下されば幸いです．」

サンデル「それは，共通（common）や一緒に（together）ということでしょう．」

テイラー「そしてさらに，（他のものに）還元することのできない共通善でしょう．」

これは，彼らの公共哲学の中核を理解するためにも重要な発言であろう．そして，こういった発言から明らかなように，サンデルは『リベラリズムと正義の限界』におけるコミュニタリアニズム的な立場を放棄したのではなくて，それを前提にしつつ，アメリカという文脈におけるその展開として『民主政の不満』を執筆したのである．その結果として，彼は，アメリカの政治的伝統における共和主義の重要性に注目を喚起し，その再生を促した．本書によって，サンデルは現代アメリカにおける代表的な共和主義的理論家としても知られるようになった．だから，彼の立場は「コミュニタリアニズム」にしてかつ「共和主義」なのであり，「コミュニタリアニズム的共和主義」と言うことができるだろう．

リベラル派の代表的人物のジョン・ロールズは，実質的には権利の概念を中心にして，規範的な「正義の理論」を提起した．これに対して，サンデルは，このようなリベラル派の議論は法という手続き的側面のみに焦点を合わせているから，アメリカという共和国が「手続き的共和国」になってしまっていると批判する．そして彼は，初期のアメリカ憲法の解釈や運用には共和主義の伝統が強く影響していたことを指摘し，ロールズとは異なる共和主義的政治理論の再生を訴えたのである．

もともと，アメリカ憲法はジョン・ロックを中心とする自由主義的な社会契約論をその理論的支柱とする，とみなされてきた．これに対して，アメリカ建国における共和主義の影響はロナルド・ベイリンなどによって指摘されてきたが，ジョン・ポーコックの『マキァヴェリアン・モーメント——フィレンツェの政治思想と大西洋圏の共和主義の伝統』（田中秀夫，奥田敬，森岡邦康訳，名古屋大学出版会，2008年；*Machiavellian Moment——Florentine Political Thought and the Atlan-*

tic Republican Tradition, Princeton University Press, 1975) がこの点に言及したので，大きな論点となった．ポーコックは，「シヴィック・ヒューマニズム」(civic humanism) として，古代ギリシャにおける共和主義的思想が初期近代のマキァヴェッリにおいて変形されつつ再生され，イギリスのハリントンや 18 世紀のスコットランド啓蒙哲学を経てアメリカ革命へと影響を与えたという思想的系譜を示したのである．

　自由主義が国家から個々人の自由や人権を守ることに主眼を置くのに対し，共和主義の伝統においては，人々が政治に積極的に参加することを美徳と考えて，自治を実現することを主張する．自由論においては，アイザイア・バーリンが言う「消極的自由」(negative liberty) によって国家から干渉されない自由を個人に保障することだけでなく，個々人が政治へと参加する政治的自由ないし共和主義的自由を主張するのである．

　もっとも，共和主義にも幾つかの類型が存在し，共和主義的理論家が必ずコミュニタリアニズムの立場に立つというわけではない．たとえば，思想史家クェンティン・スキナーやその影響を受けた政治哲学者フィリップ・ペティットは，政治的な共和主義的自由を強く主張する一方で，倫理的な側面，特に全人的な美徳を共和主義の要件としては考えない．コミュニタリアニズムは倫理的側面を強調するから，これらの共和主義の理解は，コミュニタリアニズム的共和主義ではない．また，ブルース・アッカーマンのように，共和主義をリベラリズムの枠内における思想として考える立場も存在し，このような立場は「リベラル共和主義」と言うことができる．サンデルの立場は，これらとは区別され，リベラリズムを批判して政治的美徳も強調するという点において，「コミュニタリアニズム的共和主義」と言うことができるのである．

3. 理論的位置関係

　このような理論の位置関係を簡単に示しておこう．これは，いわゆるリベラル (liberal) とコミュニタリアン (communitarian) の論争を中軸に整理したものである．この論争は通常の政治的な左右の対立ではなく，哲学的な方法論をめぐるものなので，原子論的な立場と全体論的な立場を「原子極 / 全体極」というようにして左右の軸として様々な理論を図示してみた．もっとも，あくまでも一般的に位置関係を理解しやすくするための便宜的なものなので，その点は注意していただきたい．

II 理論的整理

```
原子極                          中道                          全体極
A        Lt        L        R        C        Cn        F
```

A（アナーキズム；Anarchism），Lt（リバタリアニズム；Libertarianism），L（リベラリズム；Liberalism），R（共和主義；Republicanism），C（コミュニタリアニズム；Communitarianism），Cn（保守主義；Conservatism），F（ファシズム；Fascism）

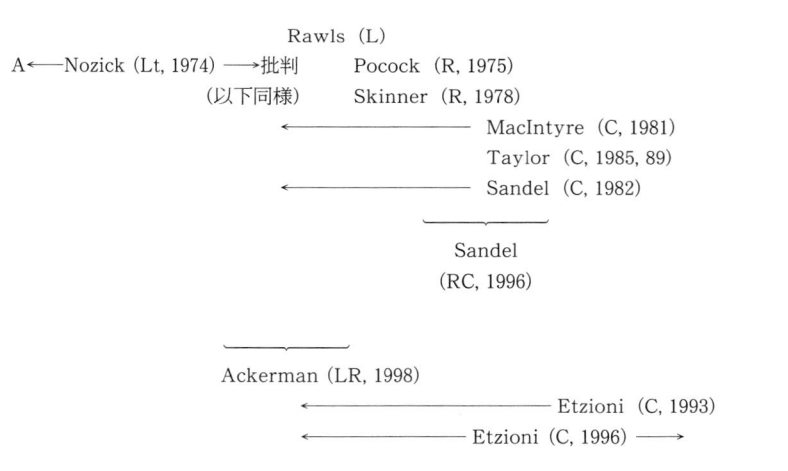

```
                        Rawls (L)
A←―Nozick (Lt, 1974) ―→批判    Pocock (R, 1975)
        (以下同様)              Skinner (R, 1978)
                     ←――――――――― MacIntyre (C, 1981)
                                Taylor (C, 1985, 89)
                     ←――――――――― Sandel (C, 1982)
                                ―――――
                                Sandel
                                (RC, 1996)

              ――――――――
              Ackerman (LR, 1998)
                     ←――――――――――― Etzioni (C, 1993)
                     ←――――――――― Etzioni (C, 1996) ――→
```

※ →は思想的批判の方向を表す．

　この両極の中では，この2つはリベラリズム（L）の方が相対的に左に，コミュニタリアニズム（C）の方が右に位置するが，左の方の原子極には，例えばアナーキズム（anarchism, A）のような思想がある．そしてその次にリバタリアニズム（libertarianism, Lt）の思想が考えられる．リベラルとコミュニタリアンの間に共和主義（republicanism, R）が考えられる．さらに全体極の方にファシズム（fascism, F）が考えられる．さらにコミュニタリアズムと，全体主義ないしファシズムの中間に，保守主義（conservatism, Cn）が考えられる．

　1970年代に政治哲学が復興して以来，その原点に位置づけられるのがロールズの『正義論』である．ただ，このリベラリズムは，政治学でいうところの（古典的な自由主義から始まる）自由主義の全体を言っているのではなくて，今のアメリカの政治哲学でいうリベラリズムを指している．だから，実際には自由主義の伝統全体の中には，この中でいえば，Ltに入る部分も，Rに入る部分

もCに入る部分も存在する．

そして，ロバート・ノージックの議論はリバタリアニズムの代表的なものの一つである．その主著『アナーキー・国家・ユートピア』(嶋津格訳，木鐸社，1995年；*Anarchy, State, and Utopia*, Basic Books,1977) の第一部はアナーキズム批判であり，これは線上では，リバタリアニズムの立場から，その左側の思想に対する批判として表される．他方でこの本はリベラリズムを批判するので，それは右側の思想に対する批判ということになり，一重線の矢印→で示してある．この一重線の矢印は，矢印の先へ向けて批判をしている，という意味である．

政治思想史では，ほぼ同時期に注目に値する大著が2つ現れている．1つが前述のJ. G. A. ポーコックの『マキァヴェリアン・モーメント』であり，もう1つがクウェンティン・スキナーの『近代政治思想の基礎——ルネッサンス，宗教改革の時代』(門間都喜郎訳，春風社，2009年；*The Foundations of Modern Political Thought*, vol. 1, 2. Cambridge University Press, 1978) である．この2つの本は，「ヨーロッパの政治思想史の伝統の中における，いわゆるリパブリカニズム republicanism ないしシヴィック・ヒューマニズム civic humanism の伝統を，リベラリズムに対して，発掘して位置づける」という大きな役割を果たしたのである．

これらに対して，少し後の1980年代に，コミュニタリアニズムの代表的な作品があらわれてくる．アラスデア・マッキンタイアの『美徳なき時代』の刊行が1981年，チャールズ・テイラーの『哲学的論文集』(*Philosophical Papers*, vol. 1, 2, Cambridge University Press) の刊行が1985年，『自己の源泉』(*Sources of the Self*, Harvard University Press) の刊行が1989年である．そして，テイラーに教えを受けたマイケル・サンデルが先述の『リベラリズムと正義の限界』を刊行したのが，1982年である．さらに，マイケル・ウォルツァーが『正義の領分』(山口晃訳，而立書房，1999年；*Spheres of Justice*, Blackwell) を刊行したのが1983年である．

当初のコミュニタリアニズムに対しては，「政治的な含意(インプリケーション)がよくわからない」，「保守主義なのではないか」，「抽象的であまり現実性がないのではないか」等々といった批判があった．これに対して，サンデルが1990年代に著した本書『民主政の不満』は，先述のように，アメリカの特に憲法(解釈)，それから政治と経済の関係を中心に置きながら，アメリカの文脈において，(リベラリズムに対抗する)共和主義の伝統を発掘してその再生を訴え

たわけである．

　この本の出現以来，コミュニタリアン陣営のかなりの部分が，「自分の政治的な位置は，共和主義的である（あるいは，それに近い）」というようになってきた．そこで，これをリパブリカン・コミュニタリアニズム（Republican Communitarianism, RC）ないしコミュニタリアン・リパブリカニズム（Communitarian Republicanism）と表記することができよう．つまり，コミュニタリアンたちが，共和主義の歴史的研究の成果を取り込んで今日の政治哲学として共和主義を再生させたのである．

　もっとも，コミュニタリアンだけが共和主義に親近感を示しているわけではなく，リベラル派の中にも共和主義を主張する場合もある．前述のように，1998 年に刊行されたアッカーマンの本『私たち，人民』（We the People, vol. 1, 2, Belknap Press of Harvard University Press）では，ポーコックの共和主義解釈に反対して，実は，リベラリズムが共和主義と結びつき得ると主張している．そこでこの図では，これをリベラル共和主義（Liberal Republicanism, LP）と表記している．

　さらに 90 年代になって，社会学者のエツィオーニが自ら積極的にコミュニタリアニズムという呼称を用いて，「コミュニタリアン・ネットワーク」を開始し，コミュニタリアニズムを社会運動として広げようとした[8]．その代表作が『コミュニティーの精神——権利，責任，そしてコミュニタリアン的課題』（The Spirit of Community : Rights, Responsibilities and the Communitarian Agenda, Crown Publishers, Inc, 1997）である．テイラーやサンデルやマッキンタイアらとは異なって，エツィオーニや若い世代の人々は，積極的にコミュニタリアンと自己規定して，コミュニタリアニズムを主張するようになったのである．エツィオーニは社会学者なので，具体的な家族やコミュニティーや政治などの問題を取り上げて議論を展開している点で，単に専門家だけの議論ではなくて，社会に対して訴える要素を強く持っている．そして，彼らは現実的な政策論としても実践的に展開しているのである．

　エツィオーニの続く『新しい黄金律』（永安幸正監訳，麗澤大学出版会，2001 年；

8　エツィオーニについて詳しくは，アミタイ・エツィオーニ『ネクスト——善き社会への道』（麗澤大学出版会，2005 年；Next: The Road to the Good Society, Basic Books, 2001）所収の小林正弥による解説「エツィオーニのコミュニタリアニズム」，212–245 頁）を参照．

『民主政の不満　公共哲学を求めるアメリカ　(上)』解説

The New Golden Rule : Community and Morality in a Democratic Society, Basic Books, 1997) では，自分のコミュニタリアニズムを，リベラルとソーシャル・コンサーバティブ (社会的保守主義) との中間に位置づけている．これは，コミュニタリアニズムと保守主義との違いを明示した点で貴重であり，これを上図に示した．

4．リベラリズム・共和主義・コミュニタリアニズム

この図では，共和主義をリベラリズムとコミュニタリアニズムとの間に位置づけた．この関係を整理しておこう．

リベラル共和主義という立場が存在するように，共和主義はリベラルの立場と接点を持っている．「自由国家」(スキナー) や「非支配としての自由」(ペティット) という言葉に表れているように，「自由」はリベラリズムだけではなく，共和主義にとっても最重要の概念の一つなのである．

共和主義 (リパブリカニズム) は，語源的には「レス・プブリカ」，つまりローマ時代の「公共的なるもの」に由来する．だから，もともとの共和主義においては，政治参加による自治の目的は公共性の実現にある．「王様や貴族が自分たちの私腹を肥やしており，そういう私欲による政治を行っている．だから政治を，そういう私物化された政治から奪還して，本当に人々のためになるような政治にするべきだ」という倫理的な発想が近代の共和主義運動の初発の動機である．

これが王政打倒と結びついていき，今日では「共和国」といえば，王政ではない国のことを意味するようになった．つまり，近代では共和主義は，王政や専制に対して政治的な自由を獲得する運動として現れた．そこで，歴史的な自由主義とは大きな関係があり，そのためにリベラリズムとも接点がある．

しかし，リベラリズムでいう「自由」は必ずしも共和主義でいう「自由」と同じではない．前述のように，リベラリズムの「自由」は国家からの非干渉という消極的自由であるのに対し，共和主義の「自由」は政治参加の自由であり，自治の自由なのである．だから，スキナーやペティットの共和主義はリベラリズムとは区別され，図上ではその右側に位置づけられる．

他方で，共和主義はコミュニタリアニズムとも接点を持つ．共和主義には政治参加や自治を政治的美徳と考える側面があり，この倫理性においてコミュニタリアニズムとの共通性が存在する．共和主義には，形式的な国制的な意味，

つまり非王制という意味と，公共性の実現という実質的・倫理的な意味で用いている場合と両方が存在するから，この二つの意味を弁別する必要がある9．この中で非王制という制度的な意味だけに限定して考えるならば，リベラリズムと共和主義とは両立しうるが，実質的・倫理的な意味も含めて考えると，共和主義にはリベラリズムよりもむしろコミュニタリアニズムとの共通性が浮上してくるのである．

もっとも，共和主義者が注目するのは「公民的美徳 (civic virtue)」という政治的な美徳であって，必ずしも美徳一般ではない．これに対して，コミュニタリアンは，美徳一般として全人格的な徳を主張する．共和主義者は，別に全人的な徳を否定もしないけれども，あくまでも焦点は政治の領域における参加を美徳として考えることにあり，それを公共的な美徳と考えるのである．

コミュニタリアニズムは，消極的自由（ネガティブ・リバティ）だけではなく，積極的自由（ポジティブ・リバティ）の観念にも肯定的な姿勢を見せる場合が多い．そして，権利ないしは正義だけではなく，善の概念も重視する．リベラルの観点からすれば，「善は個人的な観念であって，公的な政治の権力を行使する場面では考慮されるべきではない」ということになるのに対し，コミュニタリアンは「必ずしもそのような二分法的な主張はできない．政治の言語においても，善に関わる議論が，例えば生命倫理や宗教のような主題では重要であり，この観念を放棄することは，政治的言語の貧困化につながる．そしてその善の概念は歴史的な共同体において形成されてきたものだから，共同体における伝統が重要である．その中核となっているのが人格陶冶であり，そのために美徳が強調される．そして権利だけではなくて，義務や責務・責任 (duty, obligation, responsibility) なども必要だ」と強調する．

だから，コミュニタリアニズムは，共和主義とは違って，美徳一般の重要性を主張しているのであって，政治だけに焦点を絞っているわけではない．マッキンタイアはもともと倫理学者だから，彼の『美徳なき時代』は一般的な美徳を主題としており，美徳倫理学という倫理学，つまり美徳の概念を研究の主題

9　このような理解については，小林正弥「共和主義解釈と新公共主義——思想史と公共哲学」(田中秀夫・山脇直司編『共和主義の思想空間——シヴィック・ヒューマニズムの可能性』名古屋大学出版会，2006年，第16章，490-527頁)，同「古典的共和主義から新公共主義へ——公共哲学における思想的再定式化」(宮本久雄・山脇直司編『公共哲学の古典と将来』東京大学出版会，第6章，239-286頁，2005年) を参照．

とする議論の再興に大きく寄与している．そこで，コミュニタリアニズムを共和主義と区別して，その右側に位置づけた．

このように，共和主義は一面では，「自由を実現し，王制や専制に反対する」という点ではリベラリズムと共通するから，この点ではリベラリズムに近い．しかし他方で，「政治参加や公共性の実現」という点において美徳を重視する点では共和主義はコミュニタリアニズムと共通している．

他方でコミュニタリアニズムは，リベラリズムとは対立しているが，政治的主張としては，共和主義と多文化主義に接近している場合が多い．それには，先述したような美徳や伝統・善の問題が関わっている．精神的な要素を強調するという点において，この二つの政治的議論に親和性があるからである．

だから，共和主義は，リベラリズムとコミュニタリアニズムの中央に位置づけることができるだろう．スキナーらの思想史的な共和主義の研究を踏まえて，それを現在の共和主義として再生させようとしている代表的な理論家が，フィリップ・ペティットである．スキナーやペティットらは，リベラルでもコミュニタリアンでもなく，共和主義の立場に立っていると言うことができるだろう．

これに対して，サンデルはまさしく代表的なコミュニタリアンにして共和主義者である．つまり，彼はコミュニタリアンとして「善」という美徳が公共的議論においても重要であることを主張し，さらに政治参加という公民的美徳も積極的に擁護する．だから，彼の立場は「コミュニタリアニズム的共和主義」と言うことができるだろう．

III 結語：地球時代の新しい諸公共哲学を求めて

本訳書（第1部）の内容については「要約」をご覧いただきたい．本書（第2部を含む）は，埋もれた共和主義の伝統を掘り起こして共和主義とリベラリズムという2つの公共哲学の角逐をアメリカ史の全体について描き出したという点で，卓越した作品である．従来，アメリカの政治は，リベラリズムを中心に理解されることが多かった．しかしながら，サンデルによれば，現代リベラリズムは，20世紀後半になって支配的となったものに過ぎない．本書においては，アメリカの憲政史における共和主義の意義が強調され，その復権が主張されている．

サンデルによれば，現代リベラリズムは，共和主義の自己統治の理念を失わ

Ⅲ　結語：地球時代の新しい諸公共哲学を求めて

せ，共和国を「手続き的共和国」に形骸化させて，民主政を機能不全へと貶めてしまう．アメリカの市場経済を至上視する保守派（リバタリアニズムやネオ・リベラリズム）と福祉を擁護するリベラル派は，政策においては対立しながらも同じ難点を持っている．前者は経済成長を目指し，後者は分配的正義による福祉の実現を図るが，いずれによってもこの「民主政への不満」が満たされることはないのである．この「民主政への不満」こそが，現代における深刻な政治課題なのである．タイトルの『民主政の不満』はこれに由来する．

　この結果，個々人は，現代の「市場」と「国家」という巨大な非人格的な構造を前にして，政治に対して無関心に陥り，自らがそれらを制御する希望を失ってしまっている．この一因は，アメリカの公共哲学において優位を占めているリベラリズムに存在する．リベラリズムにおいては，「負荷なき自己」が想定され，公共的問題において価値について論じることが回避されてきたからである．これは，共和主義的な美徳や自己統治の理念を失わせるものだった．

　これに対して，サンデルは，自己を抽象的・形骸的に考えて価値や道徳を棚上げして論じるのではなく，コミュニティーをはじめとする具体的な文脈の中で自己を見つめ，善をはじめとする理念を公共的な議論の俎上に乗せることが必要だと主張している．このようにしてこそ，自己統治の理念を甦らせて，民主政を再び活性化することができる，というのである．

　サンデルが最終章「公共哲学を求めて」で提示したビジョンによって，本当にアメリカの共和主義を公共哲学として再生させることができるかどうかは議論のあるところだろう．けれども，この問題提起によって，アメリカにおいて共和主義的理想を再生させる試みが本格的に政治哲学として議論されるようになった意味は極めて大きい．

　サンデルは 2008 年 3 月にハーバード大学で会った際にはブッシュ政権に批判的でオバマ候補の当選を強く望んでおり，2009 年 3 月に千葉大学のシンポジウムに来ていただいた際にはそれを歓迎していた．オバマ政権は，価値に関わる政治を遂行しているという点でコミュニタリアニズム的であり，さらに人々の政治参加によって公共善の実現に向かっているという点で，アメリカは共和主義的な公共哲学の方向へと展開しているとみなすことも不可能ではないだろう．

　このように，本書は，共和主義的政治哲学を考察する上で大きな意義を持っている．また，アメリカという文脈において公共哲学を歴史的に考察しその再

建を考えるためにも不可欠の重要性を持つ．公共哲学は，その時代や地域の文脈によって多様な形態を取るから，日本をはじめとする他の地域では，この書物とは異なった方策が追求される必要があるかもしれない．それでも，アメリカの公共哲学を求める試みは，他の地域にも貴重な手がかりを与えるだろう．

　前述のように，サンデル（やテイラー）は，地球全体を一つのコミュニティーとして考えるのではなく，そのコミュニティー相互の理解と尊敬を培うようなコミュニタリアニズムを考えている．サンデルは，ハーバード・セミナーの報告で，「地球的時代における公共哲学」について，まず，「地球的公共哲学（global public philosophy）が単数形である点に若干の留保を付したい」として，global public philosophies（複数形）というように，「多様な伝統に立脚した複数の地球的公共哲学」という考え方を述べた．そしてさらに，公共空間再建に対する経済的障害として地球的資本主義を挙げ，その圧力があらゆる種類の公共的機構を侵食していることを指摘し，それに対抗するものとして，（現在は政教分離によって分断され緊張関係にある）公共的なるもの（public, civic）と聖なるものないし道徳とを（何らかの形で）再び関係づける必要性を示唆したのである．テイラーの近年の議論（『世俗的時代』*A Secular Age*, Belknap Press of Harvard University Press, 2007）とも合わせて考えると，彼らの議論の先には，このような課題に対して世俗化や宗教性・精神性といった大問題を正面から考え直す必要が現れてくるように思われる．

　「市場の道徳的限界」という議論は，サンデルが現在展開しつつあるものであり，本書の最終章の議論をさらに展開したものと思われる．そして，「多様な伝統に立脚した複数の地球的公共哲学」の中で，共和主義的な公共哲学は少なくとも重要な，名誉ある地位を占めることだろう．アメリカの共和主義的公共哲学を参考にしつつ，それぞれの地域に即した公共哲学の試みが発展することによって，地球における諸公共哲学が成立ないし確立してゆくと期待されるのである．

付録　チャールズ・テイラー及びマイケル・サンデルとの質疑応答

監修等全般	小林　正弥
テープ起こし	神島　裕子
	坂口　　緑
翻訳・調査	坂口　　緑
	中野　剛充
	神島　裕子
	工藤　博海
	井上　　彰
	王　　　前

(『千葉大学法学論集』第16巻1号, 2001年, 103-147頁所収. 表記や訳語は一部修正した.)

解　題（小林正弥）

1. チャールズ・テイラーとの質疑応答

入れ子状公共圏 (1)
目的論との関係 (2)
ユダヤ-キリスト教的背景と多数的近代 (3)
2つの自己像の関連と対話的自己 (4)
真実性の倫理と公共善の政治との関連 (5)
カナダ・ケベック問題と共通のプロジェクト (6)
後期ヴィトゲンシュタイン解釈 (7)
デイヴィドソン＝ローティ批判 (8)
カナダの多文化主義と公共性・愛国心との関係 (9)
政治的物語と人間的物語 (10)
アジア的価値の概念への疑問 (11)
シンガポールの評価 (12)

2. マイケル・サンデルとの質疑応答

公民的参与の活性化 (13)
新しい社会運動とコミュニタリアニズムの政治的「成功」への見解 (14)
「第三の道」との相違点と社会民主主義の公民〔共和主義〕的再建 (15)
ローティ批判 (16)
ドゥオーキン理解と, その手続き的リベラリズムの問題点 (17)
アメリカにおける公民的共和主義の条件 (18)
公民的共和主義の危険性と, それ故の中間集団の有用性 (19)
混成的社会 (20)
公共的知識人の必要性と今日における困難 (21)
コミュニタリアンという呼称の是非 (22)
『民主政の不満』のアメリカ的限定性 (23)

付録　チャールズ・テイラー及びマイケル・サンデルとの質疑応答

解　題

　2000年3月7日から3日間，将来世代国際財団・将来世代総合研究所の主催により，ハーバード大学で「地球（グローバル）時代の公共哲学ハーバード・セミナー」が開催された．主催者側の他，日本側からは，山脇直司（東京大学大学院総合文化研究科教授，当時，原則として以下敬称略）・大沼保昭（東京大学大学院法学研究科教授）・金鳳珍（北九州大学外国語学部国際関係学科教授）及び小林正弥が参加し，チャールズ・テイラー（マックギル大学教授 Professor of Philosophy and Political Science at McGill University, カナダ）及びマイケル・サンデル（ハーバード大学教授 Professor of Government, Harvard University, アメリカ）と，ウィリアム・テオドル・ドゥ・バリー（コロンビア大学名誉教授 John Mitchell Mason Professor Emeritas and Provost Emeritus at Columbia University, アメリカ）との間で，地球的（グローバル）公共哲学を巡って討論が行われた．テイラーやサンデルが，いわゆるコミュニタリアニズムの代表者として国際的に令名高い事は，改めて述べるまでもないであろう．加えて，（アメリカにおける儒学研究の代表者の1人である）ドゥ・バリーも，近年は「儒学的コミュニタリアニズム的観点」という副題を持つ著作を刊行しており[1]，この会議は，コミュニタリアニズムと（地球的）公共哲学との関連を考える上で重要な意味を持つものであった[2]．

　この会議には，主として東京大学・山脇ゼミに参加していた大学院生らがオブザーバーとして参加したが，主催者側の好意により，（テイラー，サンデルや英米の政治思想に関心を持って研究している）大学院生達のために，フォーラム最終日の3月9日に，テイラー及びサンデルと大学院生達との間で質疑応答を行う機会が，朝食会として設けられた．出席者は，彼ら2人の他に，金泰昌（将来世代総合研究所所長）・山脇直司・小林正弥と，以下の大学院生達（当時）であった．

---

[1] Wm. Theodore de Bary, *Asian Values and Human Rights: A Confucian Communitarian Perspective* (Cambridge, Mass., Harvard University Press, 1998).
[2] ただし，主催者側は，地球的公共哲学の対話相手として，コミュニタリアニズムの思想家を特に重視しているわけではない．この朝食会でも，将来世代総合研究所所長の金泰昌氏は，「コミュニタリアニズムやリベラリズムという立場に捉われず，それらの立場を超えて，公共的知識人が国境を超えて公共空間に集まって対話し，相互に理解を深める」という意図を繰り返し説明され，「若い世代の人がバランスの取れた見解を持つように育つ事を望む」という希望を述べられた．

坂口緑，王前，中野剛充，井上彰，工藤博海，神島裕子（各々，東京大学大学院総合文化研究科，ただし工藤は一橋大学大学院社会学研究科，トロント大学大学院政治学研究科に留学中，いずれも当時）．

　朝食会は，小林の司会の下，前半はテイラー，後半はサンデルに対する質疑応答として進められた．参加した大学院生達は，「テイラー研究会」という研究会に所属し，研究会の名に掲げられたテイラーの著作を始め，サンデルの理論についても熱心に議論を重ねてきた．さらに，当日に備えて，各自が質問要旨を記したペーパーを用意するなど，丹念に準備を行った．その甲斐あって，質問の水準は概して極めて高く，テイラーとの質疑の後で，それまで黙って聞いていたサンデルがわざわざ「如何に，よく知っており，思慮深い質問であった事か」という「観察（observation，感想）」を述べ，「〔山脇〕先生達はとても誇りに思うでしょう．私ならそう思いますね．〔質問が〕とてもよく定式化されていて，思慮深い．本当に印象的です」と賛辞を贈った程であった．

　テイラーやサンデルの発言が重要な価値を持つ事は改めて述べるまでもないが，彼らの返答を引き出した質問者側の努力も，特筆に値する．彼らの著作を読めば簡単にわかるような初歩的質問などは，殆ど無い．大学院生の質問なので，細かい学問的論点についてのものが多いが，その多くは，著作では必ずしも明確でない重要な論点について正面から問うており，彼らの返答も，既刊の著作には含まれていない見解を多々含んでいた．それ故に，この記録は，単なる質問に止まらない独自の価値を持ち，国際的に見ても，価値の高いものと思われるのである．以下では，読者の便宜を考えて，内容的に連続している問答をまとめ，その内容について，それぞれ小見出しをゴチックでつけておいた．質問の順序は当日行われた通りであり，まとまりごとの最後に，順番を表す数字を振ってある．

　この内，例えば，テイラーとの質疑における，目的論との関係（王，2－質問者と順番，以下同様），多数的近代（王，3），2つの自己像の関連と対話的自己（中野，4），真実性の倫理と共通善の政治との関係（中野，5）などは，自己観や多数的近代などの重要な論点について問うたものであり，テイラーの哲学を理解する上で重要な資料となる．また，テイラーとの質疑における，入れ子状公共圏（坂口，1），カナダ・ケベック問題と共通のプロジェクト（中野，6），カナダの多文化主義と公共性・愛国心との関連（工藤，9），政治的物語と人間的物語（工藤，10），混成的社会（神島，20），サンデルとの質疑における，公民的参与[3]

付録　チャールズ・テイラー及びマイケル・サンデルとの質疑応答

の活性化（坂口，13），公民的共和主義の危険性と，それ故の中間集団の有用性（神島，19），公共的知識人の必要性と今日における困難（王，21）などは，公共性・公民的共和主義・多文化主義・公共的知識人などの，両者の政治哲学の枢軸的思想について，興味深い返答を引き出しており，政治哲学・公共哲学にとって価値が高い．

そして，なかんずく，新しい社会運動とコミュニタリアニズムの政治的「成功」への見解（中野，14），「第3の道」との相違点と社会民主主義の公民〔共和主義〕的再建（中野，15）は，現在の重要な時事的・政治的問題について，管見の限りでは活字では見出せない重要な見解を引き出す事に成功している．日本では，一般に，概してコミュニタリアリズムを保守主義的とみなす偏見ないし誤解が横行しているだけに，（社会民主主義のコミュニタリアニズム的再建という）新鮮な政治的展望が述べられている点において，この応答は，その種の偏見を打破するものであり，コミュニタリアニズムの正確な理解に裨益する所が大き

3　以下，civic engagement や civic republicanism などの訳語としては，「市民的（参与，共和主義等）」も考えられ，通常はむしろこのような訳語を用いる事が多いが，本稿では，小林の判断で原則的には「公民的（参与，共和主義等）」という訳語を用いた．これを単純に「市民的」と訳してしまうと，例えば，ヘーゲル＝マルクス的な意味における「市民社会」「ブルジョア社会」という用例との区別が無くなってしまい，「私的利益を追求する市民（Bürger）」という像との混乱が生じて，citoyen における「公共的（人間）」という意味が不明確になってしまうからである．殊に，「公共的参加」の意義を強調するテイラーやサンデルの場合，この点に注意して訳す事が重要と考えられよう．

そもそも，今日に於いては，civil が消極的自由と関連する語感を持つ事が多いのに対し，civic は積極的自由を連想させる語感を持ち，公共的（政治参加，関心など）という意味を内包する事が多いという．そこで，原則としてこの各々を「市民的／公民的」と訳し分けた．従って，civil society や civil disobedience は「市民社会」，「市民的不服従」と訳した．ただ，civil rights movement（公民権運動）のように，civil が古典的な意味で用いられ，右のような近代的・現代的意味に訳す事が適切でない事例も存在する点に注意しなければならない．

ちなみに，日本において「公民」は，戦前の「皇民・臣民」を連想させる危険があるため，小林は，規範的には「公共民（citizen）」という造語を敢えて用いている．ただ，翻訳などで新造語を用いるのは難しいと判断し，この悪い連想という問題よりも先述した利点の方を重視して，右のような訳語を用いた．ただ，中野らは，「市民的」という通常の訳を用いているので，質問個所では本人の訳し方に従った場合もある．これらの点につき，福田歓一『近代政治原理成立史序説』（岩波書店，1971年），438-441頁，また，civil と civic の差異と使い分けの例については，篠原一『ポスト産業社会の政治』（東京大学出版会，1982年），IV，第1章，206-215頁参照．

いであろう．従って，この部分は，特にオリジナルな価値が高く，本質疑応答の白眉（ハイライト）の1つを成すと思われる．

また，テイラーとの質疑における，後期ヴィトゲンシュタイン解釈（井上，7），デイヴィドソン＝ローティ批判（井上，8）や，サンデルとの質疑における，ローティ批判（井上，16），ドゥオーキン理解と，その手続き的リベラリズムの問題点（井上，17）などは，他の重要な思想家に対する評価を述べている点で，学問的・専門的価値が高い．さらに，ユダヤ－キリスト教的背景とアジアの関連（王，3），アジア的価値の概念への疑問やシンガポール評価（神島，11，12）などは，アジアとの関連についての質問である点において，本質疑応答の独自性を成すと言えよう．

最後に，サンデルの『民主政の不満』のアメリカ的限定性（小林，23），及び両者について，コミュニタリアンという呼称の是非（小林，22）及び公共哲学の核心（小林，24）は，彼らの思想を日本に紹介する上で，日本の研究者にとって特に重要と思われる点を小林が尋ねたものであり，その答えは，予想以上の含蓄を含むものであった．両者が，正確な理解を前提とすれば，自分達を「コミュニタリアン」と考えて構わないと明言した事は，彼らの思想を位置付ける上で重要な意味を持つし，さらに，テイラーが公共哲学の核心を「還元不能社会財（irreducibly social goods）」としての共通善であると断言した事は，小林にとって衝撃的ですらあった．「還元不能な共通善」という観念こそ，小林の用語で言えば，（原子論的個人に還元出来ない）全体論的共通善の謂いに他ならないからである．多文化主義や少数民族問題などを巡る質問に対しても，テイラーは，現代の条件としての多元性を前提に，――しかし，その差異故に民主政が断片的に解体してしまう危険を避けるべく――それを「共通のプロジェクト」に結び付ける必要性を繰り返し強調している．さらに，サンデルも，院生達に公民的共和主義の観念や，その要素としての結社の重要性を若々しい情熱的な口調で力説したし，小林に対しても，小林の言う「共同性（コミュナリティ）」が，彼らの意図を――日本では誤解を招き易い共同体の概念に代えて――誤り無く捉えようとしている，と肯定的に言及した．

これらを合わせて考えると，――著作だけからは読み取りにくい――彼らの，いわば本音に当たる中軸的思惟が浮かび上がるように思われる．著作では，おそらくリベラルな観点からの批判を予期・配慮する為に，洗練された形で議論を提出するから，余り単純・明確に結論を述べない場合も少なくない．これに

付録　チャールズ・テイラー及びマイケル・サンデルとの質疑応答

対し，当日の印象においても，(そのような誤解・批判の少ない) この友好的なグループに対しては，――ごく親しい友人や学生に対して話す場合のように――内に秘めた信念を警戒心なしに率直に語ってくれたように感じられた．つまり，ここには，著作の背後にあって，その原動力となっている信条を伺う事が出来るように思えるのである．もしこの印象が正しければ，この記録からは，彼らの手による論稿には穏やか (オブラート) な形でしか現れない生の声，いわば素顔のテイラーとサンデルの考えを瞥見する事が出来るという事になり，その価値は大きいと言い得るであろう．

　なお，大学院生の内，坂口・中野・工藤・神島は，第11回政治哲学研究会 (千葉大学，2000年5月29日) において，坂口 (現，明治学院大学社会学部社会学科専任講師) が自発的にテープ起こしを行って来て，朝食会の概略的な紹介を行った．そこで，上述のような学問的価値に鑑みて，本紀要に掲載する事とし，テイラー・サンデル両教授及び将来世代国際財団・将来世代総合研究所の許可を得た上で，原稿を相互に検討して繰り返し修正・補正し，正確な記録作成に務めた．

　具体的には，全体のテープ起こし・下訳や取りまとめは，坂口が担当した．そして，小林の監修の下で中野ら各参加者に自分の質問箇所を中心に確認してもらった後に，小林が (坂口のまとめた邦訳や部分的英文を基にして) ほぼ全面的に改訳した．さらに最後に，神島が全面的に英文化したものと照合し，関係者間で再確認を行って，小林が訳を改善した．質問部分は，基本的に質問者本人の整理に従ったが，返答部分は可能な限り逐語的に訳してある．返答部分についても，当初は意訳の方針で臨んでいたが，2人の発言は論理的に極めて明晰であるが故に，正確な聞き取りに務めれば務めるほど，当方で編集を加えるよりも――僅かな重複なども含めて――そのまま収録した方が優れた記録となる事がわかったからである．

　ただ，朝食会という性格による雑音なども入っているため，テープの状態は良好とは言えず，テイラー・サンデル両教授が邦訳を直接確認する事は不可能だったため，――最善は尽くしたものの――聞き取りにミスが残っている可能性は，否定できない．そこで，参考までに，聞き取りに必ずしも確信が持てない箇所には，※を付しておいた．勿論，ミスの責任は，全面的に私達にあるが，引用・参照などする際には，この可能性も考慮して，特に※の箇所については，両教授の発言そのものとしてよりも，それについての私達の理解として扱った

方が安全かもしれない．また，口頭の質疑のため，そのままでは意味が通じにくい箇所があるので，その場合は，〔　〕で，私達の解釈による補足的説明などを付した．発言中の（　）や──（ダッシュ）は，長くて読みにくい（関係詞などの用いられている）箇所を読み易くする為に付したもので，その中にある文章は，当方の説明ではなく，本人の発言である．また，他の思想家からの批判などについての質問箇所は，そのままでは理解しにくいので，注で出典や説明を付した．さらに，見易くするために，両教授を始め，院生以外の発言者の名前はゴチックで示してある．

最後に，冒頭に述べたように，本朝食会は，「地球時代の公共哲学ハーバード・セミナー」に付随して行われたものであるため，一部の発言には，セミナー本体の記録を参照しなければ正確に理解する事が難しい箇所が含まれている．テイラーやサンデルの発言に関する限り，末尾に注を付してこのような箇所の説明に務めたが，朝食会よりもむしろ会議の本体そのものに関わる発言は，割愛せざるを得なかった．そこで，この会議の中身については，『公共哲学共同研究会ニュース　第9号』(2000年4月1日，発行：将来世代国際財団，編集：将来世代総合研究所，非売品) が主催者側から発行されているので，関心のある方は，参照される事を希望する[4]．ここに参加者一同を代表して，本紀要への質疑の掲載を了承して下さったテイラー・サンデル両教授及び，この価値ある催しを企画して本紀要への掲載を許可された将来世代国際財団及び将来世代総合研究所に，感謝の意を表したい．

(小林正弥)

1. チャールズ・テイラーとの質疑応答

入れ子状公共圏 (1)

坂口：人々の政治的無関心や断片化された利害関心 (fragmented interests) に対して，「リベラリズムの政治と公共圏[5]」という論文の中であなたの主張し

---

[4] この内，9-10頁には，この朝食会についての記述が存在する．また，セミナー本体の紹介として，他に，山脇直司「ハーバード・フォーラム『地球時代の公共哲学』を終えて」(『UP』338号，2000年12月号，6-10頁)．

[5] "Liberal Politics and the Public Sphere" in Charles Taylor, *Philosophical Arguments* (Cambridge, Mass., Harvard University Press, 1995), pp. 257-288.

付録　チャールズ・テイラー及びマイケル・サンデルとの質疑応答

ている「入れ子状（の）公共圏（'nested public sphere'）」という概念は，どのように機能し得るのでしょうか？　例えば，ゴミ処理場の建設計画があったとします．この計画に対し，「衛星放送のアンテナが使えなくなる」と反対する人もいれば，「行政による妥協案として提出された温水プールが出来るなら」と賛成する人もいるでしょう．人々は，それぞれの利害関心に従って行動します．その場合，「入れ子状（の）公共圏」はどのように作用するとお考えですか？

テイラー：「入れ子状公共圏」という観念は，ハーバーマスが述べている（事が見出される）18世紀についての理論と対立するものです．後者は，単一の全国的（ナショナル）な公共圏で，そこでは全ての人がパンフレットや雑誌などの流通に，参加出来ました．しかし，私達が現在生活しているのは，遥かに複雑な社会で，そこでは例えば，大規模な社会運動が存在し，例えば環境運動が飛び入って来て，この特定の事例においては行動を起こします．これは，全社会の公共圏の中の一部で，中間にあるもの（intermediates）の1つです．しかし，私達は，その中にいます．たとえばディープ・エコロジストと，もっと技術的・道具的気質の（technically, instrumentally minded）エコロジストとの論争が進行中なのです．そして，これら全ては，それ自身の公共圏です．この論争は秘密ではなく，等しく外部の人々から聞かれ得るわけですが，それは特定の運動の内部にあるのです．これが，私が「入れ子状公共圏」と呼ぶ理由で，それは，地方の一分岐（local branch）かもしれません[6]．

そして，右の例に関する限り，異なる時間軸（time scale）で見ると，公共圏

6　右の論文では，テイラーは，中央集権化や官僚制化に対して，公共圏においても，トクヴィル的分権化（Tocquevilian decentralization）が必要として，――地域メディアなどによる地域公共圏（local public sphere）などの――小さな公共圏が，大きな国民的（ナショナル）公共圏の中に，入れ子状（巣の中に入ったよう nested）に存在するモデルを，望ましいものとして提起している．この小さな公共圏の内部の論争が公開されており，公衆全てが見る事が出来るので，それが全国的な課題（アジェンダ）にも影響する事が出来る．それ故に，「入れ子状公共圏」と名付ける，というのである．さらに，テイラーは，18世紀の範型（パラダイム）との違いとして，①範型が統一的な空間であるのに対し，このモデルにおいては，お互いに入れ子状になっている「公共圏の多数性（multiplicity of public spheres）」が存在し，②入れ子状公共圏の内，最も効果的なものに，政党や運動（advocacy movements）などがあり，――国家と区別された市民社会の概念とは異なって――政治システムと公共圏の境界が緩やかである，という2点を挙げている．本質疑は，この内の社会運動を例として取り上げて，この興味深いアイデアの具体的な説明になっていると共に，時間軸が説明に加えられている点で新しく，貴重であると思われる．

1. チャールズ・テイラーとの質疑応答

などのものが時の上に存在します．その時の中のある瞬間に見ると，長い時の中の切片（segment）のようなものを見る事が出来るでしょう．例えば，現在，環境運動が全く存在しないかもしれませんが，もし「健全な（healthy）公共圏」があれば，時を経てそのような運動が現れる希望が存在します．そして，それが正に存在すれば，この特定の事例におけるあなたの状況は，あなたがただ1人でゴミ処理場に直面している状況とは，とても異なる事になるでしょう．

ですから，社会学的に言えば，ここに違いがある事を考えなければなりません．話している事柄に異なった時間軸が存在し，健全な公共圏が存在し得るのです．ヴィトゲンシュタインは，正しく「人は，人生において一度だけのゲーム，決して再び繰り返される事のない歴史におけるゲームを演じる事が出来る，という事があり得る[7]」と書いていますが，これは，組織して共にゆこうとする民衆の常の習い，人々の気質（standing habituation, dispositon）なのです（※）．

目的論との関係（2）

王：『多元主義時代の哲学[8]』の序文で，アイザイア・バーリンは，あなたの事を目的論者（teleologist）だと言い，自分とは異なる立場にある，と述べています．あなたは，ご自分の事を目的論者だと思われますか？

テイラー：いいえ，その節でバーリンが何故そのように述べたのかは十分には理解していませんが，それでも彼は私の立場をヘーゲル的な立場と少し混同

---

[7] テイラーの発言の出典として考えられるのは，次の箇所である（坂口）．
　「われわれが『ある規則に従う』と読んでいることは，たった1人の人間が生涯でたった一度だけ行うことができるようなことなのか．——これはもちろん，『規則に従う』という表現の文法に関する注釈である．
　たった一度だけ，たった1人の人間がある規則に従っていた，ということはありえない．たった一度だけ，報告がなされ，1つの命令が与えられ，あるいは理解されていた，などといったことはありえない．——ある規則に従い，ある報告をなし，ある命令を与え，チェスを1勝負するのは慣習（慣用，制度）なのである．
　ある文章を理解するということは，ある言語を理解するということ．ある言語を理解するということは，ある技術に通暁するということ．」（ヴィトゲンシュタイン『哲学探究』藤本隆志訳，ヴィトゲンシュタイン全集8，大修館書店，1976年，199節，161ページ）

[8] Sir Isaiah Berlin, "Introduction", in James Tully, ed., *Philosophy in an Age of Pluralism: The Philosophy of Charles Taylor in Question* (Cambridge, Cambridge University Press, 1994), p. 1. ちなみに，テイラーのバーリンに対する返答においては，目的論については言及しておらず，それ故，本返答は貴重である．"Charles Taylor replies," pp. 213–214.

付録　チャールズ・テイラー及びマイケル・サンデルとの質疑応答

したのだと思います．私はヘーゲルについて多くを書いてきましたが，それ〔目的論〕は，私が本当には同意していない，彼の哲学の一部なのです．バーリンは，そうではなく，「歴史が，ある終点 (end point) に向かって進んでいると私が考えている」と見ているわけです．

そう，確かに私の実際の立場はかなり複雑です．2つの絶対的に極端な立場として，ヘーゲルとフーコーとを考えてみる事が出来るでしょう．一方では，ヘーゲルのように，歴史が始めから必然的に段階を経てある目標に向かって進むとする見方があります．他方では，ミシェル・フーコーがいて，その幾つかの作品では，「それ〔＝歴史〕は全て完全に偶然な，エピステーメーや物事の理解の様式 (a way of understanding things) であり，これらはある点で移行し，別の方向にそれる」という印象を与えようとしています．

私は，その両極の間に位置しています．それで，おそらくその両極からは，逆の極に見えるのでしょう．私の視点から見ると，ヴェーバーは，大変興味深い理論家です．何故なら，「歴史には，予見し得ない方向が存在する」という考え方が存在するからです．『プロテスタンティズムの倫理と資本主義の精神』の命題を考えれば，そこにある考え方は，——ここでは詳細は省きますが——「歴史におけるある新しいカリスマ的介入により，当該の人々の経済生活の方法が変わる」というものです．しかし，それにも拘らず，何故，どのようにそれが起こったかについて，ある種の説明を与える事が出来るのです．

ヘーゲル的な全要請〔である※〕，理解出来るような説明〔を与えるもの〕は，意味ある人間の行動です．それは，どこから来たものでもなく，それをあなたが理解出来ない事を単に意味しますが（※），長い時間の中では——ヴェーバーが大規模な資本主義の展開から「鉄の檻 (iron cage)[9]」へ向かう展開の不可避性を論じたように——別の事の後で，ある事がどのように起こるか理解出来る事を意味します．これは，〔歴史の見方に〕他の選択を開くものです．長い歴史の切片を，何らかの潜勢力 (potentiality) の展開，新しい運動の生起として見る事も可能なのです．

私は，これ〔＝歴史〕は，次の中間の領域にある種類のものだと思います．

9　これは，次の本によって，ヴェーバーの近代観について多用されるようになった表現である．Arthur Mitzman, *The Iron Cage: An Historical Interpretation of Max Webor* (Transaction Publication, 1984).

即ち,単に1つの目的に向けて進むものでもなければ,単に「あれの後にこれ」というような〔次々と変わる〕ものでもない事を理解しなければならないのです.(※)

ユダヤ-キリスト教的背景と多数的近代 (3)

王:クウェンティン・スキナーは,〔あなたの『自己の源泉 [10]』の議論について〕歴史家の観点から見ると,2つの点で不完全である,と失望を表明しています.その1つとして,「彼の心にある『有神論的観点』は,……特殊ユダヤ的キリスト教的なものである事を的確にしている事である」とスキナーは述べています [11].マックス・ヴェーバーはユダヤ教について,西洋の人々がユダヤ教から法システムや文化に対する影響を受けている事を幸福に思う,と書いていました.「ではアジア人は不幸 (unlucly) なのだろうか」と私は疑問に思います.スキナーの解釈が正しいとしたら,あなたの著作に関しても,アジア人として同じ様な違和感を覚える人がいるかもしれません.アジア人がユダヤ教的キリスト教の歴史を共有し,理解するためにはどうすればいいとお考えですか?

テイラー:私の説は,そのような〔=ユダヤ-キリスト教の観点のみに立脚するような〕ものでは全くありません.それ〔ユダヤ-キリスト教的な近代〕は,1つの種類の近代にしか過ぎないからです.私の言う「多数的近代 (multiple modernities)」,「もう1つの近代 (alternative modernity)」の全要点は,そこにあります.現在,

---

10 Charles Taylor, *Sources of the Self: The Making of the Modern Identity* (Cambridge, Cambridge University Press, 1989).

11 Quentin Skinner, "Modernity and disenchantment: some historical reflections," in Tully, ed., op. cit., Ch. 3, pp. 37-48. 引用は, p. 46. この後の箇所で,スキナーは,中世の宗教的迫害や16世紀以降の宗教戦争という歴史的記録に触れ,この有神論的観点の再導入は,病を治そうとして逆に悪化させてしまうかもしれない,とする.ちなみに,不完全とするもう1つの点は,啓蒙のプロジェクト以来の有神論批判・否定に対して,有神論を再肯定する合理的理由を提起していない事である.これに対し,テイラーは,「私達の背景となる仮定が余りにも違うので〔スキナーの有神論とキリスト教の議論に〕取り組むのは難しい」としつつ,キリスト教信仰も含め,人生に偉大な変容の希望を与える如何なる信仰にも,何らかの恐れ (fear) が存在する事を指摘する.さらに,スキナーが「神の死」は人間性の価値の肯定をもたらした,とするのに対し,「神による人間性の肯定の大きさに,神を拒絶する人のそれは匹敵し得ない,という予感を持っている」とする. "Charles Taylor replies," op. cit., 225-226.

付録　チャールズ・テイラー及びマイケル・サンデルとの質疑応答

近代性の概念に関して混乱があるように私には思えます．敢えて話を非常に単純化してみましょう．

　私達は，産業経済，組織的・合理的官僚制，科学の応用，官僚国家などのような，多くの制度や実践 (institutions and practice) のレベルで時に近代を語っています．他方で私達は，──ヴェーバーもまた同様に──他のレベル，すなわち，二元性，高度な道具的理性に基づいた倫理的見解，世俗化などのような意味で，好きなら「深文化 (depth culture)」と呼べるレベルでも近代を語ります．この過度に単純化された近代性（モダニティー）についての理論では，この両者が緊密な関係として一緒に論じられ，片方のレベルで進展が生じると他方のレベルでも進展が生じる，とされています．しかし，私はこの見方は深く誤っていると思っています．

　どの事例においても，深文化的変化 (depth cultural change) なしに，制度的な変化は起こり得ません．ここでは立ち入らず，そのように仮定しておく事が出来るでしょう．しかし，西洋で〔制度的〕変化に伴って特定の種類の深文化的変化が起こったから〔と言って〕，「大まかには似た制度を持つ他の文明で，同じ深文化的変化が伴う」という事は，必ずしもないし，実際にはとても起こりそうもありません．何故でしょうか？　その過程を私の観点から詳しく見ると，例えば官僚国家における制度を維持するための能力 (capacity) を獲得するには，ある種の規律（＝訓練, descipline），そしてその為に自己や社会，学校などが必要になるのだ，とわかります．当該の文明で，「新しい制度を獲得する為に過去の資源 (resources) をどのように見つけるか」は変わります．もし違った場所から来れば，見つける資源が異なるものになる事は明らかです．〔公共哲学共同研究会が開催された〕この2日間，儒教的資源について議論がなされたのも，それ故に妥当だったのです．ある種の規律（＝訓練）や行為 (action) の発展は，その〔儒教的な〕背景 (background) から生じるのです．それで，その種の背景を持っている社会で，官僚制や産業的近代化の時代に移った時に，それ〔＝文化的背景〕についてのものが引っ込んでしまうという事は，有りそうもありません．要するに，私達は，今日，多数的近代の時代にいるのであり，おそらく官僚国家・代表制議会主義など，制度のレベルでは，世界中でお互いに似たものとなっていく (resemble each other) でしょう．しかし「文化的近代」に関しては，意味する事は，非常に異なるだろうと私は思います．

　それで，誤りは，この〔近代的〕方向に進んだ初めの文明，すなわち，西洋

文明の特殊な (particular) 文化的変化が，世界の他の地域に必然的に押しつけられるだろう，と考える事なのです．明らかに，そうではありません．例えば，インディアンなどのもの〔文化〕を見れば，それは同じ方向に進んでいるわけではないのです．ただ，皆さんも，初めの西洋文明がユダヤ–キリスト教的な背景を持っていたという事は，理解出来るでしょう．

2つの自己像の関連と対話的自己（4）

中野：あなたの理論に現れる2つの自己像の差異についてお尋ねしたいと思います．一方であなたは，「強い評価者」あるいは「自己解釈的存在」といった概念において，さらにはあなたが『自己の源泉』で，アウグスティヌスからルソーを経てロマン主義に至る伝統に見出すいわゆる「表現主義 (expressivism)」の系譜において，善を自己の内的自然 (inner nature) に見出す自己を想定しています．それはいわば，個人主義的 (individualistic) な自己像だと思われます．他方であなたは，「対話的存在」として，他者との討議や実践を共にする中で，いわば自己と自己との間 (between selves) に善を見出す自己を想定しています．それはむしろ共同的な (communal) 自己像のように見えます．両者はどのように関係しているのでしょうか？

テイラー：この対話的概念の重要性は，本当に，私達の自己理解の全接近(アクセス)を変えつつあるという点にあります．この西洋の哲学には，一部に，例えばレヴィナスによって否認されたような強い傾向，つまり行為者としての人間を全体的 (totalistic) な方法で，自己完結した存在 (self-contained entity) として，理解する傾向があります．その人間の自己は，それ自身を何であれ統制し，進歩する必要があるとか，集合的水準へ，即ち，（それ自体が自己である）集合的行為者へと転換し得るものとされるのです．再び話をある程度過度に単純化すると，この見方は，部分的にはギリシャ的な存在や実質などの観念に由来しているという事が出来ます．

他方で，西洋においては，ユダヤ–キリスト教に由来する伝統的影響も存在するのです．これが，対話的なものなのです．例えば，ここでもっとも重要な思想家の1人として私が言及したのが，ある種の全体的な見方を非難したレヴィナスです．彼は，最近のユダヤ人の思想家で，タルムードの非常に深遠な作品やハイデガーについて研究した哲学者ですが，これは偶然ではありません．

もし，このような転換 (shift) と関連付ければ，私が発見しようとしている

自己 (selves) の間に矛盾はありません．もっとも，これは私の特殊な方法です．と言うのは，私は辛うじてそうする〔自己のアイデンティティーを発見する〕事が出来るに過ぎない，という事が今や認められているからで，何故なら，他の人々の呼びかけ (the other people's call) によって，他の人 (another) から私は認められるからです（※）．それ故，それ〔自己〕は完全に自分1人だけでは探究され得るものではなく，関係の中でのみ為され得ます．しかし，私にはそれが出来るのです．

そして，この種の対話的な学派は，これまでの相互理解の全枠組み (framework) を変化させたのです．そのように理解する為に，表現主義 (expressivism) の観念が必要になります．表現主義においては，対話によってのみ自己自身を理解出来る事になりますから，〔このような自己理解観は〕完全に意味を成し，〔自己解釈的存在と対話的自己という2つの自己像の間に〕最早矛盾はないのです．

真実性の倫理と公共善の政治との関連 (5)

中野：では，あなたの倫理学と政治学との関係性についてもお尋ねしたいと思います．先程申し上げたように，あなたの自己論，あるいは『自己の源泉』や『真実性の倫理[12]』の中で展開される倫理学的な物語においては，あなたは自己を内的な真実性 (authenticity) を追求する個人主義的なものとして描いているように思われます．フンボルトやミル同様，近代的個人の真実性と独自性（オリジナリティ）を高く評価するあなたのこういった視点は，他の多くのコミュニタリアンには見られないあなた独自の特異な視点だと思います．しかし同時にあなたは，「共通善 (common good) の政治」を強く志向する点で，政治的には明らかにコミュニタリアンであるように思われます．両者はどのように関係しているのですか？

テイラー：2つの関係があります．ある場合には，緊張や紛争があります．何故なら，ご存知のように，境界のない (borderless) 今日においては，倫理的な生き方を，時に衝突を起こす多様な善を扱っているものとして見ているからであり，〔緊張があるのは〕びっくりしたり驚いたりする事ではありません．

しかし，真実性と――私が目的ないし目標と言ったものに本当に続く――共

---

[12] Charles *Taylor, The Ethics of Authenticity* (Cambridge, Mass., Harvard University Press, 1991).

通善との間には，内的関係も存在します．もし，フンボルトの『国家行動の限界[13]』における叙述を読んで，自己の小さな自己自身を理解するという事，自分がなし得るこの唯一の事が，他者との何らかの種類の交換（exchange，交流）である事を理解すれば，その交換の性格（character）は絶対に決定的な意味を持ちます．もし，それが疎遠・敵意・不信・操作の交換で満ちているならば，ひどい環境の中で自分自身に成らなければなりません．他方で，相互信頼や互助の試みで満ちている交換ならば，全く別の環境になるでしょう．それで，真実の自己発展にとって必然的に条件となる（※），ある種の共通善が存在するのです．それが，私が，特に『近代性の不安（Malaise of Modernity）』〔＝カナダ版『真実性の倫理』〕[14] において語ろうとした事です．私達は対話的な観点，について理解しなければならないのであり，それは異なった関係性なのです．

カナダ・ケベック問題と共通のプロジェクト (6)

　中野：あなたのカナダ・ケベック問題についての理論的・実践的貢献を大変尊敬しています．しかし現在では，あなたが中心的に取り組まれてきた（イギリス系カナダ人とフランス系カナダ人という）「2つの民族」の対立のみならず，多様かつ複雑な対立構造が生じてきているように思われます．例えば，ヒスパニック系やアジア系といった，いわゆる「ビジブル・マイノリティ」の増加に基づく社会の急速な多文化化，ネイティブ・カナディアンやイヌイットによる自治領の要求，さらには西部地域における改革党の成功に代表されるポピュリスト運動の高まり，などです．このように多民族及び諸利害関係の複雑な対立が噴出している現在，あなたが長年主張なさってきた，カナダが「深い多様性（deep diversity）」を保ちつつ1つの連邦を維持する，という理想の実現はますます困難になってきているように思えるのですが，どのようにして対立を軽減し和解を促進すればいいとお考えですか？

　テイラー：カナダの政治について全てを知っていますね．驚きました（笑）．確かに，改革党は非常に好ましくない（ネガティブ）力を持っています．そして

13　これは，正確には論文及び（下記の）論文集の題名である．Wilhelm von Humboldt, *The Limits of State Action* (J. W. Burrow, ed., Cambridge, Cambridge University Press/Liberty Fund, Inc., 1993).

14　テイラーの *The Ethics of Authenticity* は，初め *The Malaise of Modernity* (1991) という題でカナダにおいて出版された（中野）．

付録　チャールズ・テイラー及びマイケル・サンデルとの質疑応答

特に，あなたが言うように，最も燃え盛る論点は今や，カナダの地方における先住民（aboriginal people）の問題となりつつあります．西洋には，恒久的委任統治（permanent mandate）の改革には賛成票を投じても，これらのインディアンや先住民の社会に対する権力の分権化には恨みを持つ多くの人々がいます．そこで，ここには大きな闘いが本当にこれからあるでしょう．そこで，どうするか，という事が私達にとって必要です．私も時には負けるのですが，課題の性質は次のように言う事が出来ると思います．

　全ての現代民主的社会では，「どのようにして，民主的社会を団結させるか（hang together）．共通に持っているものは何か．そしてその共通のプロジェクト（common project）は何か」という事について，ある理解が存在しています．中には，参加者が全て極めて同質（homogeneous）でないと共通のプロジェクトを想像する事が出来ない人もいます．カナダは，その性質上，そのようなプロジェクトに成功する事は出来ませんでした．しかし，正にこれを超えて，異なった関係を持つ人々を全体へと結び付けるプロジェクトを理解し，とても興奮し（excited），熱狂する（enthusiastic）事は可能なのです．それは，心や思いの闘いであり，自己定義のための闘いであり，全社会のアイデンティティーのための解釈学的な闘いです．人々がこのような光の下に自分達の社会を見るようになる事は，次のような意味において，とても重要です．今日のこの世界において，私達は次のような定式を発達させる事が出来ます．〔即ち，〕私達の定式は，「人々が差異と共に存在出来ないような所では，如何なる民主主義的社会も存続し得ない．何故なら，公式に公表されている自己理解よりも，人々は皆遥かに多様だから」というものです（※）．私達は，時には勝利し，時には敗北します[15]．しかし，その闘いはまだ終わっていないのです．

後期ヴィトゲンシュタイン解釈（7）

　井上：私はあなたの後期ヴィトゲンシュタイン解釈について関心を持っています．あなたは，〔例えば，「開けと生の形式——ハイデガーとヴィトゲンシュタインの並行性[16]」などの論文を執筆しておられますが，〕私の理解する限りでは，後期ヴィト

---

[15] これは，ケベックの独立問題やカナダ連邦制の在り方を巡る闘いを意味していると思われる（中野）．Charles Taylor, *Reconciling the Solitudes: Essays on Canadian Federalism and Nationalism* (Montreal, McGill-Queen's University Press, 1993).

ゲンシュタインはハイデガーと同一視出来るのか疑問です．ヴィトゲンシュタインは，ハイデガーとは異なり，存在論的・形而上学的言語観を退けています．『哲学探究（Philosophische Untersuchungen）』第110節に示されているように，彼は，存在論的・形而上学的色彩の強い「言語はある比類なきものである（language is something unique）」という言語観を批判しています．あなたは，ヴィトゲンシュタインとハイデガーの間にある決定的な違いを余り見ていないように思えるのですが．

テイラー：両者の違いはそれ程大きくはないと思います．クリプキ[17]が論及した節，例えば『哲学探究』第1部の第185節や第217節を詳しく見れば，詳細についてこの考え方の一部がわかるでしょう．しかし，次の事を見なければ，これらを理解する事は出来ないと思います．

ヴィトゲンシュタインは，私達が持っている一種の背景理解（background understanding）を重視しています．何故なら，私達は，「どのようにしたら知る事が出来るか．どのようにすべきか．この方法ではなくあの方法」というような，一見解決出来ないように見える問題を解決するために，ある形で相互行為をしているからです．ヴィトゲンシュタインは，その他〔＝背景理解以外〕の可能性を熱心に挙げた後に，それらを打ち倒していきます．しかし，それは，単にある形で〔鉄状網のように〕敷かれている（wired up）かもしれません．それで，〔『哲学探究』に登場する〕対話者の1人は，〔私達の理解について〕「それは単に，私達が見ている―原因（cause）に過ぎない．私達は，〔その理解についての〕正当化（justification）を求めている」と言うのです（※）．それで，私達は正当化を求める事になり，彼は次のように論じるのです．「基礎付け主義的正当化（founda-

---

16 Charles Taylor, "Lichtung or Lebensform: Parallels between Heidegger and Wittgenstein," in his *Philosophical Arguments*, op., cit., Ch. 4, pp. 61–78. ちなみに，ここのテイラーの返答は，この論文の内容の要点を繰り返すに止まっている．もっとも，この論文の末尾では，（質問と関連する）2人のいわゆる相違点（ヴィトゲンシュタインの人間主義とハイデガーの反人間主義）に簡単に触れ，「しかし，私はこれ〔この2人の対立という説明〕が正確であるとは確信を持てない」（p. 78）としている．従って，この返答は，論文の趣旨を，より直截に述べたものと言えよう．なお，この章の他，質問者は *Philosophical Arguments* の第1章（"Overcoming Epistemology"）及び第9章（"To Follow a Rule"）を念頭に置いていた（井上）．

17 Saul A. Kripke, *Wittgenstein on Rules and Private Language: An Elementary Exposition* (Oxford, Basil Blackwell, 1985). ただし，中心的な論及個所は，第201節（規則のパラドクス）で，第185節や第217節はそれに付随して言及されている（井上）．

tional justification）は不可能である．何故なら，誤解の数は無限に生起し，無数の誤解をそらし，進める（advance）事が出来なければならず，それは不可能である」，そして，彼は，「私達は，位置や習慣など文脈（コンテクスト）の中で，これを理解しなければならないのだ」と言うのです[18]．

私が先程述べた事を思い出してください．彼は，「人生で一度だけゲームを行う事は出来る，〔しかし〕人生で一度だけの規則，私の規則〔私的規則〕は持ち得ない．それは，環境全てによる規則の理解なのである」（※）と言っています．そして，ハイデガーやメルロ・ポンティらの非常に重要な洞察は，次の点だと私は考えています．すなわち，「世界の明示的な理解は常に文脈（コンテクスト）の中にある．意味を与えるその文脈自身は，世界において私達が現実的に行為する仕方と関係し，世界の中で社会的に存在する行為の中にあるが故に，明示的には表せない」という事です．これと同様の洞察に別の経路によって到達した人として見ない限り，ヴィトゲンシュタインの意味を理解する事は出来ないと思います．

デイヴィドソン＝ローティ批判 (8)

井上：では，あなたの見解に対するローティの批判についてはどのようにお考えでしょうか．ローティは，あなたが「自立的な対象（independent object）」と「身体，文化，生活様式によって形作られる世界（world being shaped by body, culture and a form of life）」という二元論を前提している，と批判しています．ローティの解釈に従えば，これはデイヴィドソンの批判する「枠（scheme）と内容（content）の二元論」に基づいているように思われます[19]．あな

---

18 この部分は，テイラーが圧縮して述べているため，聞き取りにくく理解しにくいので，正確には以下の箇所を参照すると良い．Charles Taylor, "To Follow a Rule," in Taylor, *Philosophical Arguments*, op., cit., Ch., 9, pp. 165–180, especially, pp. 165–167.

19 Richard Rorty, "Taylor on Truth," in Tully, ed., op., cit., Ch., 2. pp. 20–33, especially, p. 23. なお，テイラーは，これに対する返答において，デイヴィドソン及びローティの（「枠／内容」の区別を否定する）議論に対して，「これ〔この区別〕無しには出来ない事は自明に見える」として反駁し，①私達から因果的に独立した物事が存在すると同時に，②実在（reality）を，より良く説明出来る能力を持つという点において，諸枠を序列付ける（ランク）事が出来る，という実在論（realism）を述べる．そして，デイヴィドソンの議論は，――自分と異なる見方を認めず，自分の分類法の中で善悪の判断をしてしまうから――自民族中心主義（ethnocentricism）の危険があり，「自己理解（という描写）の変化が自己（描写対象）を変化させる」という動力学（ダイナミズム）も説明出来ない，とする．本

たは，ガダマーやクーン，ローティが否定したような，こうした主観―客観の二元論を，ディルタイと同様，自然科学と精神科学の二元論のようなものとして認めているのですか？

テイラー：ガダマーと私は，多かれ少なかれ同じ側だと思います．〔確かに〕ガダマーは，〔両者の違いを際立たせる〕ディルタイに批判的でした．何故なら，自然科学（Naturwissenschaft）と精神科学（Geisteswissenschaft）の違いに関する特定の説明（construe）が，〔ディルタイが後者の方法とする〕感情移入（empathy）に求める所には存しない，と考えたからです（※）．しかし，あなたは，石とは〔ガダマーの言う〕地平線の融合を形成出来ません．ですから，あなたが地質学を行っているならば，地平線の融合は問題ないし課題（アジェンダ）から外れています．しかし，あなたが別の人間社会に関する研究をしようとしているならば，それは課題となります．だから，ガダマーは，両者を区別する彼自身の方法を持っていると思います．私は，ガダマーのものを沢山読んでいますから，それ〔＝ガダマーの考えと似ていること〕は偶然ではありません．

ここには，深刻な違いが存在すると思います．決定的だと思うものだけを取り上げましょう．枠(スキーム)と内容との区別に反対するデイヴィドソンの理論は，ひどく誤っている（fallacious）ように思えます．何故なら，デイヴィドソンの議論の仕方は，そのような違いが存在し得ないという，概念枠(スキーム)の観念に基づいています．全く異なった生き物（creature）という想定の場合には，それは確かに意味をなします．そのような2人が話すとしましょう．彼らの言語はあなたの言語と余りにも異なっているので，あなたは，それ〔彼らの言葉〕を理解出来ません．彼らの行為（acting）などすら理解出来ません．この点において，あなたは「行為話法（action speech）の概念そのものを把握する事が出来ません．それで，その意味における異なった枠(スキーム)について，果たしてどのように話す事が出来るのだろうか」（※）と言う事でしょう．

しかし，――この表現を用いると（※）――デイヴィドソンの美しい枠的議論(スキマティク)（schematic argument）において，彼は，人間の条件の現実的経験を見逃しています．私達は，何世紀もの間，文明間で相互に出会ってきましたし，とても

質疑応答におけるデイヴィドソン批判は，自民族主義と自己理解の双方の点と関連するが，――ガダマーから説き起こしているためか――（ガダマーの場合は「地平の融合」として説明する）他者理解の問題を正面から取り上げており，上述の応答を補完する意義を持つ．
"Charles Taylor replies," in Tully, ed., op. cit., pp. 219–222.

異なった方法で解される人々の行為に由来する，深い誤解が存在するのです．つまり，私達はとても異なった観念，宗教などの聖なる観念を見ています．そして，もし自分達が全く孤独である事を発見したら，人々はとても困るでしょう．それで，私達には理解するための言葉（word）が必要なのです．それを枠〔スキーム〕と呼ばないで，別の呼び方にしましょう．好きなように呼んで下さい．〔いずれにせよ，〕理解するために言葉を持つ必要があるのです．何が私達の理解を阻んで（stop）いるのか．私達は，何を乗り越える必要があるのか．心から出会う事が出来るように，他人を理解するためには何が必要なのか．

そこにおいて，ローティの議論は失敗しており，デイヴィドソン，及びそれ故にローティの議論は，誤りないし根本的に不十分（inadequate）だと思います．彼〔＝ローティ〕は，他人の理解が如何なるものであり得るかについて，何の概念も存在しないという代償――彼は喜んで払おうとしていますが，私はそうはしない代償――を払っているのです．「あなた達はあなた達のものを持っているし，私達は私達のものを持っていて，他人をぽんとたたく」，これだけです．「お互いにそれでいいでしょう」と言うだけで，遂には「あなた達は〔あれを〕信じ，私達は〔これを〕信じる」と悲しい物語を述べるのです．

彼は，〔私達があなたの，あなたが私達の〕理解において真の進歩をする事が出来るという観念に，一切場所を与えていないのです．これは，私にとっては背理法（*reductio ad absurdum*）です．ローティと私自身は，「それぞれが出会って，背理法の結果に直面する状況に陥っている」と考えて下さい（笑）．ローティは〔お互いに信念を述べるだけの状況で〕「OK」と言っており，それがそのような理解の〔安直な帰結〕です．そして，私は，これ〔＝このような帰結〕は馬鹿げている（absurd）と思います[20]．

カナダの多文化主義と公共性・愛国心との関係 (9)

工藤：カナダにおけるケベック州の文化的生存について，是非伺いたいと思います．「承認を巡る政治[21]」に於いては，文化的集団や国民国家における少

---

[20] ディヴィドソン＝ローティの（他の枠〔スキーム〕の内容に対する理解の可能性を考えていない）議論を仮定して，自分とローティとの対立に適用し，ローティは，――彼の議論通りに――お互いが信念を述べるだけの帰結に満足しているが，自分は「その帰結は馬鹿げている（absurd）から，その前提・仮定（である彼らの議論）が間違っている」と思う，と皮肉を述べたもの．ここの absurd は *reductio ad absurdum*（背理法）と対応している．

数民族(national minority)の言語や文化の保護を主張し,多元的な議論をする一方で,論文「交差する目的:リベラリズムとコミュニタリアニズムの論争[22]」では,公民的共和主義の伝統に即した公共性(publicness)に依拠した対話を主張しています.両者の間には緊張関係があるのではないでしょうか? 現実の文脈において,ネイティブである事とケベック人である事のアイデンティティーは,共存するのでしょうか.あるいは,そのようなアイデンティティーがカナダ国民という愛国心につながるのでしょうか.

テイラー:先程の答えと関連させる事が出来るような,少し別の角度からの同じ点についての質問ですね.そう,時にはその通りです.まず,初めに次の事を言わせて下さい.愛国心(patriotism)とは,共通目的(common purpose)や,プロジェクトに対する共通の同一化(common identification)のための,とても強い意味の言葉です.何故なら,民主主義社会は,ある意味ではプロジェクト——私達が一緒に関係を持ち,しばしば一緒に公正を決定し,相互に傾聴し合うようなプロジェクト——だからです.社会がとても悪い方向に動くと,そのプロジェクトへの強い同一化はなくなり,曖昧なものになるでしょう.税金を負担したくなくなるし,人々と共有するのも嫌になり,遂には崩壊し始めてしまいます.また,「一般に,より同質的な社会では,この種の感情〔=愛国心〕を生じさせるのが,より容易である」という考えは,とても正しいでしょう.

他方,近代社会においては,全ての社会がもっと遥かに多様なので,別の形で扱わなくてはなりません.それで,私達は,道を見つけなければなりません.これは,「人々が興奮させられ参与する事が出来るようなプロジェクトの定義を提案する」という,創造的(クリエイティブ)な政治の事業です.そして,カナダのプロジェクトとは,——私達はそれが可能だと信じており——「異なる人々が,完全に自分達自身のままで,完全に並んでいる事が出来るように,共に主張して働く事が出来る」という,大変高貴なものである事を私達は見出しています.これ自身,私にとっては,とても興奮させられる(エキサイティング)プロジェクトです.

---

21 Charles Taylor, "The Politics of Recognition", in Amy Gutmann, ed., Charles Taylor, et. als., *Multiculturalism* (Princeton, Princeton University Press, 1994. (佐々木毅・辻康夫・向山恭一訳『マルチカルチュラリズム』,岩波書店,1996年,37-110頁).
22 Charles Taylor, "Cross-Purposes: The Liberal-Communitarian Debate," in his *Philosophical Arguments*, op. cit., pp. 181-203.

しかし，とても国家主義的<ruby>ナショナリスティック</ruby>なケベック独立派や改革党のような人達も相当数いて，彼らにとっては——通常興奮しているかどうかは知りませんが（笑）——それは興奮させられるものではなく，〔彼らは〕高度の同質性を求めています．私達は，彼らと共にいるので，この闘いに勝たねばなりません．しかし，これは，心の闘いであり，自己定義の闘いです．しかし，私達は，この闘いに負ける事は出来ません．何故なら，もし私達がこの種の多様な公的空間の意識を創出来ないとしたら，民主主義を持つ唯一の道は，似たような心の人々（like-minded people）に縛られる事になってしまうでしょうから．心の狭い人達が，世界中で1万にのぼる国家をそれぞれ作るという事は，悪夢でしょう．その上非常に狭く，外国人嫌い等になってしまいます．さもなければ，民主主義を放棄して，多様性を許容したオーストリア・ハンガリー帝国やオスマン帝国などに逆戻りしなければならないでしょう．私は，これらの解決を主張していません（笑）．それ故，私達は〔先の〕問題を解決しなければならないのです．私は，機械的にそうなるとは主張しませんが，私達は道を見つけなければならないと思っています．

政治的物語と人間的物語（10）

　　工藤：2日間の議論を拝聴していて，「あなたはヒューマニティーを神聖さ（sacredness）の観点から正当化する立場にあるのではないか」と思いました．このような立場は，例えば，「人間には尊重すべき平等な尊厳があり，その点に例外は無い」という想定とも結びつける事が出来るでしょう．他方，「人間個人の生活にとって物語（narrative）は中核的な価値を持つ」という想定も，〔個人の物語を尊重するという点では〕西欧近代的な自由主義的想定のように思えます．ただし，物語的存在としての個人の尊重〔において〕は，上に述べた「人間の尊厳を尊重すべきだ」という想定〔場合〕とは，異なる取り扱いが要請されるはずです．物語を尊重するというあなたの想定においては，それぞれの民族や文化における物語構成要素は全て平等に承認されるべきなのですか？　それとも，どの物語構成要素を特に重要視すべきなのでしょうか？

　　テイラー：この質問に対しては，2つのレベルで答える必要があるでしょう．何故なら，〔1つは〕，政治的なレベルがあるからです．そこでの質問は，「どの程度，どの部分まで，集団における個人の物語が，全社会の物語の中に入っていくべきなのか」という事です．先に述べたように，自由民主主義社会におい

1. チャールズ・テイラーとの質疑応答

ては,「何が私達のプロジェクトなのか. 私達は何について〔の存在〕なのか. どの位個人の詳細がその物語に入る事が必要なのか」という意識が要請されます. そして, それは多様です.〔一方では, 合衆国やフランスのように〕「私達は多様である」とか「安定していて, 個々人の詳細で占拠されはしないが, 全ての人が自由 (freedom) を持つべきである」というような, 一般的な政治的物語に全ての人が入る社会が存在し得ます. 他方, 私の国のような他の国では,〔政治的〕物語の幾つかが大変重要なので, 異なった先住民の自己の物語 (different aboriginal self-narratives) を承認する事になりました. それらを一般的な分化〔図式〕の下に包摂 (subsume) する事は出来ません (※). 例えば, 昨日着いたばかりの移民〔がケベコワやイヌィットらと違う〕のように, それぞれ立場が異なるからです. これが1つのレベルです.

もう1つのレベルは, 人間的に語る事で, 今度は単に国家 (country) の政治的定式ではありません. そこでは, 相互の間での対話が必要であり, 私達は, 対話を窒息 (choke off) させたり拒絶したりする事も出来ますが, 人間的に〔対話に〕引き入れる事も出来るのです. 私達は時に, 互いの物語に対して批判的になります. 例えば, 犠牲化 (victimization) の物語, つまり, ある人々が他の人々に誤った地位や関係を押しつけ, その関係の重要な要素を覆い隠してしまうような物語も存在し得るからで, 私はそれを批判したいと思います.

同時に, 全文明において,「一般的な諸定式の中に, 人々を理解するための鍵がある」と考える, 別の重大な危険が存在していると思います. 経済学はその1つ〔の定式〕を提供していますし, フロイト的精神分析も明らかにもう1つ〔の定式〕ですし, 様々な人間動機の理論, さらには合理的選択理論もあります! こうして, 私達は人々の心にまで外側から直進することになります. 何故なら, それ〔定式〕は, 一般性との関わりにおいて解釈するからです. それらは, フランス語ではパスパルトゥ (passe-partout), すなわち〔多数の錠の開けられる〕合鍵 (skelton key) のようなものですね.〔しかし,〕1人1人の人の物語は全て異なると私は思います. これが, 私の中のヘルダー的な側面で, これは非常に重要です. あなたがそれ〔個々人の物語〕にある敬意を持って傾聴しなければ, あなたは, 対話に参与する (engage) 事が全く出来ません. ここには, 2つの側面が存在します. つまり, 傾聴の敬意を持っているという面と, しかし同時に, ある点においては批判する権利ないし義務さえも集める (aggregate) 事ないし加える (adject) 事が出来るという面です (※). 例えば,「あなたは余

りにも犠牲者（victim）の役割に立ち過ぎている」などなど，というようにです．しかし，これ〔批判〕は，傾聴の真の能力を持っていてこそ為され得る事であって，私達の社会では，これは非常に稀にしか存在しません．私達の多くの哲学・社会科学・そして教会の文化の為には，「矛先を一般的定式に向けよ．それを砕け」と私は言わなければなりません．私達は，万人のために，そのように努めているのです．

アジア的価値の概念への疑問 (11)

神島：アジアのデモクラシーについてお尋ねします．現在，リー・クワン・ユー，マハティールのように，アジア的価値を唱える指導者達がいます．先程，王氏の質問〔3〕に対して，民主主義の制度の側面はどのような文化においても基本的に似たものになりつつある，とお答えになりました．制度は似たものになっても文化的差異は残る，と理解していいのでしょうか．

テイラー：ええ，それは相対的な問題ですね．何故なら，制度自体も必ずしも全く同じではありませんから．カナダとアメリカとでも，国境を隔てて，議会制〔議院内閣制〕と大統領制というような差があります．ここには，最大とまでは言えなくとも，大きな違いが存在します．しかし，それだけなのであって，このレベルでは，それ以上に収斂の方が存在するでしょう．しかし，〔アジアにおいては，それよりも大きな違いが存在し，〕「全アジア的価値」は，全く無意味な言葉（nonsense）だと思います．

神島：そのようにお考えですか？

テイラー：ええ，アジア的価値〔と言われるものの中〕には，多様な価値が存在します．リー・クワン・ユーがいて，マハティールがいますね．中国的教訓（instruction）と，ある種の儒教的背景を持つ人〔=リー・クワン・ユーら〕がここにいて，マレーとイスラム，つまり，イスラムと共にマレーという文明間の〔背景を持つ〕人〔=マハティールら〕も，そこにいるわけです．彼らの間に，どのような共通点があるでしょうか？ アイスランド人と北欧人（Nordic）の場合と同様に，両者の間には共通点がないのです．この点において，大沼教授が言われた事は，全く正しいと思います[23]．世界には，とても異なった文明が存在す

---

[23] 前日のセミナー本体で大沼保昭氏は，（西洋中心主義ないし国家中心主義的接近法を乗り越える）文際的接近法（intercivilizational approach）を主張された．『公共哲学共同研究会ニュース』，将来世代国際財団発行，2000年4月1日，第9号，6・12頁．

るのです．ここでも，アジア的文化という〔名の下の〕事柄を行うための口実として，全く異なった文明を背景に持つ2人の政治家が，アジア的価値という同じ傘の下に入っているだけのように私には思えるのです．

シンガポールの評価（12）

　神島：興味深いのは，シンガポールの場合，リー・クワン・ユーが唱えた通り，多民族国家であるにも拘らず「シンガポーリアン」としてのアイデンティティーが確立された点です．しかし，多くのシンガポーリアン，とくに富裕層は，シンガポールに自由がないとして諸外国に移住しています．

　テイラー：あなたの言うように，私達はこれ〔シンガポールにおけるアイデンティティーの確立〕をリー・クワン・ユーのある種の手柄〔credit〕と認めなければなりません．彼は1つの事を成したからです．そう，インド系，マレー系，中国系など多様な文化があります．〔そのままであれば，〕一種の共産主義にまで流れていってしまった状況が起こり得たかもしれません．そして，彼はおそらく政府の毒を用いて，年月をかけて（for som years）共産主義を根絶しました．〔毒を用いたものの〕でも彼はやりました．それは，大きな価値を持つ事柄で，お安く出来る事ではありません．マレーシアを見れば，そこでは多様な共同体〔という問題〕に対して未だに作戦を行っている（operate）事がわかるでしょう．

2．マイケル・サンデルとの質疑応答

公民的参与の活性化（13）

　坂口：公民的参与（civic engagement）についてお尋ねします．そのような事に興味のない人に対して，どのようにその重要性を伝えたり共有したり出来るとお考えでしょうか．1つの方法は，知識人による公論が形成される事なのかもしれません．その他にはどうすればいいのでしょうか．

　サンデル：民主主義や公共的能力についてのアカデミックな議論だけでは公共的な基礎（public basement）を形成出来ないのは，事実です．しかし，それらの議論は，次のような様々なレベルにおける公民的参与（civic engagement）や政治活動〔の重要性〕を示していると思います．家庭内の生活（domestic life）や家族から始まって，近隣，学校，宗教的集会，より大きなコミュニティー

(wider community), 労働組合, 社会運動などです. そして, 社会運動の中でも, 政治活動には, 地域的レベルに基礎があってそこから育つものと, 地球的レベルでますます活動して, 今, 世界で現れつつある地球的市民社会 (global civil society) の形式で育っているものがあります.「このような組織の活動の民主主義に対する貢献の仕方」に関し,「どのようにして市民社会における特定の結社が民主主義的文化に貢献しているか」について, 政治理論家や政治哲学者など多くの著者が最近書いています. 成功した結社 (association) ないし結社的生活においては, 2つの構成要素 (ingredients) が存在すると, 私は考えています.

1つは, 結社 (association) の形を取るそれらの組織は, その参加者に, 純粋な責任, 共通の目的という意識を養っています (cultivate). 先程あなたの挙げた, ゴミ処理場に対して〔運動を〕組織する例で言うと, その問題について近隣で議論する事によって, 経験や視野, 責任の意識や熟慮の能力を, 人々は学ぶのです. そこから派生して, 国家レベルの政治的言論や熟慮, さらに国家を超えた環境問題や労働基準などの論争へと参与する準備が人々に為されます. それで, 小さな規模の政治活動でさえも〔重要な役割を果たすものとして〕示され得るのです.

市民社会が民主主義的生活にとって重要であるもう1つの方法は, 宗教的制度がとても重要であり得る政治的治動や領域が存在する事です. それは, 国家権力に代わるもう1つの選択肢を提供し, 国家権力に批判的な観点と開かれた意味の生成の場を提供するからです. 私は, 真の民主主義的価値のために, 多様な目的を持つ結社の生活における, このような2つの構成要素が重要だ, と考えています. 2日間の会議を通して, 私達が公的空間とその創出について話し合ってきたのは, そのためだと思います. それは, 抽象的な議論以上のものを意味しています.

新しい社会運動とコミュニタリアニズムの政治的「成功」への見解 (14)

中野:2つの質問をさせてください. 1つは, 市民的共和主義 (civic republicanism) と新しい社会運動の関係についてです. ロナルド・ベイナーら幾人かの批評家は,『民主政の不満――アメリカにおける公共哲学を求めるアメリカ[24]』

---

[24] Michael Sandel, *Democracy's Discontent: America in Search of a Public Philosophy*

においてあなたが描き出した，現代において市民的共和主義を復興しようとする様々な運動は，リベラリズムのオルタナティブになるには余りに周縁的なものでしかない」として批判しています[25]．しかし，ご存知の通り，1960年代以降，合衆国や他の多くの社会において，「新しい社会運動」や「生の政治」と呼ばれる多様な社会・政治運動が台頭してきました．それらは，フェミニズム，エコロジー運動，ゲイ＆レズビアン運動，民族的少数派（ethnic minority）の運動などです．これらの新しい運動や政治は，新しいタイプの自治，オルタナティブな共通善のあり方，そして旧来のリベラリズムや個人主義と異なる「公共哲学」を探求してきました．しかし，何故あなたはこういった「新しい社会運動」を新たな共和主義的潮流の中に含めていないのか，というのが私の質問です．

2つ目の質問は，コミュニタリアン運動の成功とその問題についてです．私見では，あなたとあなたの同僚のコミュニタリアン達は，コミュニタリアニズムを影響力ある公共哲学として再興する事において，既に一定のある程度の成果を収めたように見受けられます．コミュニタリアン運動の主導者であるアミタイ・エッツィオーニや「ボーリング・アローン」論文で大反響を呼んだロバート・パトナムといった著名な知識人だけでなく，民主党のアル・ゴア副大統領，上院議員であり民主党の大統領候補でもあるビル・ブラッドレーといった有力な政治家達も，コミュニタリアン運動に関与しています．このような状況の中で，あなたが『リベラリズムと正義の限界』の第2版において，「コミュニタリアニズムの限界」というタイトルの新しい序文を付け加えた事[26]は，非常に印象的な出来事であるように思えます．この事はあなたが，前著の出版当時と違って現在では，コミュニタリアニズムの抱える多数派主義（majoritarianism）といった危険や憂慮をお感じになり始めた，というように理解してよろしいのでしょうか．

(Harvard, Mass., Harvard University Press, 1996)．この第1部が本訳書である．

25　Ronald S. Beiner, "Introduction: The Quest for a Post-Liberal Public Philosophy," in Anita L. Allen and Milton Regan, Jr. eds., *Debating Democracy's Discontent: Essays on American Politics, Law and Public Philosophy* (Oxford, Oxford University Press, 1998), p. 7.

26　Michael J. Sandel, *Liberalism and the Limits of Justice*, second edition (Cambridge, Cambridge University Press, 1998), "Preface to the Second Edition: The Limits of Communitarianism".

付録　チャールズ・テイラー及びマイケル・サンデルとの質疑応答

サンデル：話題となる（topical）事が自明な，2つ目の質問からお答えしましょう．確かに，コミュニティーの言葉づかい（language of community）が現在，政治に大きな形で入ってきた事は事実です．あなたが指摘した（picked up）通り，私はそれについて不安（unease,不満）を感じてきました．〔もっとも，〕それ〔コミュニティー〕についての議論を受け入れて人々が政治理論における論争（debates）について問題を解こうとしている仕方には，より心地よく感じています（※）．何故なら，アメリカの公共的言説において起こっている事は，それ〔論争〕が，より広い公共的言説に入りつつあるという事だからですが，ここには，良いニュースと悪いニュースがあるのです．良いニュースとは，世界に，少なくとも政治家や執筆者たちが論じる方法に，学問的な活動である政治哲学が現実にインパクトを与えた例となったように見える事です．悪いニュースとは，その起こり方〔について〕で，観念が一般に広がる場合におそらく特徴的なように，一般の間にレトリックないし陳列品のようなレベルで広まった事です．民主党の政治家達は，クリントンもまた，多くの思想家達を，ホワイトハウスやセミナーなどに呼び寄せます．ここより，少しだけ大きなセミナーなどに（笑）．

テイラー：問題なのは，彼らが私達ほど知的かどうかですね（笑）．

サンデル：それに，リチャード・ローティなどを含めていますから，決して注意深く人を選んではいませんね（笑）．ただし，政治家達，特に民主党の政治家は〔コミュニタリアニズムを〕取り入れようとしていますが，その方法には議論がないわけではありません（controversial）．彼らは，自分達の立場を飾る（dress up）ための方法として使うのです．彼らは，個人の権利や自由について話す代わりに，家族やコミュニティー（共同体），近隣，価値の重要性について話します．しかし，現実には，コミュニタリアニズム的価値の名前の下に擁護される政策は，同じ古い政策で，著しく妥協が為され，私の考えでは，余り批判的でないような，彼らの以前の政策なのです．彼らは，ただ新しい〔語り方の〕方法を見つけただけです．アメリカ共和国には，コミュニティーの観念や道徳的価値について心配している住人がいるからです．共和党の政治家や保守主義者も，価値や家族や伝統について上手に語っています．「私達も，本当に価値について語りたいのだ」と言うわけです．しかし，彼らは何らの課題（アジェンダ）も提起しません．私達が語ってきたような，公共空間（public space）を創出するプロジェクトや，（公共空間を締め出している）市場経済の問題を扱う

プロジェクトは，含まれていないのです．増大している貧富の格差の是正という，現在，この国で大変問題になっているような課題を扱おうとしないのです．民主党の政治家ですら，政治家達はこれらの問題について語ろうとしません．中流階級の有権者を怒らせる事を恐れているからです．これが，「良いニュースと同時に，悪いニュースがある」と言った1つの理由です．この考え方，少なくとも語り方には，コミュニティーについての言葉はあるのですが，それは実際には，市場における不平等，公共的空間の創出，公的機構への投資というような問題点の線に沿っていません．それが〔悪いニュースという〕理由であり，あなたはそれを指摘したわけで，〔現実的効果においては〕とても些細（subtle）なものなのです．

次に，1つ目の質問についてです．あなたが挙げた運動，即ち，フェミニズム運動・環境運動・ゲイ解放・少数民族問題の運動などは，——私達が先程話していたような，共有する目標や目的についての熟慮に本当に参与する限りにおいて——「政治的行動主義（political activism）や共和主義的理想を再生させるための，社会運動としての重要な潜在的可能性を持っている」と私も考えています．これらも含め，如何なる社会運動にも，幾つかの分岐が存在し，利益政治や狭いアイデンティティー政治が存在しています．これは，どのような運動の場合にも同様なのですが，あなたが挙げた運動の中には，価値・環境・フェミニズム・ゲイの権利などや少数民族の文化的条件の尊重などを強調するような，公共的生活や共通善の展望（vision）を持ち，提供しているものも存在します．彼らが運動をどのように向けて展開するかという点に，公民的貢献という共和主義的要素が存在するかどうか，という事がかかっています．しばしば利益集団の「政治」のような種類のものに近くなってしまう，という緊張関係において．ですから，このような種類の集団の中には常に，〔どちらになるかという〕闘いが存在するのです．しかし，希望としては，それらは，その価値などとの関係において共通の目的の方向に向かうように試みる，もう1つの選択肢（alternative）であると考えています．私は，その点について，余り悲観的になりたくはないと思っているのです（笑）．

「第三の道」との相違点と社会民主主義の公民〔共和主義〕的再建 (15)

中野：次に私の個人的な見解について少しご意見を頂きたいと思います．日本の多くの知識人は，「日本にはアメリカと違ってコミュニタリアニズムは必

要ない」と考えているのですが,私自身は「日本にも様々な理由からコミュニタリアニズムが必要だ」と考えています.ここでは経済的な理由と,政治的な理由に限ってお話しさせていただきたいと思います.まず経済的な理由ですが,有名なジニ係数が示すところによれば,1980年代初頭まで日本は,北欧諸国と同じほど平等な国でした.しかし,1980年代に急激に貧富の格差が拡大し,現在ではついに英国やアメリカ合衆国と同じほど不平等な社会となりました[27].このような日本における経済的不平等の拡大は,1980年代以降,新保守主義的な経済政策が実施されてきた事の帰結だと思います.こういった意味で,あなたが『民主政の不満』で強調されているように,「コミュニタリアニズム的観点から(経済的)平等を擁護する必要性が日本においてもあるのではないか」と私は考えているのです.また政治的な理由としては,「日本にもブレアやクリントンのような,旧来のリベラリズムや社会民主主義の言語とは異なる新しい言語,つまりコミュニタリアン的な言語で人々に語りかける能力をもった政治家が必要だ」と考えるからです.日本では戦後数十年の間,超保守主義政党である自由民主党が僅かの期間を除いて常に与党の位置に居座り続け,90年代の世界的な左派政党復活の潮流に反して現在でも〔2000年当時〕政権を支配しています.この理由の1つは,「日本の左派政党や進歩的な団体が現在でも旧来の社会主義の言語や福祉国家の言語しか持ち合わせておらず,それが人々の持つ『不安(malaise)』や『不満(discontent)』に訴えなくなったからではないか」と私は考えるのです.従って,「日本でもコミュニタリアニズムの言語が政治的に必要とされているのではないか」と思うのですが,如何お考えになりますか.

サンデル:大変素晴らしい分析ですね.経済的部分についても,また政治的部分についても,その通りだと思います.様々な民主主義において,伝統的な社会福祉主義的政治イデオロギーがエネルギーやそれをかきたてる能力を失った,と私は考えています.それに対する反動として,新保守主義ないし,とても強い市場志向の政党が一方で現われました.今イギリスとアメリカで,ブレアとクリントンがいるのは,偶然ではなく,その理由は,レーガンとサッチャーがいたからだと思います.彼らは,1970年代における中道ないしリベラルと社会民主主義のイデオロギー的な枯渇に対する反動を代表し,その後に,サ

---

[27] 橘木俊詔『日本の経済格差:所得と資源から考える』(岩波書店,1998年).

2. マイケル・サンデルとの質疑応答

ッチャーとレーガンが現れて，世論（public opinion）と政治的課題（アジェンダ）を変容させました．市場中心的で，グローバル経済とグローバルな競争が現れて，福祉国家を徐々に解体しました．完全にではないにせよ，福祉国家と公共的設備を侵食したのです．

しかし，人々はそれにもまた満足していなかったのです．そこで，ブレアとクリントンが登場し，ドイツやフランスなどヨーロッパでも，いわゆる「左派政党」が政権に関わるようになりました．しかし，それらは，変容した左派政党であり，実は中道（センター）であって，レーガンやサッチャーの仕事における基本的前提を受け入れているのです．社会的正義への，より強い関心を提供する，新しい協定（arrangement）を固めたりしていますが，実際にはとても穏健で，中道そのものなのです．しかし，──ブレアらの表現で──時に「第3の道の政治」と呼ばれるものは，良いものとは思いません．それが本当の代替的選択肢（alternative）になるとは私には思えません．それは本質的に，サッチャーやレーガン路線とのある種の妥協です．しかし，それは，あなたが正しく同定したもの，すなわち道徳的原則を欠いているのです．先程言ったように，彼らは価値の言語を語ります．ブレアはクリントンより少しは説得的かもしれません．しかし，その欠落故に，新しいイデオロギー的課題（アジェンダ）を提供する現実の政策が殆ど存在しないのです．そのために，コミュニティーなどの問題に答えたり──日本についてあなたが描写し，他の諸国にも見られる──不平等の問題を取り上げたりはしないのです．

質問の前半に戻ると，あなたは「不平等を克服する，コミュニタリアニズム的な思考方法が存在し得る」と言ったのですが，それはどのようなものなのでしょうか．また，「第3の道」という今統治している政治の課題との間には，どのような違いがあるのでしょうか．「違いがあるだろう」と私は思います．平等についての，新しい語り方が存在すべきであり，公民的ないしコミュニタリアニズム的観念を備えているものです．違いはこの点です．標準的な社会民主主義──これはアメリカではリベラルに相当します──の平等についての言い方では，「底辺の人々にとっての不公正（unfairness to those of bottom）」という名分や，分配的正義の言語，例えば「個々人にとっての不公正」という表現を用います．しかし，これこそ，政治的に敗北した言語なのです．「個人主義的過ぎる」というのが1つの理由であり，また「底辺の人々の数が，勝てる程十分は存在しない（投票しない）」というのがもう1つの理由です．それは，失

敗した (fail) 政治的言語なのであり，多かれ少なかれ政治的な魅力を失ってしまっているのです．

　それで，〔平等についての〕異なった語り方は，公共空間や公民的生活の言語ではないように見えます．何故なら，政治が深刻になると，より豊かな人であればあるほど，公共空間から脱退してしまうからです．子供を公立学校から連れ出し，私立学校へと行かせます．公的な警察機関に頼るのを止め，民間の警備員を雇う．英国とアメリカでは，「(かつては違ったが) この十年の間に，公務員である警察官の数よりも民間の警備員の数の方が多くなった」と言われています．こうして，多くの公共的空間・公共的機構が，公共の道路や公共の交通機関が衰退します．人々はそれらをお金で買うようになるからです．はなはだしい例として，ブラジルのような所では，ヘリコプター産業が巨大に成長しています．サンパウロの交通渋滞や街路での犯罪が余りにも怖くどうにも出来ないために，私的個人が自家用ヘリコプターを買い，準備するからです．これは，公共性の後退の鮮やかな例で，公立学校，公的な警察機関，公的な交通機関，公立図書館，公園に対する政治的支持は少なくなります．人々は何事も金で買うようになり，国家 (state) を必要としなくなるからです．ですから，この失われた十年間の間に不平等について語る方法は，公共空間・領域と共通善の衰退 (erosion) を代表しています．人々は，今日，日常生活において公共空間には決して居ないからです．共有される，共通の生活は，ますますなくなっていくでしょう．共通の生活 (common life) を共有しなくなればなるほど，市民の間の，焦点の定まった政治的熟慮 (political deliberation) は，ますます困難になり，ますます抽象的理想になります．

　従って，私の考えでは，〔コミュニタリアニズムの〕プロジェクトは，単に家族や，コミュニティーにおける価値を語る事ではなく，民主主義的生活の公民的基礎構造 (civic infrastructure) の再建 (re-built) について語るべきなのです．それは特に，貧困層の助けになるでしょう．何故なら，公的な保険制度 (health care)，公園，公立学校，公立図書館，公共の交通機関を高い質において実現するためだからであり，その他の選択肢 (alternative) を持たない貧困層の助けになるのです．しかし，それは同時に，政治的議論でもあるべきで，「生き方に何か不足しているものがあり，それは，例えば参与しているコミュニティーにかかっている (depend on)」と気付いている中流階級及び裕福な階級の人々，「公共的領域を維持するために，最も関わっているもの全てを作らなければな

らない時に，何か欠けているものがある」と認識している人々の助けにもなるのです（※）．それで，「その人達を，共通のプロジェクトに入れて，より容易に助け平等に保護する方法，単に個々人にとっての不公正に焦点を合わせる方法における空白に語りかける方法が，存在するのではないか」（※）と私は考えています．

ローティ批判（16）

井上：私は，ポスト分析哲学の文化がどのように政治理論，社会理論に影響を与えたかについて関心を持っております．この点から，ローティの最近の議論について関心があり，それについて伺いたいと思います．ローティは，"Achieving Our Country" において，国民的誇り（national pride）を基礎に，現にある社会的不正義を減少させる改良主義的な思想や実践にコミットした「旧左翼」（Old Left）の歴史的意義を評価しています[28]．反対にあなたは，『民主政の不満』の中で，〔大旨〕「こうした改良主義の精神を受け継いで，ケインズ主義政策を進めたニューディール・リベラルは，自治による公民的自由を称揚する共和主義を衰退させ，様々な道徳的葛藤を棚上げしてしまい，公民的徳を育む必要性について等閑視した[29]」と述べていますね．正にこのようにローティとは正反対の見解を持つあなたは，アメリカの左翼に関する彼の見解をどのように思われますか．

サンデル：ローティは，「革新主義あるいは左派の政治を，理由，つまりある種の哲学的正当化なしに擁護し正当化出来る」と示そうとしているのだ，と思います．次の両方の事柄を平等に持ちたいというわけです．すなわち，「哲学的正当化の必要性を拒否する」という事と，かつ同時に，「アメリカの政治における左派の伝統をプラグマティックな理由，非哲学的な理由で肯定し擁護出来る」という事の双方です．私は，この議論は成功していないと思っています．何故なら，彼が20世紀のアメリカ政治に存在する事実として言及している諸運動，即ち左派の運動や革新主義運動を見てみれば，それらのどれ1つとして，ローティの説明の方法，つまり道徳的議論や道徳哲学を政治から切り離

---

28 Richard Rorty, *Achieving Our Country: Leftist Thought in Twentieth-Century America* (Cambridge, Mass., Harvard University Press, 1998).
29 Sandel, *Democracy's Discontent*, op. cit., Ch. 8, "Liberalism and the Keynesian Revolution."

付録　チャールズ・テイラー及びマイケル・サンデルとの質疑応答

すという方法で自分達の事を理解してはいませんでした．その反対です．セオドア・ルーズベルト，ウッドロウ・ウィルソン，ハーバート・クローリー，ルイス・ブランダイスなどの革新主義を見れば，彼らは，コミュニティーや公共空間に対する非常に強い理想を駆り立てるような理論的根拠や正当化を表明しようとしていた事がわかるでしょう．そして，彼らの場合には，それ以前にはコミュニティーの理解は地域的（ローカル）なものであったのに対し，国民的（ナショナル）コミュニティーの意識を活性化しようとしていました．彼らは，革新主義の政治において，国民的なコミュニティーに基づいた新しい自己理解を涵養しなければならないと考えたのです．

従って，正にこれらの運動において，指導的・政治的人物が彼らの誇り（pride）を擁護した方法を実際に見れば，「正当化の問題や道徳的議論・道徳的理論を棚上げできる」とは言っていません．肩をすくめて，「それは，単に個々人や集団の間の調停事項だ」とは言ってはいません．彼らは，連帯，コミュニティーや公民的生活，そして本当には道徳的生活について，とても強い観念を持っていたのです．そして，これは，アメリカ左翼のもう1つの大きな源である労働〔組合〕運動についても同様ですし，もっと最近の1960年代における福祉国家の発達についても同様の事が事実です．ですから，ローティが言おうとしている事は，「何らの哲学的議論ないし道徳的議論なしに政治が有り得る．〔それらは〕独立した理性によって切り離すべきである」という事だと思いますが，〔ローティの主張を反駁する〕歴史が起きている，と私は思うのです[30]．

---

[30] ローティは，論文集『民主政の不満を討論する』の中の文章「最小限主義的リベラリズムの擁護」で，『民主政の不満』を批判し，サンデルの描いたリベラルと共和主義との対立図式を「不自然（factitous）」とし，自由の意味などの議論は抽象度が高過ぎて無益だ，とする．さらに，自分は――政治を道徳哲学から解放するという意味における――サンデルの言う「最小限主義的リベラル（minimalist liberal）」であると認めて，アメリカ史については，公民権運動を――サンデルが，歴史的には衰退してきた共和主義の，戦後における最良の現れとするのに対し――リベラルな政治の最良の現れとも見る事が出来る，とする．これに対し，サンデルは，ローティが，――論文「民主主義の哲学に対する優先」では，哲学的論争から歴史的に定位した政治的議論へと移行する事を求めているのにも拘らず――『民主政の不満』の主題である（手続き的リベラリズムの）歴史的・特定的・内在的批判を正面から取り扱わず，哲学的序論部に焦点を合わせてその抽象性に不平を述べている事を「不可解だ（puzzling）」とかなり辛辣な調子で反論している．さらに，デューイが『公衆とその諸問題』（*The Public and its Problems*）』（1927年）で，「公衆の失墜（the eclipse of public）」をアメリカ民主政の最大の問題として取り上げている事に言及して，「ローティが，

ドゥオーキン理解と，その手続き的リベラリズムの問題点 (17)

井上：もう1つ質問致します．2日間の議論を通して気になったのは，コミュニタリアニズムのリベラリズム批判が，2つの意味で手続き的リベラリズム (procedural liberalism) を誤解ないし戯画化しているように見えた点でした．1つは「手続き」の意味についてです．もう1つは，リベラリズムとリベラル社会の混同という点です．

まず第1の点について言えば，私自身は「手続き主義は価値中立的ではない」と考えています．例えばドゥオーキンの理論を取り上げましょう．ドゥオーキンは，「手続き主義が道徳的葛藤，道徳的問題を反映しているはずだ」と主張します．そして，「権利の言説，法制度，法の精神が攻撃的な議論に陥ったり危険な本質主義的傾向を帯びないために，マージナルな道徳的問題を難事例（ハード・ケース）として扱っていく，高度な道徳的判断を必要とする」と述べています31．例えば，市民的不服従や逆差別などの難事例の場合，法制度の歴史に基づいた道徳的判断が正に求められるわけです．これこそ正に解釈学的な過程なのだ，と私は思います．そもそも，ドゥオーキンはまた，（ハートやフランクリン，ケルゼンといった論者達に代表される）法から道徳を排除する法実証主義も批判しているではありませんか．

また，第2の点について言えば，私自身は，リベラリズムとリベラル社会に関して，思想と実践が部分的には密接に関連しているとはいえ，その関係を批判するにしても，理論上，それらを区別すべきだと考えていますが，以上の点についてどのようにお考えでしょうか．

サンデル：ドゥオーキンと，それとの関連を大変洗練された方法で読解して

彼の哲学的な英雄ジョン・デューイによって為されたアメリカ民主政批判と最も密接な並行性のある，私の診断の諸特徴を拒絶するのを見るのは，驚きだ」と印象的な反撃を行っている．本質疑は，（ここでローティが正面から扱わなかった事をサンデルが批判的に述べた）歴史的な議論を，ローティの評価する「旧左翼」について具体的に展開し，その歴史的文脈の中で「最小限主義的リベラル」の立場を批判するものとなっており，上記の論争と読み合わせると，さらに意義が明確になると思われる．Richard Rorty, "A Defense of Minimalist Liberalism," in Allen and Regan, eds., op. cit., Ch., 8, pp. 177-125; Michael J. Sandel, "Reply to Critics," ibid. Ch. 24, pp. 319-335, especially, 321-322, quoted from p. 322.

31　Ronald M. Dworkin, *Taking Rights Seriously* (Cambridge, Mass., Harvard University Press, 1977), Ch. 4, "Hard Cases".

いますね．確かに，彼が法実証主義に反対して主張しているように，「彼の法理学（jurisprudence）ないし法哲学には，とても強い解釈学的側面がある」という事を私達は知っておくべきでしょう．市民的不服従などの場合，道徳的考慮（moral consideration）や道徳的原理を持ち込まなければならないのです．さらに，それ以上の解釈的次元として，難事例を解決する場合，法の諸規則，つまり，成文法と（それに意味を与える事が出来るような）道徳的原理の中から一般的な命題（thesis）を探し求める事が必要になるのです．それが，解釈学的事業（hermeneutical enterprise）です．ですから，〔解釈学的側面の存在については〕あなたの考えは間違いなく正しいのです．

しかし，ドゥオーキンの見解の欠点についても，言っておきたいと思います．法理学について彼が言っている事には間違いは何もありません．法理学や，法実証主義に反対する彼の議論は正しいと思うのですが，彼の見解の弱点は，──あなたは同意しないかもしれませんが──政治理論にあります．（非常に解釈学的な）法理学の接近法（アプローチ）と政治理論との間の緊張〔に弱点〕があります．〔何故なら，〕彼の政治理論においては，解釈学的契機は，動き出す前に停止してしまっているのです．この理由は次の点にあり，それは，「手続き的共和国が本当には価値中立ではない」という点についてのあなたの質問に関わります．

その通りで，〔確かに〕価値自由ではありません．しかし，解釈学的契機が停止して手続き的リベラリズムが見出される理由は，彼が正（権利，right）に関係する道徳的考慮のみを導入しているからで，その正の道徳的考慮と善（good）の考慮との間には，鋭い区別がなされているのです．ドゥオーキンの見解，その政治理論は，非対称性（asymmetry），すなわち，正の善に対する優先に非常に強く立脚しています．これが，私が手続き的リベラリズムと見做す立場で，ドゥオーキンは，それを非常に明確に例証しています．私達は，道徳や正義や権利について論争する事は出来るけれども，それは特定の善の観念に基づいたものではあり得ない──これが，（正の善に対する優先を主張する）彼の政治理論における手続き的リベラリズムなのです．

ですから，それは〔道徳的考慮が法理学でなされるという意味において〕厳密に言えば価値中立的ではないのですが，非対称性に立脚しているのであり，正にそこで解釈学は停止してしまっているのです．もし，それとは反対に，解釈学を政治理論にも拡張するとすれば，「何故，競合する理解の内，最善の一般論を見つけるように努める事が出来ないのか？　何故，善についての完全な理解を見

る事が出来ないのか？〔それについて〕巨大な差が存在するのかどうか？　何故〔善に基づく主張が〕切り離されるのか？」(※)というような疑問が現れてくる事になるでしょう．だから，解釈学は法理学では働いていますが，〔政治理論においては〕停止してしまっているのです．あなたのドゥオーキン読解はとても洗練されていて正確だと思いますが，その〔ドゥオーキンの〕見解の誤りは，法理学においてではなく，政治理論において存在するのです．

アメリカにおける公民的共和主義の条件 (18)

工藤：ある種の公民的，共和主義的公共哲学が今日の日本で必要だ，と私も考えています．現在のアメリカにおいてそれが可能な条件は何だとお考えでしょうか？　私は「アメリカの中流階級では，なおこのような状況がある程度存在するのではないか」と思っているのですが，どのような慣習（convention）や文化的背景や現存の制度が，経済的生活における権利の優先よりも，政治的生活を価値のあるものに見せているのでしょうか？

サンデル：「アメリカは他の社会に比べ，政治的生活が自己表現する場に恵まれている」と私も思います．今日では，国家的レベルでの政治的生活は，部分的には，グローバルな競争によって補強されているイデオロギー的圧力によって縮んでいますが．歴史を遡れば，19世紀にトクヴィルがアメリカを訪れ強調したような，地域の結社的生活（associational life）を〔政治的生活が豊かな要因として〕挙げる事が出来るでしょう．彼は，地方自治の伝統やニュー・イングランドのタウンシップ，また地域的形態の政治的結社（political association）や，（連邦政府と均衡を取って地方及び州政府の権力を保持する）連邦制についても書きました．また，アメリカの多様な宗教や，エスニック・グループ，〔それを可能にして来た〕移民政策などのアメリカ社会の特徴も挙げられると思います．今日では，多大な圧力の下にあるとは言え，これらが〔他の社会に比べ，アメリカに共和主義的〕政治的行動の型や政治的可能性を作り出した社会的特徴（features）でしょう．

工藤：やはり歴史的背景が今日のアメリカにおいて公民的共和主義の公共哲学をなお可能にしているという事でしょうか？

サンデル：可能ですが，脅かされています．可能ですが，困難です．けれども，私は〔この点についても〕余り悲観的と思われたくはないのです（笑）．

付録　チャールズ・テイラー及びマイケル・サンデルとの質疑応答

公民的共和主義の危険性と，それ故の中間集団の有用性 (19)

　神島：人々の健全なアイデンティティーのために文化が必要であり，また，デモクラシーにとって公民性が重要だというのは，よくわかります．しかし，私はコミュニタリアニズムの理論にある種の危険を感じています．間違っていたら訂正して頂きたいのですが，公民的共和主義においては，社会の善に従って行動する事が徳のある行動だと理解されますよね？　では文化的に多元的な社会ではどうなるでしょう？　そのような社会，つまり多様な善，多様な徳の方法がある社会では，——どの善を追求すべき善として決定するべきかを人々が知っているか，または善についてある種の妥協に達しているか，または多様な善に従って多くの共和国に分裂しない限り——少数者（マイノリティー）にとって安全とは言えないのではないでしょうか．よって法的手続きが大変重要だと思われます．しかし，あなたはアメリカ合衆国の最高裁のやり方に反対なされています．

　サンデル：いいえ，私は最高裁が存在する事に反対ではありません[32]．私は，あなたが今使った議論の幾つかには批判的ですが，憲法裁判所が存在する事は重要であると思っています．しかし，それに加え，より十全な形態の政治的結社 (fuller forms of political association) を持つ事が重要だと思っています．あなたが言ったように共和国を分割するためには (to do what you said "break up")，単一の統一的政治システムを，諸中間集団 (inter-mediated bodies) へと分割する事がもし出来れば，とても有用だと思っています．

　神島：文化に応じて分割するという事でしょうか？

　サンデル：必ずしも文化に応じて分割する必要はありません．「その中間集団が何であり，どのように定義され，何を反映しているか」は，社会により異なっているでしょう．ある場合には，文化は非常に悪い方法でそう〔＝分割〕してしまうかもしれません．何故なら，〔文化間の〕差異を硬くしてしまうからです．また，別の場合には，もし十分な横断的差異 (cross-cutting differences) が存在すれば，文化は，政治的結社や表現の1つの源となり得るでしょう．何

32　ここでは，（サンデルが最近の最高裁の判断のリベラルな傾向に反対している事に言及した）質問に対し，サンデルは，「自分が最高裁の存在自体に反対しているとみなされている」と考えて，それを否定したものと思われる．

が正しい分割の仕方かという事は，当該の社会で何が道徳性や不遇の源なのか（※）という事に本当に大幅にかかっていますから，「それ〔正しい分割法〕は場所ごとに全て異なっている」と私は思います．

しかし，あなたの主要点については同意します．確かに，政治的結社の中間的形式（及び，それらによる熟慮や異議）なしに，単一の統一的国家の上に強要されたり押し付けられたりする場合には，公民的共和主義は，危険になり得ます．だからこそ，複数の形式が存在するのが理想的で，「文明間で対話が試されている時にのみ，公民的共和主義の理想は機能する」と私は考えています．さらに，社会の内部においてすら，多様な主体の間で，文明間ないし文化間の論争・議論・異議の形式があるべきだ，と言いたいと思います．

混成的社会（20）

神島：つまり，自由民主主義が必要だという事でしょうか？

サンデル：そう言えますね．

テイラー：全て私達の社会は，どのようにか混成的（hybrid）です．私達も，古代アテネやローマの形に再編しようとしているわけではありません．従って，新しい混成的な形態〔の政治体制〕を，探しているのです．それは，どれか1つの側面を十全に共有するだけです．自由民主主義を共有するだけでも，また共和主義的政治を共有するだけでもないでしょう．

神島：では，その両方ともですか？

テイラー：ええ，それらは一緒に存在しなければなりません．それは，偉大な挑戦なのです．

公共的知識人の必要性と今日における困難（21）

王：ニューヨーク知識人の伝統についてサンデル教授に伺います．エドマンド・ウィルソン，ライオネル・トリリングは，2人ともバーリンの友人でした．戦後，このグループは，専門領域を超えた所で，アメリカのリベラリズムの政治的伝統に対して大きく貢献してきました．このような学際的な伝統や知識人のグループは，現在もアメリカには存在しているのでしょうか？　冷戦後，このようなグループは表舞台から消えてしまったように見受けられます．現在もこのような知識人の役割は必要だとお考えですか？

サンデル：今でもなお必要だ，と私は思います．金泰昌博士は公共的知識人

付録　チャールズ・テイラー及びマイケル・サンデルとの質疑応答

(public intellectuals)について語っておられ，皆さんはこの主題についてフォーラムを開催してすらいるのですね．私は，「それは大変重要ですが，今日ではますます困難になってきている」と思います．主要な人物の何人か，例えば自分自身の権威における (in his own right) 哲学者であったデューイですら，以前の段階でその役割，つまり生ける公共的知識人の役割を遂行しました．ウォルター・リップマンや，あなたが触れた人々など〔もその例〕です．今日，公共的知識人が本当にその種の役割を果たす事は非常に難しくなっており，そこには，2つの理由があります．

　1つは，金博士も昨日の議論で話しておられたような，大学生活の性質，その分野ごとの専門化です．〔大学では，〕専門分野がとてもとても細かく別れています．政治学においても，公共的・政治的問題を「科学化 (scientize)」する傾向が強いのです．それで，それ〔公共的政治的問題〕は，最後に公共的知識人へと向かわなくなっているのです（※）．ですから，大学生活とアカデミーの性格に問題があるのです．

　もう1つの問題は，文化ないし文化の受容性と関係しています．私達の文化は消費者の娯楽に向いており，メディアに動かされていて，知名度を重視しています．公共的な言説 (discourse) は，実は非常に，テレビの極めて扇情的な言葉によって形作られています．「誰が百万長者になるか」といった，公共的スペクタクルとして夫を選ぶ番組のように，メディアは，公共的文化の中に，スペクタクルないし大騒ぎ (sensation) の雰囲気を創り出します．さらに，クリントン・スキャンダルとモニカ・ルインスキー，O. J. シンプソンの裁判——これらの話題が公共的言説を独占しているのです．公共的な放送をこの種の扇情的なスペクタクルで一杯にしている，娯楽とメディアの会社に本当に縛られています．このような環境は，あなたが言うような公共的知識人や，また今日の如何なる公共的知識人が良く知っているような種類の議論を，最も歓迎して招くような環境ではありません．

　ですから，これらが2つの障害です．しかし，「私達は，自分達に可能な範囲で，大学内や文化内でそれら〔障害〕を克服して，この不幸な傾向から再び救い出す (redeem again) ように試みるべきだ」と私は考えています．

テイラー：そして，サンデル教授は，ある程度それに成功した数少ない1人ですね（笑）．

金（泰昌）：東アジアの中ですら，中国と韓国と日本における知識人の役割と

位相の違いを感じます．韓国の知識人は，社会で非常に尊敬されており，公共的知識人として社会で発言し行動する事を当然だと思っています．各政権において，必ず一定数の知識人が閣僚などのポストに就く事になっています．中国においても同様と思いますが，日本に来て驚いたのは，韓国に比べて，日本の教授や知識人が尊敬されていない，という事でした．例えば，私達は，韓国と日本の間で，双方の公共的知識人が話し合うような公共空間を作ろうとしていますが，韓国側は，そこでの合意などを受けて国内で政権やその議会などでの演説に影響を与える事が出来るのに対し，日本側は，本当に努力していても，知識人の政治的影響力が少なく，その政治構造も複雑なために，影響を与える速度は非常に遅いものとなります．この隔差のために，国民間の関係が私達の望むようには進展しない事を私は心配しています．中国の場合にも，やはり同じような問題が存在します．公共的知識人を巡っては，このように非常に微妙で難しい問題があるために，公共的知識人の問題を考える事が重要なのです．そして，これら三国の公共的知識人達が，リベラリズムやコミュニタリアニズムといった立場に捉われず，公共空間に集まって，異なった公共的思考が貢献出来る事について話し合う事が重要だ，と私は考えているのです．

サンデル：そうですね．私も，それはとても大事な仕事だと思います．その仕事をする方法の１つで，大きな見込みがあるのが，ここのような人々のグループの場合で，本当に貢献できるでしょう．

コミュニタリアンという呼称の是非 (22)

小林：では，最後に私からサンデル教授に伺います．あなたの報告や発言は，とても興味深いもので，感銘深いものでした．日本の学者達にも貴重な情報だと思うので紹介したいと思うのですが，正解を期すためにお聞きしておきたい事があります．少し当惑した事があるからです．昨日の報告で，自らを「（AやBという意味ではコミュニタリアンではないが，反ロールズという意味では）コミュニタリアンである」と言われました[33]が，『リベラリズムと正義の限界』の第2

---

[33] サンデルは，この前日に行われた彼の報告において，コミュニタリアニズムとの関連について大旨次のように述べた．

「まず第1に，自己について，(1) ある原則に代替する１つの原則という意味においては，コミュニタリアニズムというラベルを拒否し（テイラーと同意見であり），(2) 地域の価値における多数派主義（majoritarianism）という（文化的相対主義を帰結するような）意

付録　チャールズ・テイラー及びマイケル・サンデルとの質疑応答

版の序文「コミュニタリアニズムの限界」では，コミュニタリアンと呼ばれる事を拒否しておられます．この点については，どのように日本で説明すればよろしいでしょうか？

サンデル：そう呼ばれるに値する（called worth※）と思います．それはその通りです．

その序文では，それ〔＝その用語〕に伴う混乱の為に，限定して（qualify），〔コミュニタリアンという〕ラベルからある程度距離をとろうと試みました．しかし，もしリベラリズムへのこの批判が起こっている文脈を注意深く特定すれば，コミュニティー，共通善や埋め込まれた自己（embedded self）などの重要性が強調されているので，ここでコミュニタリアニズム的観念と呼ばれているものと一定のつながり（connection）がある事がわかるでしょう．それで，私達がここで話しているような意味で本当に理解するならば，それ〔コミュニタリアニズムというラベルをサンデルに用いる事〕は，その用語の完全に正当な用法だと考えます．

テイラー：私も同じです．私も同意します[34]．〔そのように距離をとる言い方をす

味においても自分はコミュニタリアンではなく，(3)『埋められていない，負荷なき自己（unembedded, unencumbered self）という（英米思想における）リベラルな思想に対する批判』という意味において始めて，自分はコミュニタリアンという事が出来る．自己は共同体の絆の中に埋め込まれているが，ただ文化・歴史などによってその絆が多元的であり，その間で衝突が生じるという点においては，限定を付す必要が存在する．」

　詳しくは，拙文「ハーヴァード地球的公共哲学セミナー所感——共同体主義者との交感」（『公共哲学共同研究会ニュース』，将来世代国際財団発行，将来世代総合研究所編集，2000年4月1日，第9号，2-12頁），該当部は，7頁．なお，テイラーの関連発言については，次注参照．

[34] テイラーは，初日の会議で，コミュニタリアニズムとの関連について言及している．その様子を紹介した拙文から引用すると，

「筆者は，金泰昌氏の報告についての反応を求め，特にテイラー・サンデル両氏に対し，特に（特殊主義的・地方的〔ローカル〕な色彩が強い）コミュニタリアニズムと地球的公共哲学との関連について問題にして，現在のコミュニタリアニズムを地球的コミュニタリアニズムへと拡大・発展させる可能性について質問した．答えて下さったのはテイラー氏で，『コミュニタリアニズムは，（例えばカント的・ロールズ的といった1つの理論枠組に対抗する）単一の原理ないし形而上学的枠組として存在するものではなく，自分はそのような意味ではコミュニタリアンではないが，『（一社会の連帯や公共民としての共通のアイデンティティーの存在ないし重要性故に現れてくる）他社会との間の善の衝突の可能性において，他の異なった社会の考え方を尊重し，そこから学び，自己批判の糧とする』という意味においては，私はコミュニタリアンである』とされた．コミュニタリアニズムの地球的拡大という論

2. マイケル・サンデルとの質疑応答

る場合があるのは〕誤解が生じるからです.

『民主政の不満』のアメリカ的限定性 (23)

小林：2冊目の著作〔『民主政の不満』〕については，日本の学者達の中には「不満」を抱いている人もいます（笑）．1冊目は，哲学的に深い洞察を含んでおり，特にロールズに対する鋭い批判は印象的で，私達は非常に感銘を受けました．2冊目も，確かにアメリカの文脈では素晴らしい研究ですし，とりわけ最終章の「公共哲学を求めて」は一般的な重要性を持っていると思います．私達が今ここに集まっているのも，このためでしょう．しかし，あなたが「一般的な理論からアメリカの文脈へと退却してしまった」と考えて〔不満を抱いて〕いる人もいます．そこで，アメリカ以外の文脈に対して，何かおっしゃって頂けませんか．

サンデル：その懸念（worry）は，わかります．私としては，正確にはそれを退却ではなく，より具体的な歴史的文脈に即して展開しようとしたもの，と見做したいと思います．この考えの重要性は，部分的には，アメリカの読者に語りかけ，人々の考えに影響を与えて，彼らが自分自身を本当に位置付ける（situated）事が出来るように手助けし，現在のものに対する代替的な（alternative）〔政治的伝統の〕光に照らして，全政治的伝統がどのように理解され得るのかという事について，示そうとした所にあります．ですから，〔上のような事態が生じたのは〕部分的には，〔1冊目とは〕異なった読者を想定しているからです．しかし同時に，1冊目では非常に抽象的なレベルでなされていた〔負荷なき自己のような〕観念を，具体的に特定化するように試みたのです．

しかし，そのために弱点（weakness）が生じている事は十分に認めます．こうしたために生じる損失（cost）として，私が（その体験から学んで，探求したいと，とても興味を持っている）他の社会に，直接，語りかけてはいないかもしれません．地球的^{グローバル}な事柄について，より論じているのは，実際に，〔中野によって〕日本語に翻訳された〔『民主政の不満』の〕最終章だけなのです．

点そのものに答えたわけではないものの，他の共同体の異文化の尊重と相互の対話への期待という点において自らをコミュニタリアンと自認する発言は，（文章では必ずしも明示していないので）貴重なものだったと言えよう.」（同上，4頁）
　　コミュニタリアニズムの呼称を巡る，両氏との質疑（本文）は，会議の1日目（本注）及び2日目（前注）の彼らの発言を受けて行われたものである．

付録　チャールズ・テイラー及びマイケル・サンデルとの質疑応答

それで，私が今正(まさ)にしようとしているのは，これらの弱点を補う事です．次のプロジェクトは，市場と道徳，市場に対する道徳的制限（moral limits）についてです35．それは，〔アメリカ的限定性に対する〕調整（modification）となり，世界中の発達した民主政が直面している，より一般的な種類の問題について，おそらく語る事になるでしょう．より特殊な事柄に焦点を当てた事から生じる損失が存在するという点については，同意します．

公共哲学の核心（24）

小林：では，日本の読者に伝える際に有用だと思うので，もう1つ質問をさせて下さい．簡単に説明するとすれば，あなたの公共哲学の核は何なのですか？　公共哲学の動機として想定しているものは何なのでしょうか？

サンデル：おそらく，あなたがこの点については引き継ぐ事が出来るでしょう．あなたは〔会議の中で〕「共同性（communality）」を示唆したのでしたね36．

35　サンデルは，2日目の彼の報告で，次のような注目に値する発言を行っている．再び拙文から引用する．

「……（サンデル氏は）第3に，現代の世界像に関して，それに代替するものとして，『主体中心的でない像をいかに提起する事が出来るか』を問題にされ，前日にテイラーが，『触れ得ぬもの』とした『聖なるもの』が，公共的倫理の重要な特徴となるのではないか，と示唆された．

そして第4に，『地球的時代における公共哲学』について，まず，『地球的公共哲学（global public philosophy）が単数形である点に若干の留保を付したい』として，global public philosophies（複数形）というように，『多様な伝統に立脚した複数の地球的公共哲学』という考え方を述べられた．そしてさらに，公共空間再建に対する経済的障害として地球的資本主義を挙げ，その圧力があらゆる種類の公共的機構を侵食している事を指摘し，それに対抗するものとして，（現在は政教分離によって，分断され緊張関係にある）公共的なるもの（public, civic）と聖なるものとの（何らかの形での）再結合を示唆された．」（同上，7頁）

ここにいう，地球的資本主義に対抗する原理としての聖性（と公共性の再結合）が，本文の質疑応答で言及されている次著の主題である．サンデル氏は，初日の夕食時における個人的会話でも，次著のこの主題について言及しておられた．詳しくは，同上，5頁参照．

36　小林は，前日に，前注で触れたサンデルの報告に対して，大旨次のように述べ，その後サンデルと個人的にも会話を行っていた．

「戦後日本の社会科学も，共同体の観念の問題点や自由の伝統の弱体性を論じるところから出発しており，（日本における，共同体という訳語の問題点について言及した）金泰昌氏の指摘は今日でもなお妥当であるが，同時に今日の日本では（アメリカの大衆文化の影響もあって）少年等各種の犯罪や学級崩壊・幼児虐待などに現れているような道徳的退廃も進ん

それは，日本の読者に伝えるためには，コミュニタリアニズムより，良い方法でしょう．何故なら，それは，（コミュニタリアニズムより）誤解を引き起こす事なしに，〔この思想の内容を〕捉えようとしているからです．それで，「〔この思想を日本で〕どのように表現するのが最も良いか」という事に関しては，むしろ私が，何であれあなたの判断に導かれる事になるでしょう．理解が共有されている時には，それらの用語に翻訳するという考え方は，もっともな事でしょう．〔日本語への翻訳については〕あなたの方がずっとうまく出来るでしょう．それで，私は，それについてのあなたの判断に敬意を払いたいと思います．

　小林：テイラー教授は「公共哲学」自体については書いていらっしゃいませんね．これについて，どうお考えですか．

　テイラー：それに対しては，とても長い答えになります．先程の議論に戻りましょう．私達は，そこで例えばドゥオーキンについて，善に対する正の優先について話しました．私は――おそらく私達の双方が――，社会の中で欲する事について，単に権利や分配的正義の概念だけでは論じ尽くせない，と考えています．そこには，あなたが見たいと望んでいる，ある種の善（財，certain

---

でおり，それ故に，美徳倫理学などのコミュニタリアニズム的思想も必要である．日本の状況に合わせて言葉を変える必要があるというのならば，私は『公共体』という用語を提起し，また（共同体という概念は物化・制度化したそれに制約され易いので）人間関係の精髄（エッセンス）に焦点を合わせて『共同性 communality（共同性主義 communalism）』という言葉を用いている．さらに，過去の伝統に拘束される保守性を避けるために，時間軸を導入して，（現在はまだ確立していないが故に想像力によってのみ構想し得る）将来の人類的・地球的共同体の観念を提起している．（サンデル教授が斥けた，普遍主義的・世界公民的共同体の優越という論点については，東洋哲学においての『一即多，多即一』という弁証法（対理法）的論理があるように，私達は地球公共体の構成員である（国民的等）下位の公共体の構成員でもあるのだから，現象的には，（例えば日本のような）下位公共体の要請によって地球資本主義の論理に抵抗する場合もあり，サンデル教授の見解と必ずしも矛盾しない．最後に，サンデル教授の提起された『公共性と聖性の再結合』という発想は，非常に新鮮かつ啓発的で，ルソーやベラーの公共民宗教（civil religion）の観念を想起した．ただ，日本には共和主義（公共主義）の伝統が少ないし，国家神道のような悪夢もまだ記憶に新しい．そこで，サンデル教授からの示唆を何か頂けないだろうか，と．

　その場では『それはあなたがなすべき仕事ではないですか？』と軽くいなされてしまったので，後で個人的に尋ねたところ，『日本の文脈に応じてコミュニタリアニズムを考える事には大いに賛成だし，共同性主義という発想にも共感を持てる．今後は（地球的コミュニタリアニズム等のような）そのような方向が重要だろうと自分も思う』という事だった．」（同上，8頁）

付録　チャールズ・テイラー及びマイケル・サンデルとの質疑応答

goods)，不可分の共通善（財，indivisible common goods）が存在するからです．

例えば，「社会民主主義をどのように再定式化するべきかについて，単に分配ないし再分配の見地からではなく，公共空間の見地から〔再定式化する事が必要〕」という，先程の例を考えてみましょう．これは，諸個人の間の正しい分配という論点として捜し求められ得るものとは異なったものに焦点を合わせており，どのような種類の関係かという論点，つまり，「私達全てが等しく共通の信条・共通の目的に関係しているか，あるいは私達全てが〔それらに〕等しく〔関係して〕いないか」という論点なのです．

私自身が用いた表現では，これは私が「還元不能社会財〔〔個々人に〕還元不可能な，社会的な財ないし善 irreducibly social goods)」と呼ぶものです[37]．あなたは，「A・B・C〔個々人〕にとって善である」という理由によって，「全体にとって善であるもの」を言う事によって，「それが何故善なのか」を説明する事は，出来ないでしょう？　豊かな社会とは，多くの人々が豊かな社会ですが，これは，あなたが〔個々人に還元する方法で〕研究する事は出来ないような種類のものなのです[38]（※）．

---

[37] Charles Taylor, "Irreducibly Social Goods," in his *Philosophical Arguments*, Ch. 7, pp. 127–145. この重要な論文で，テイラーは，まず，還元不可能な社会的財（善）の存在を否定する今日の主流の考え方として，経済学的な発想，殊に――公共財（public goods）を個々人に還元可能と見做す結果主義的・功利主義的・原子論的な――厚生主義（welfarism）を取り上げ，その方法論的個人主義や主観主義（subjectivism）を，ヴィトゲンシュタインやソシュールの社会的観点や意味背景の理論によって否定する．この（「素事 plain　events」と区別して提起された）「意味事 meaning events」の性質として，原子論が破綻するような「分解不能な核（undecomposable kernel）」が実践や理解の背景として存在する，と主張するのである．そして，①文化の財と②その価値についての「共通理解（common understanding, 次注参照)」を本質的に含む財，という2つの方法で，その「還元不能共通財（irreducibly common goods)」を定義出来るとし，その社会的・政治的生活における帰結が現れている例として，（テイラー自身は反対するものも含まれる）今日の言語的・文化的国民主義（ナショナリズム）と（テイラーの支持する）公民的人文主義とを挙げる．このように，この種の「共通善（common good)」の観念に完全に一貫性がある（coherent）以上，善の性質についての学説としての厚生主義は，追放しなければならない，と結論するのである．

[38] 解題で触れたように重要な箇所であるが，説明が簡略でかつ聞き取りにくいので，関連部分を右の論文から訳しておく．
　還元不能社会財ないし共通財の定義における「共通理解」について，「私達が何かについて共通理解を持つという事は，『それについての私の理解』足す『あなたの理解』足す，おそらく『あなたの理解を私が知っている』とか，『私の理解をあなたが知っている』とは，

2. マイケル・サンデルとの質疑応答

それで，これは，人々がコミュニタリアニズムと呼ぶもの，正しいコミュニタリアニズムにとって，中心的な点の1つなのです．公共的言説（public discourse）の中心とならなければならないような，極端に重要な義務や共通善が，一定の数存在します．公共的言説からそれらを締め出す哲学は，何であれ，私達の生を貧しくしているのです．今日の共和主義的理想にとって，もう1つの，そのようなもの（※）が共通善です．それは，規則の代わりに，私達自身，私達だけが共に行う事の出来るもの〔という観念〕です．私が行うのであり，あなたが行うのであり，しかし共に（together）行うのです．それで，〔共和主義的理想の〕もう1つのものとして（※），ここに，共通善を導入するのです．私達は，ここから，これらの極端に重要な多くの事柄に至る事が出来ます．こうして，私達は，公共的言説における，善についての豊かな語彙〔を手にする方向〕へと向かうのです．

※注における出典など情報提供は各質問者，括弧内は注釈者名であり，明記していない場合，注釈者は小林である．

異なったものである．」（p. 138)
 「素事／意味事」の区別と並ぶ区別として，個々人の意味の「収束（convergent）」と「真に共通（genuinly common）」との違いを指摘し，「何かが共通であるのは，それが単に私ないしあなたにとって存在するのではなく，私達にとって存在し，そのように認識される時である．……
 共通理解は分解不能である．何故なら，今述べたように，それが単に私ないしあなたにとってのものではなく私達にとってのものであるという事が，それがそう存在する事にとって本質的だからである．私達が共通理解を持つという事は，私達が一単位，共に（together）理解する私達（we）を形成するという事を前提とし，これは定義上分析的には分解不能である．」（p. 139)
 照合すれば明らかなように，本質疑におけるテイラーの説明は，このような——原子論的には還元不能な——「私達」や「共に」という観念そのものを軸にしている．論文でも，公民的共和主義を例として挙げているが，本質疑では，コミュニタリアニズム的な公共哲学の核心として，この観念を遥かに直截に提示しており，管見ではこの意味は極めて大きい．いわば，テイラーの公共哲学，その社会・政治思想の中核を自ら語ったものとみなす事が出来るからである．

著者

マイケル・J・サンデル (Michael J. Sandel)
1953年ミネアポリス生まれ．1975年ブランダイス大学卒業．ローズ奨学生としてオックスフォード大学ベリオール・カレッジで学び1981年博士号を取得．オックスフォード大学での指導教授はチャールズ・テイラー．1988年よりハーバード大学政治学教授 (Professor of Government)．2002年から2005年までブッシュ大統領が設置した生命倫理委員会 (The President's Council on Bioethics) の委員を務めた．著書に，*Liberalism and the Limits of Justice* (Cambridge University Press, 1982, 2nd ed., 1998) 菊池理夫訳『リベラリズムと正義の限界』(勁草書房，2009年)；*Democracy's Discontent: America in Search of a Public Philosophy* (Harvard University Press, 1996) 本訳書；*Public Philosophy: Essays on Morality in Politics* (Harvard University Press, 2005)；*The Case Against Perfection: Ethics in the Age of Genetic Engineering* (Harvard University Press, 2007)；*Justice: What's the Right Thing to Do?* (Farrar Straus & Giroux, 2009) 鬼澤忍訳『これからの「正義」の話をしよう：いまを生き延びるための哲学』(早川書房，2010年)；編著に *Liberalism and its Critics* (Blackwell, 1984)；*Justice: A Reader* (Oxford University Press, 2007) がある．

『ハーバード白熱教室』(Justice with Michael Sandel) は，マイケル・サンデルのハーバード大学講義の番組で，NHK教育テレビで2010年4月4日から6月20日まで毎週日曜18時から放送された．2ヶ国語放送で副音声は英語原音．「JUSTICE」(正義) をテーマに講義では例題や実際の実例を出しつつ，学生に難題を投げかけ議論を引き出し哲学論が進められた．ハーバード大学の授業がメディアに公開されるのは初めてである．各レクチャーの後に小林正弥による解説が挿入された．

監訳者

金原恭子 (きんぱらきょうこ)
千葉大学大学院専門法務研究科教授．英米法．「司法改革の公共哲学」佐々木毅・金泰昌編『公共哲学10　21世紀公共哲学の地平』(東京大学出版会，2002年)，第9章ほか．

小林正弥 (こばやしまさや)
千葉大学法経学部教授．公共哲学，政治哲学，比較政治．『友愛革命は可能か：公共哲学から考える』(平凡社新書，2010年) ほか．

訳者
千葉大学人文社会科学研究科公共哲学センター

一ノ瀬佳也（いちのせよしや）　要約，解説
千葉大学大学院人文社会科学研究科特別研究員，千葉大学予防医学センター研究員．政治思想史・公共哲学．「アダム・スミスの道徳哲学と政治論——フランシス・ハチスンを媒介として」『公共研究』第2巻第2号，千葉大学公共研究センター，2005年ほか．

吉永明弘（よしながあきひろ）　第1章，要約
千葉大学大学院人文社会科学研究科特任研究員．環境倫理学，公共哲学．「『環境倫理学』から『環境保全の公共哲学』へ——アンドリュー・ライトの諸論を導きの糸に」『公共研究』第5巻第2号，千葉大学公共研究センター，2008年ほか．

尾形健（おがたたけし）　第2章
同志社大学法学部教授．憲法．「『福祉国家』と憲法構造」『憲法問題』20号，2009年ほか．

巻美矢紀（まきみさき）　第3章
千葉大学法経学部准教授．憲法．「憲法の動態と静態——R.ドゥオーキン法理論の『連続戦略』をてがかりとして（1）〜（6・完）」『国家学会雑誌』117巻1・2号（2004），7・8号（同年），9・10号（同年），11・12号（同年），118巻7・8号（2005），120巻7・8号（2007）ほか．

野崎亜紀子（のざきあきこ）　第4章
広島市立大学国際学部准教授．法哲学．「法は人の生lifeを如何に把握すべきか——Martha Minowの関係性の権利論を手がかりとして（一）〜（四・完）」『千葉大学　法学論集』第21巻第1号 - 第4号，2006-2007年ほか．

関谷昇（せきやのぼる）　作業調整
千葉大学法経学部准教授．政治思想史．『近代社会契約説の原理——ホッブズ，ロック，ルソー像の統一的再構成』（東京大学出版会，2003年）ほか．

上村雄彦（うえむらたけひこ）　翻訳チェック
横浜市立大学国際総合科学部准教授．地球社会論，地球協力論，地球公共研究．『グローバル・タックスの可能性——持続可能な福祉社会のガヴァナンスをめざして』（ミネルヴァ書房，2009年）ほか．

＊翻訳は，主として公共哲学センターの関係者によって行われた．具体的には，上記の担当者が各章を訳した後に，本書の続巻（第2部の翻訳書）の翻訳担当者も含め，訳者相互で翻訳のチェックを行い，さらに金原・小林が最終チェックを行った．翻訳及びチェックの段階で，一ノ瀬佳也・吉永明弘・関谷昇・上村雄彦の各氏から多大なる助力を得た．

民主政の不満　公共哲学を求めるアメリカ（上）
手続き的共和国の憲法

2010年7月10日　第1版第1刷発行
2010年7月30日　第1版第2刷発行

著　者　マイケル J. サンデル

監訳者　金原恭子
　　　　小林正弥

訳　者　千葉大学人文社会科学研究科
　　　　公共哲学センター

発行者　井村寿人

発行所　株式会社　勁草書房
112-0005 東京都文京区水道2-1-1　振替　00150-2-175253
（編集）電話 03-3815-5277／FAX 03-3814-6968
（営業）電話 03-3814-6861／FAX 03-3814-6854
理想社・青木製本

© KIMPARA Kyoko, KOBAYASHI Masaya　2010

ISBN978-4-326-10196-2　　Printed in Japan

JCOPY ＜(社)出版者著作権管理機構　委託出版物＞
本書の無断複写は著作権法上での例外を除き禁じられています。
複写される場合は、そのつど事前に、(社)出版者著作権管理機構
（電話 03-3513-6969、FAX 03-3513-6979、e-mail: info@jcopy.or.jp）
の許諾を得てください。

＊落丁本・乱丁本はお取替いたします。
http://www.keisoshobo.co.jp

豊永郁子
新保守主義の作用
中曾根・ブレア・ブッシュと政治の変容

A5判 2,940円
30173-7

キング／コヘイン／ヴァーバ　真渕勝監訳
社会科学のリサーチ・デザイン
定性的研究における科学的推論

A5判 3,990円
30150-8

河野勝・真渕勝監修
―― ポリティカル・サイエンス・クラシックス（第1期）――

M. ラムザイヤー／F. ローゼンブルース
日本政治と合理的選択

A. レイプハルト
民主主義対民主主義

K. ウォルツ
国際政治の理論

T. シェリング
紛争の戦略

―――― 勁草書房刊

＊表示価格は2010年7月現在、消費税は含まれております。